TECHNISCHE
UNIVERSITÄT
DARMSTADT

Institut für Automatisierungstechnik
FG Regelungstheorie und Robotik

Prof. Dr.-Ing. J. Adamy

Landgraf-Georg Str. 4
D-64283 Darmstadt

URL: www.rtr.tu-darmstadt.de

Fuzzy-Logik, Neuronale Netze und Evolutionäre Algorithmen

Prof. Dr.-Ing. J. Adamy

Berichte aus der Steuerungs- und Regelungstechnik

Jürgen Adamy

Fuzzy Logik, Neuronale Netze und Evolutionäre Algorithmen

5. überarbeitete Auflage

Shaker Verlag
Düren 2019

Bibliografische Information der Deutschen Nationalbibliothek
Die Deutsche Nationalbibliothek verzeichnet diese Publikation in der Deutschen Nationalbibliografie; detaillierte bibliografische Daten sind im Internet über http://dnb.d-nb.de abrufbar.

Printed in Germany.

ISBN 978-3-8440-6929-7
ISSN 0945-1005

Shaker Verlag GmbH • Am Langen Graben 15a • 52353 Düren
Telefon: 02421 / 99 0 11 - 0 • Telefax: 02421 / 99 0 11 - 9
Internet: www.shaker.de • E-Mail: info@shaker.de

Vorwort

In diesem Buch werden die Grundlagen der Computational Intelligence vermittelt. Die Computational Intelligence ist eine Untermenge der Artificial Intelligence und umfasst die Gebiete Fuzzy Logik, Neuronale Netze und Evolutionäre Algorithmen. Das Buch vermittelt neben den grundlegenden Methoden insbesondere auch ihre Anwendungen in der ingenieurtechnischen Praxis. Demgemäß illustrieren viele Beispiele die Anwendung der Verfahren.

Darmstadt, August 2007 Jürgen Adamy

INHALTSVERZEICHNIS

Verzeichnis der Praxisbeispiele

KAPITEL

1

Fuzzy - Systeme

ABSCHNITT 1.1

Einführung und Historie

In der klassischen Logik ist eine Aussage wahr oder falsch. Zwischenstufen gibt es nicht. Dabei kennzeichnet man „wahr" durch eine 1 und „falsch" durch eine 0. Beispiele sind:

- Dieser Elefant ist männlich. $(0\ /\ 1)$
- Sabine ist 18 Jahre alt. $(0\ /\ 1)$
- Wenn $a = 0$ ist und $b = 1$, dann ist $c = 0$. $(0\ /\ 1)$

⋮

Man betrachtet nun einige weitere Beispiele:

- Um 22.00h im Sommer ist es dunkel.
- Eine hellrote Kirsche ist reif.
- Wenn die Maschine vibriert und der Ölverbrauch erhöht ist, wird sie demnächst ausfallen.

⋮

Offensichtlich hat man bei der Bewertung obiger Aussagen mittels der klassischen Logikwerte „wahr" und „falsch" Probleme. Beispielsweise dämmert es um 22.00h im Sommer. Es ist sozusagen zu 50% noch hell und zu 50% schon dunkel. Die Aussage ist also „halbwahr" und „halbfalsch" .

Es gibt viele Aussagen, bei denen eine scharfe Bewertung mittels „wahr" oder „falsch" den Sachverhalt nicht richtig wiedergibt. Dafür ist der Aussagegehalt zu verschwommen, zu unscharf.

Das motiviert dazu, logische Werte zwischen 0 und 1 einzuführen. Erste Ideen hierzu stammen von

- J. Lukasiewicz (1932) und
- M. Black (1930-1940) .

Ihre Gedanken über eine Logik mit mehr als zwei Wahrheitswerten war zum einen durch die Unschärfeproblematik der Quantentheorie motiviert (Lukasiewicz). Zum anderen basiert sie auf der Erkenntnis, dass viele mathematische Modelle in der Technik, Biologie etc. die Realität nicht exakt, sondern unscharf beschreiben (Black).

Eine unscharfe Logik-Theorie - die Fuzzy-Logik (fuzzy = verschwommen, unscharf) - entwickelte zuerst

- L. Zadeh (1965).

Die Fuzzy-Logik kann als Verallgemeinerung der booleschen Logik aufgefasst werden. Die Arbeiten Zadehs führten zu einer großen Zahl von weiteren Untersuchungen und Anwendungen der Fuzzy-Logik.

Als speziellen Zweig der Fuzzy-Logik entwickelte

- E. H. Mamdani (1974).

Fuzzy-Control – also Regelungen auf der Basis von Fuzzy-Logik. Hieraus folgte auch 1974 die erste Anwendung eines Fuzzy-Systems in der Praxis: die Regelung eines Dampferzeugers.

Eine breitbandige Anwendung von Fuzzy-Logik basierten Systemen ist seit 1989 zu verzeichnen. Dabei finden sich Anwendungen aus fast allen Bereichen des menschlichen Lebens - z. B. :

- Regelung von U-Bahnen,
- Alarmsystem für die Anästhesie,
- ZF-Filter in Autoradios,
- DAX-Vorhersage,
- Waschmaschinensteuerung,
- ABS für Automobile,
- Prognose des Energieverbrauchs bei Energieversorgern,
- usw.

Sucht man im Internet nach Fuzzy-Anwendungen, so lassen sich mehr als 200.000 Quellen aus den unterschiedlichsten Bereichen finden. Zurückzuführen ist diese weite Verbreitung auf die folgende Eigenschaft von Fuzzy-Systemen:

> Fuzzy-Logik ermöglicht es, menschliche Verhaltensweisen oder menschliches Kausalwissen zu mathematisieren und damit durch Rechner imitierbar zu machen.

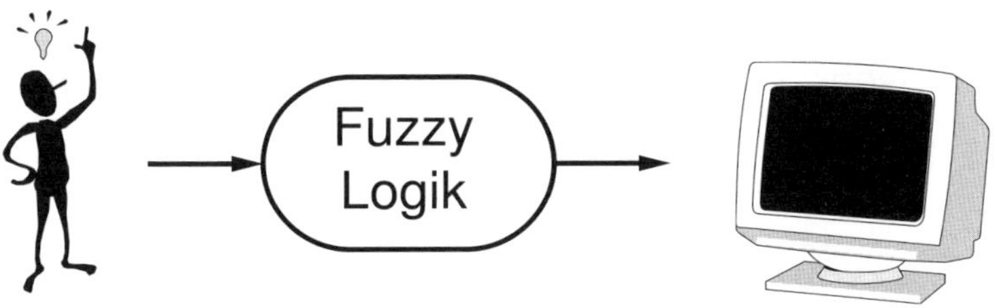

Ein gutes Beispiel hierfür ist die Schadensvorhersage bei einer Maschine. Aus Erfahrung hat der Mensch eine Anzahl von Regeln gelernt, wann eine Maschine beschädigt ist oder ausfallen wird.

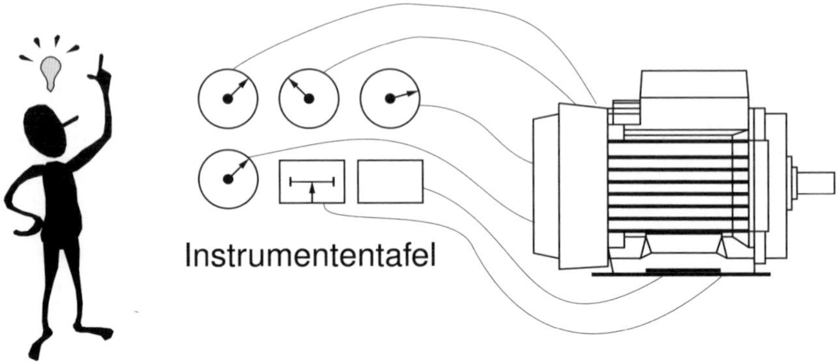

Er kann Regeln formulieren, wie

1. Wenn die Maschine vibriert und der Ölverbrauch erhöht ist, dann ist der Ausfallzeitpunkt demnächst.
2. Wenn die Drehzahl zu hoch ist und die Maschinentemperatur sehr groß ist, dann ist der Ausfallzeitpunkt bald.

⋮

Mittels Fuzzy-Logik kann man diese sprachlich formulierten Regeln umsetzen in mathematische Formeln. Das Bild veranschaulicht dies.

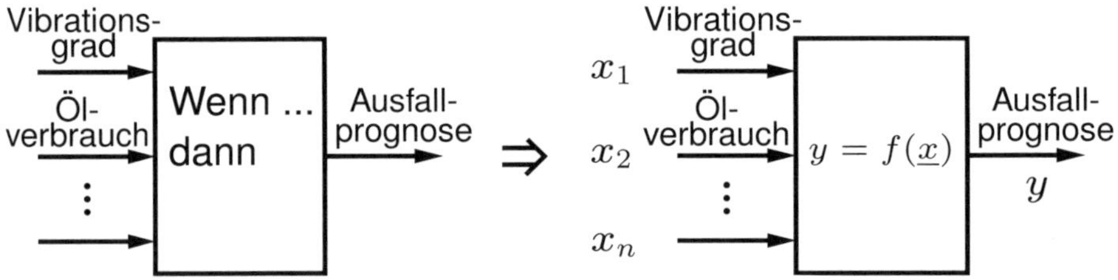

Wie diese Umsetzung im einzelnen vorgenommen wird, ist Gegenstand der nächsten Abschnitte.

ABSCHNITT 1.2

Grundlagen der Fuzzy-Logik

Die Zugehörigkeit von Objekten oder Werten wird in der klassischen Logik bzw. Mengenlehre binär entschieden: Entweder ein Objekt oder Wert gehören zu einer Menge oder nicht. Diese Zugehörigkeit μ drückt man mittels zweier Einstufungen aus:

$$\text{true} \triangleq \text{wahr} \triangleq 1 \qquad \text{(gehört zur Menge)}$$

$$\text{false} \triangleq \text{falsch} \triangleq 0 \qquad \text{(gehört nicht zur Menge)}$$

Die Zugehörigkeit μ kann man auch als Wahrheitsgehalt interpretieren. Dafür ein Beispiel: der kritische Bereich der Drehzahl einer Maschine, d. h. der Drehzahlbereich, der als „zu hoch " empfunden wird, z. B. :

$6000 \text{ min}^{-1} \leq n$

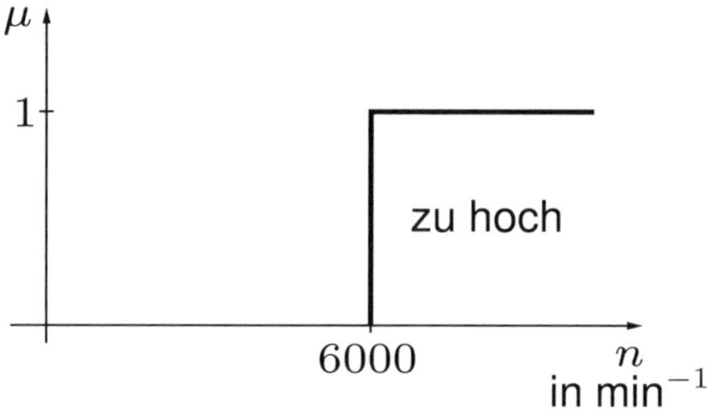

Die Menge der zu hohen Drehzahlen ist dann durch

$$M_{\text{zu hoch}} = \{n \mid 6000 \text{ min}^{-1} \leq n\}$$

gegeben.

Offensichtlich entspricht die scharfe Einstufung von Drehzahlen oberhalb von $n = 6000$ min $^{-1}$ als zu hoch nicht der menschlichen Einschätzung. Der Mensch wird auch eine Drehzahl von

- $n = 5800$ als ein wenig zu hoch

einstufen. In der Fuzzy-Logik benutzt man zu diesem Zweck Zugehörigkeitswerte oder Wahrheitsgehaltwerte μ, die zwischen 0 und 1 liegen. Entsprechend benutzt man nicht wie in der klassischen Mengenlehre eine unstetige, sondern eine stetige Zugehörigkeitsfunktion. Das Bild zeigt ein Beispiel einer solchen Fuzzy-Menge.

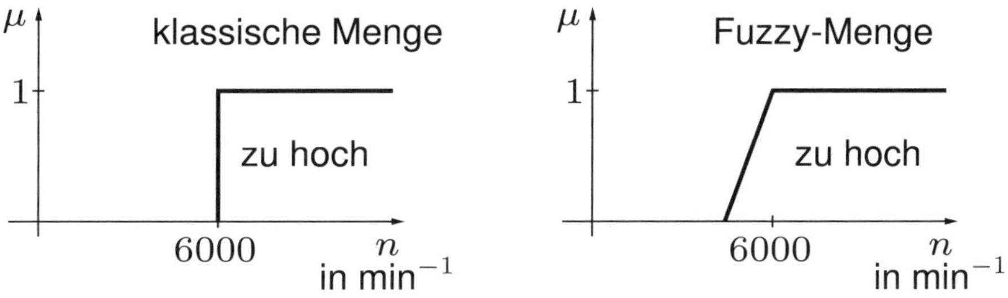

Die Fuzzy-Menge der zu hohen Drehzahlen wird dabei durch

- die Drehzahl n und
- die Zugehörigkeitswerte $\mu(n)$

beschrieben.

Entsprechend definiert man:

Definition

Eine Menge

$$F := \{(x, \mu(x)) \mid x \in G \text{ und } \mu(x) \in [0,1]\}$$

von Paaren $(x, \mu(x))$ heißt Fuzzy-Menge in G.
Die Abbildung

$$\mu : G \to [0,1]$$

wird als Zugehörigkeitsfunktion von F bezeichnet. Sie ordnet jedem Element x der Grundmenge G den Zugehörigkeitsgrad $\mu(x)$ zu.

Die Grundmenge G kann z. B.

$$G = \mathbb{R}$$

oder auch eine diskrete Menge

$$G = \{1, 2, 3, 4, ..., 100\}$$

sein.

Als Zugehörigkeitsfunktion μ sind verschiedene Funktionen gebräuchlich. Die wichtigsten sind nachfolgend aufgeführt:

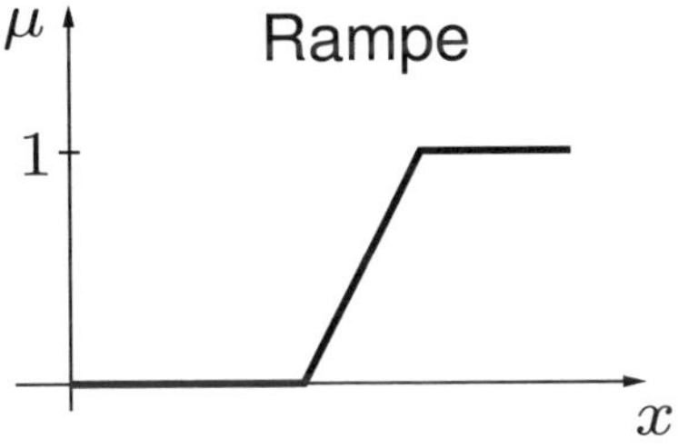

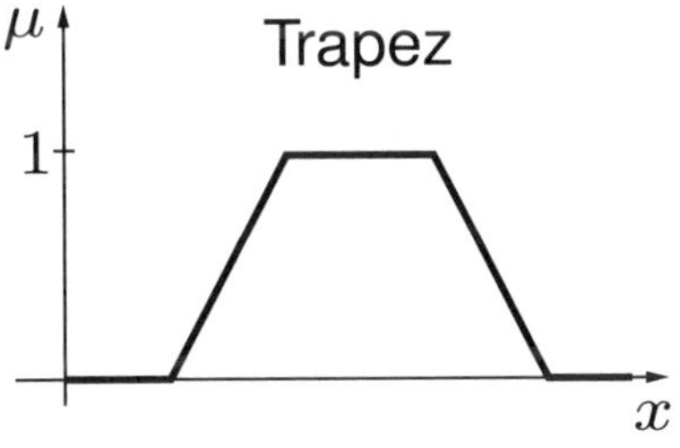

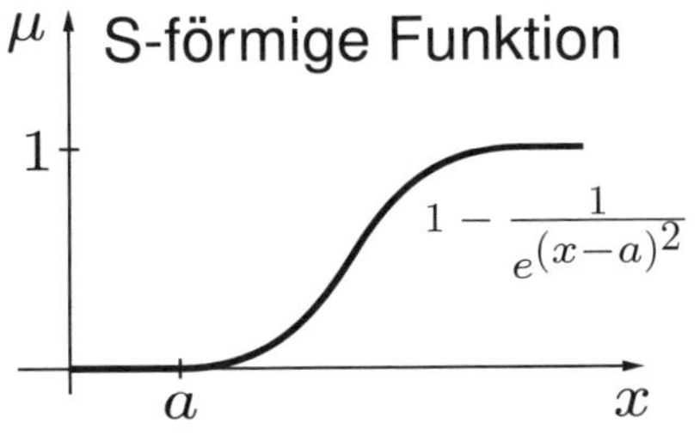

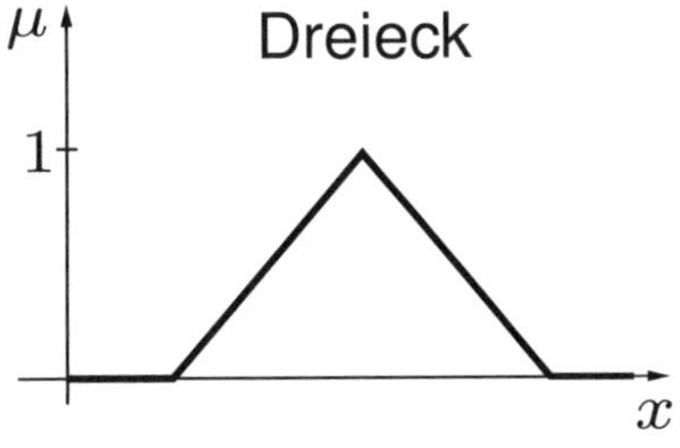

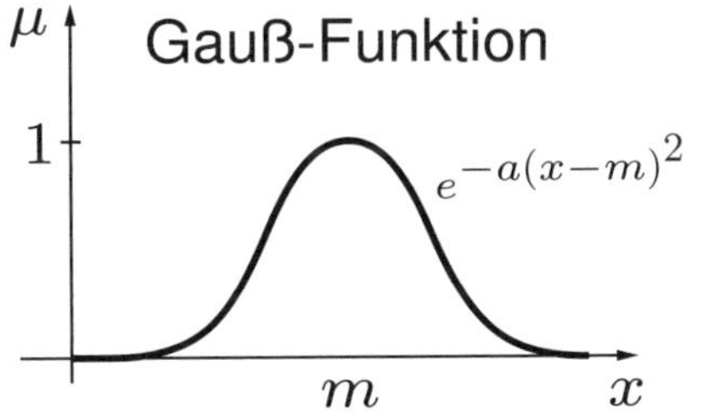

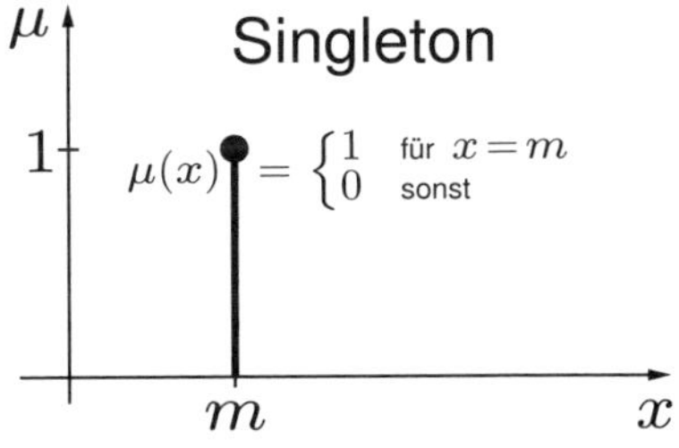

Auch rechteckige Zugehörigkeitsfunktionen sind möglich. Sie beschreiben klassische Mengen, und diese sind wiederum Spezialfälle von Fuzzy-Mengen.

Wie verknüpft man nun Wahrheitswerte bzw. Zugehörigkeitswerte μ miteinander?

Wie dies in der klassischen Logik bzw. der booleschen Logik geschieht ist bekannt. Die zwei wichtigsten logischen Verknüpfungen sind nachfolgend aufgeführt:

Und $a \wedge b = c$

a	b	c
0	0	0
0	1	0
1	0	0
1	1	1

Oder $a \vee b = c$

a	b	c
0	0	0
0	1	1
1	0	1
1	1	1

Für den Fall entsprechend verknüpfter Mengen ergeben sich folgende Bilder.

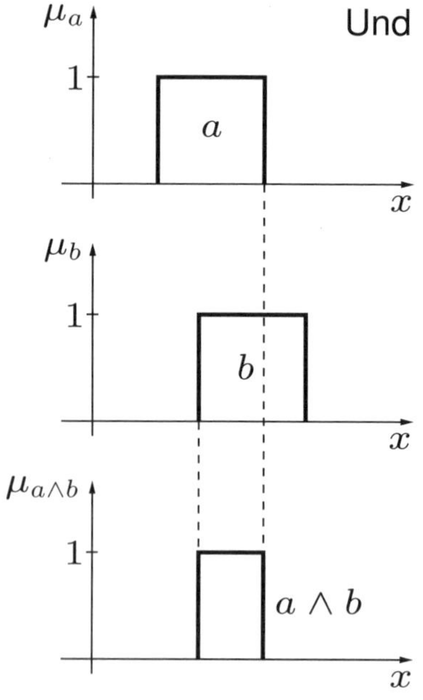

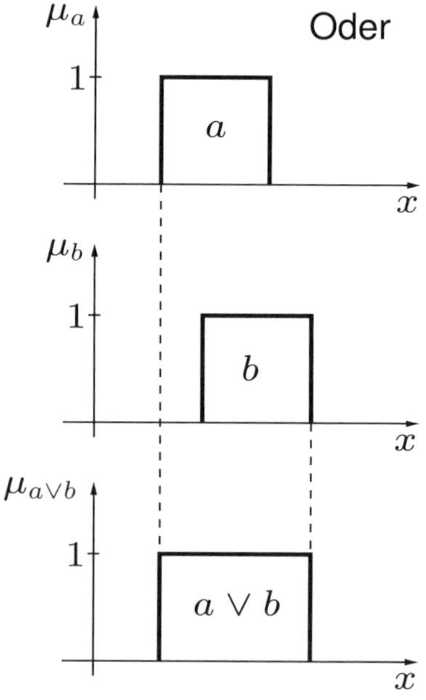

Berechnen lassen sich die booleschen Verknüpfungen *Und* bzw. *Oder* durch den Minimum- bzw. Maximumoperator:

$$\mu_{a \wedge b} = \min\{\mu_a, \mu_b\} \text{ bzw. } \mu_{a \vee b} = \max\{\mu_a, \mu_b\}.$$

Im Falle der Fuzzy-Logik lässt man nun in obiger Gleichung nicht nur die Werte 0 und 1 zu, sondern alle Werte $\mu \in [0, 1]$. Die Fuzzy-Und-Verknüpfung wird dann durch den Minimumoperator, die Fuzzy-Oder-Verknüpfung durch den Maximumoperator realisiert. Ihre Wirkung zeigt nachfolgendes Bild:

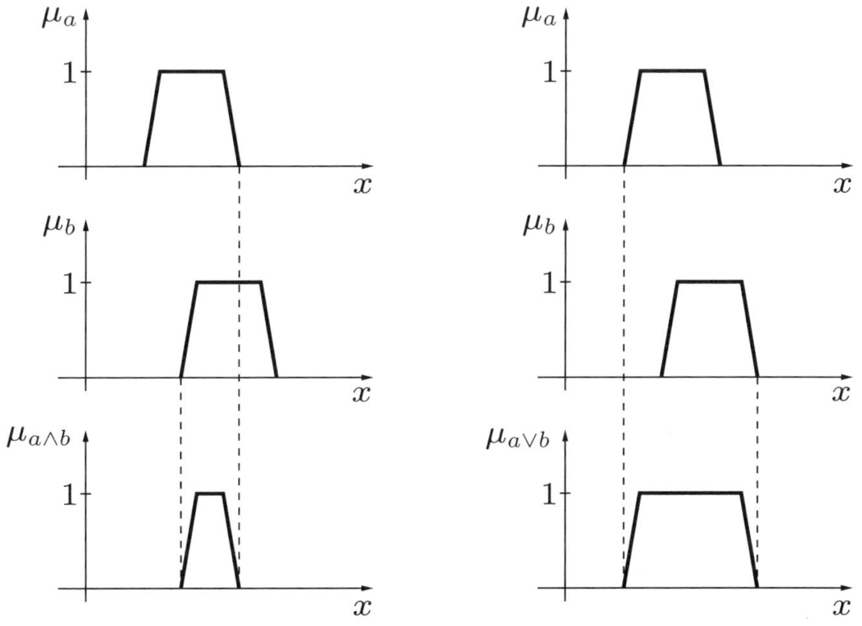

Einige weitere mögliche Operatoren für die beiden Verknüpfungen sind in den folgenden Tabellen angegeben.

Und-Operatoren

Minimum

$$\mu_c = \min\{\mu_a, \mu_b\}$$

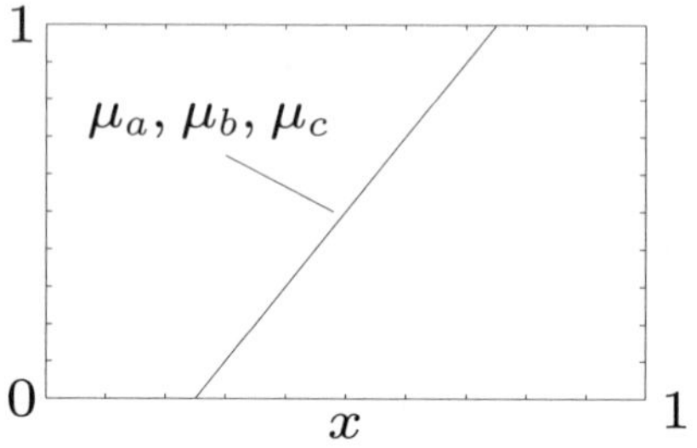

algebraisches Produkt

$$\mu_c = \mu_a \cdot \mu_b$$

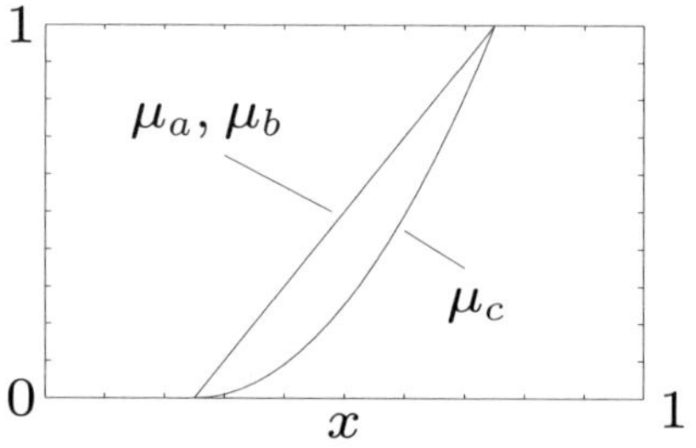

Einstein-Produkt

$$\mu_c = \frac{\mu_a \mu_b}{2-(\mu_a+\mu_b-\mu_a\mu_b)}$$

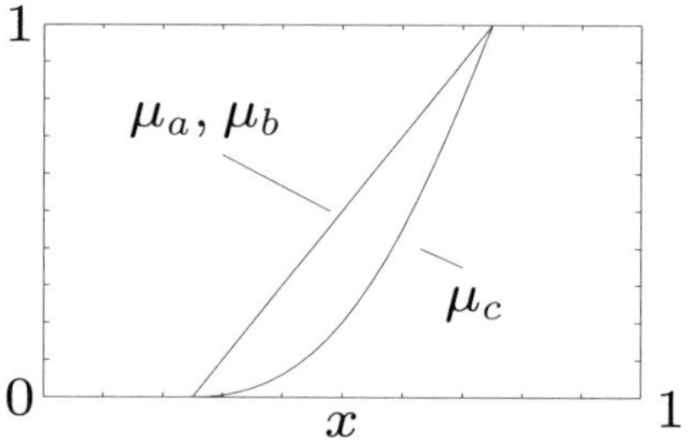

begrenzte Differenz

$$\mu_c = \max\{0, \mu_a + \mu_b - 1\}$$

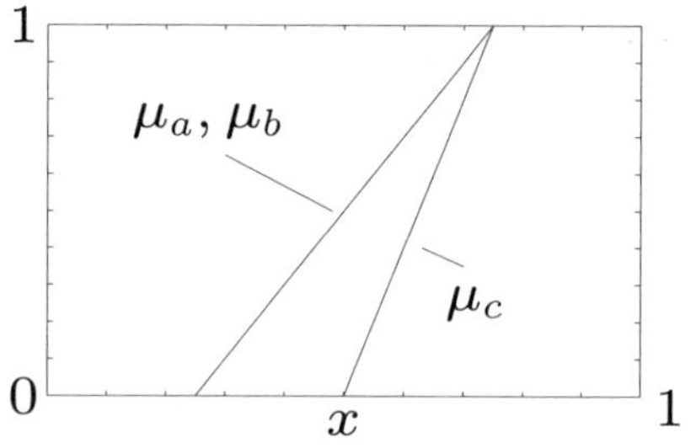

Oder-Operatoren

Maximum

$$\mu_c = \max\{\mu_a, \mu_b\}$$

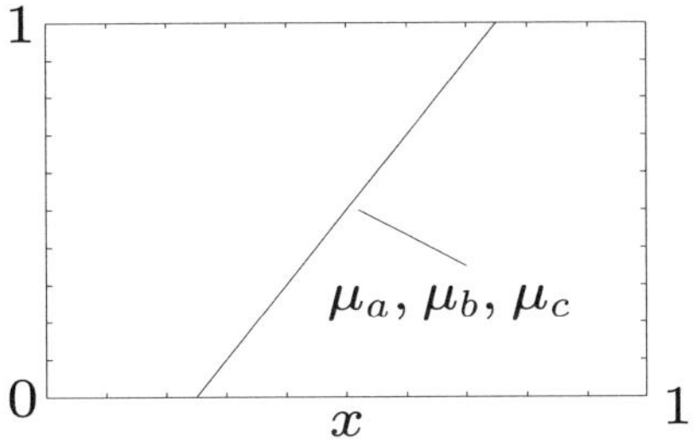

algebraische Summe

$$\mu_c = \mu_a + \mu_b - \mu_a\mu_b$$

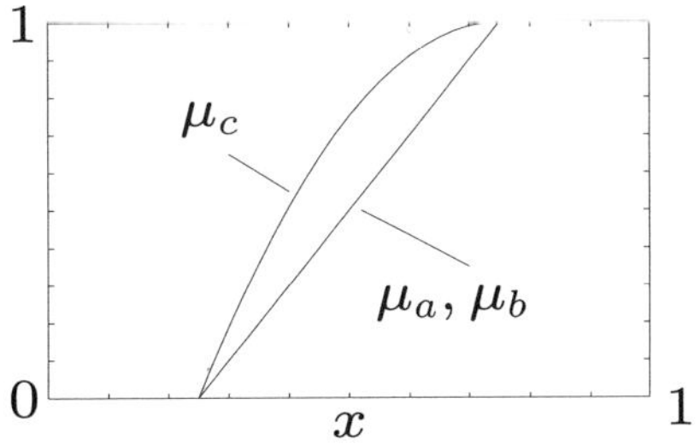

Einstein-Summe

$$\mu_c = \frac{\mu_a+\mu_b}{1+\mu_a\mu_b}$$

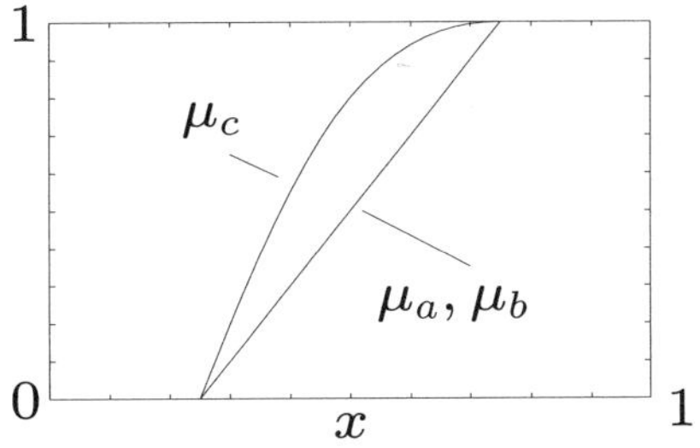

begrenzte Summe

$$\mu_c = \min\{1, \mu_a + \mu_b\}$$

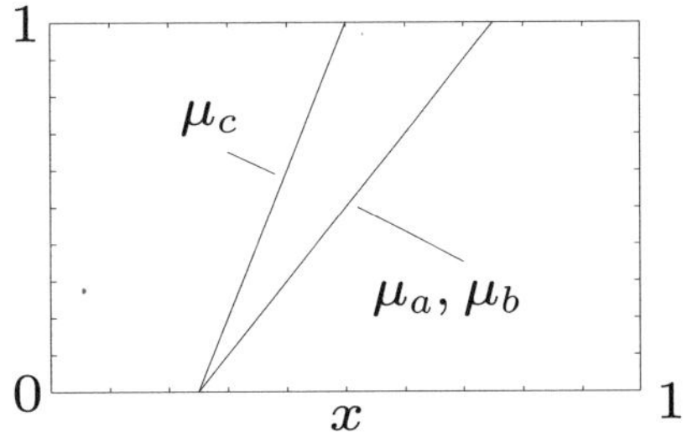

In den obigen Grafiken ist die unterschiedliche Wirkung der einzelnen Operatoren exemplarisch für zwei identische Rampen μ_a, μ_b dargestellt. *Fuzzy-Und-Operatoren* bezeichnet man auch als *T-Normen*, *Fuzzy-Oder-Operatoren* als *S-Normen* oder *Co-T-Normen*. Die am häufigsten verwendeten sind das Minimum und das Maximum, sowie das algebraische Produkt und die algebraische Summe.

Die betrachteten Operatoren weisen eine Reihe wichtiger Eigenschaften auf:

Es sei $\mu, \mu_a, \mu_b, \mu_c, \mu_d \in [0, 1]$, dann gelten:

1. Assoziativgesetze

$$\mu_a \wedge (\mu_b \wedge \mu_c) = (\mu_a \wedge \mu_b) \wedge \mu_c$$

$$\mu_a \vee (\mu_b \vee \mu_c) = (\mu_a \vee \mu_b) \vee \mu_c$$

2. Kommutativgesetze

$$\mu_a \wedge \mu_b = \mu_b \wedge \mu_a$$

$$\mu_a \vee \mu_b = \mu_b \vee \mu_a$$

3. Monotoniegesetze

   Sei $\mu_a \leq \mu_c$ und $\mu_b \leq \mu_d$ dann gilt:

   $$\mu_a \wedge \mu_b \leq \mu_c \wedge \mu_d$$

   $$\mu_a \vee \mu_b \leq \mu_c \vee \mu_d$$

4. Verknüpfung mit 0 und 1

   $$\mu \wedge 1 = \mu$$

   $$\mu \wedge 0 = 0$$

   $$\mu \vee 1 = 1$$

   $$\mu \vee 0 = \mu$$

5. Stetigkeit

   Die Fuzzy-Und-Verknüpfung

   $$\mu = \mu_a \wedge \mu_b$$

   und die Fuzzy-Oder-Verknüpfung

   $$\mu = \mu_a \vee \mu_b$$

   sind stetige Funktionen der Variablen μ_a und μ_b .

Wie in der klassischen Logik kann auch in der Fuzzy-Logik ein Wahrheitswert μ negiert werden. Der negierte Wahrheitswert ist gegeben durch

$$\overline{\mu} = 1 - \mu.$$

Dazu zwei Bilder:

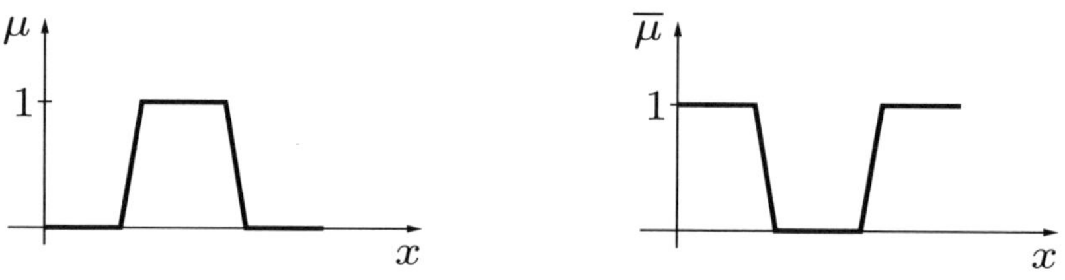

In der Fuzzy-Logik gelten auch die *de Morganschen Gesetze*:

$$\overline{\mu_1 \wedge \mu_2} = \overline{\mu}_1 \vee \overline{\mu}_2 \text{ und}$$

$$\overline{\mu_1 \vee \mu_2} = \overline{\mu}_1 \wedge \overline{\mu}_2.$$

Voraussetzung hierbei ist, dass die Operatoren paarweise wie folgt verwandt werden:

(Minimum, Maximum) oder *(algebraisches Produkt, algebraische Summe)* oder *(Einstein Produkt, Einstein Summe)* oder *(begrenzte Differenz, begrenzte Summe)*.

Neben der Und-, Oder-Verknüpfung und der Negation gibt es noch eine weitere wichtige logische Operation:

- die Implikation .

Die Implikation ist die logische Verknüpfung

Wenn $x = A$ dann $y = B$.

Dabei ist $x = A$ die abgekürzte Schreibweise zu „ x gleich A“. Anschaulich bedeutet die Implikation der Fuzzy-Logik, dass man aus der

- Prämisse:
  x besitzt zu einem Grad $\mu_A(x)$ die Eigenschaft A.

die

- Schlussfolgerung:
  y besitzt zu einem Grad $\mu_B(y)$ die Eigenschaft B.

zieht.

Man muss nun noch einen Operator für die Implikation finden. Dabei ist es sinnvoll, folgende Forderung zu berücksichtigen:

Der Wahrheitsgehalt μ_y der Schlussfolgerung soll nicht größer sein als der Wahrheitsgehalt μ_A der Prämisse.

Wäre das nicht so, so könnte aus einer falschen Prämisse ein wahrer Schluss gezogen werden.

Ein Operator, der die obige Forderung erfüllt, ist der *Minimum-Operator*:

$$\mu_y(y) = \min\{\mu_A(x), \mu_B(y)\}.$$

Obige Gleichung ist also das mathematische Analogon zu

Wenn $x = A,$ dann $y = B.$

Ein Beispiel:

Wenn das Autoalter x sehr hoch (A) ist, dann ist die Schadenshäufigkeit y sehr groß (B).

Die Zugehörigkeitsfunktionen sind wie folgt festgelegt worden.

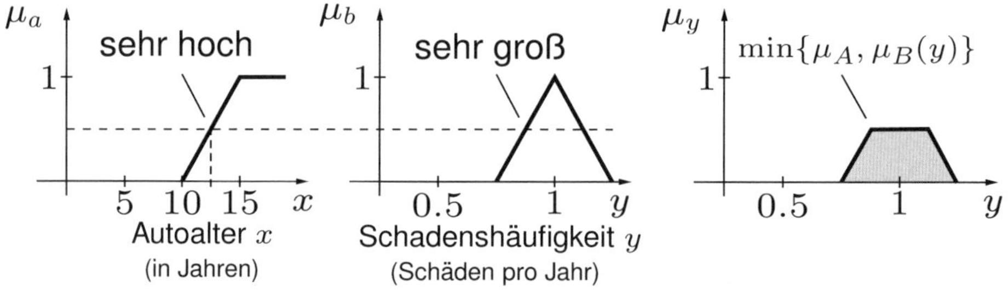

Die Höhe von μ_y gibt also die Einschätzung an, mit der man mit einer sehr großen Schadenshäufigkeit rechnen muss:

bei $x = 12,5a$	ist	$\mu_y = 0,5$
bei $x = 2a$	ist	$\mu_y = 0.$

Außer dem *Minimum-Operator* wird eine Reihe weiterer Implikations-Operatoren verwendet. Die wichtigsten sind in nachfolgender Tabelle aufgeführt.

Fuzzy-Implikations-Operatoren

Minimum	$\mu_y(y) = \min\{\mu_A(x), \mu_B(y)\}$
Produkt	$\mu_y(y) = \mu_A(x) \cdot \mu_B(y)$
Lukasiewicz	$\mu_y(y) = \min\{1, 1 - \mu_A(x) + \mu_B(y)\}$
Kleene-Dienes	$\mu_y(y) = \max\{1 - \mu_A(x), \mu_B(y)\}$

Am häufigsten werden der *Minimum-* und der *Produkt-Operator* eingesetzt.

ABSCHNITT 1.3

Regelbasierte Fuzzy-Logik

Mit den Kenntnissen des vorherigen Kapitels ausgestattet, ist es möglich, sprachlich formulierte Regeln wie z. B.

> *„Wenn die Drehzahl n zu hoch ist und die Maschinentemperatur T sehr groß ist, dann ist der Ausfallzeitpunkt t bald."*

in eine mathematische Gleichung

$$t = f(n, T)$$

umzuwandeln. Diese Umwandlung ist Gegenstand dieses Abschnitts.

In Regeln obiger Art bezeichnet man

- Variablen wie n, T, t oder allgemein x_i als *linguistische Variablen*,
- Begriffe wie „zu hoch" , „sehr groß" oder „bald" als *linguistische Werte LW*,
- den Wenn-Teil als *Prämisse* und
- den Dann-Teil als *Konklusion* (Schlussfolgerung).

Im allgemeinen Fall ist eine Regel wie folgt strukturiert:

Wenn $x_1 = LW_{1,j}$ und ... und $x_n = LW_{n,l}$,

dann $y = LW_p$.

Es sind

x_i : Eingangsgrößen der Regel

$LW_{i,j}$: q linguistische Werte der Eingangsgrößen $x_i,\ j = 1, ..., q$

y : Ausgangsgröße der Regel

LW_p : r linguistische Werte der Ausgangsgröße $y,\ p = 1, ..., r$

und die Abkürzung

$$x_i = LW_{i,j}$$

bedeutet z. B.

$$\underbrace{\text{Drehzahl } n}_{x_i} \text{ ist } \underbrace{\text{zu hoch}}_{LW_{i,j}}.$$

Wie setzt man eine Regel nun in eine mathematische Funktion um?

Alle nötigen Fuzzy-Operatoren hierfür sind aus dem vorherigen Abschnitt bekannt, so dass die Umsetzung direkt erfolgen kann:

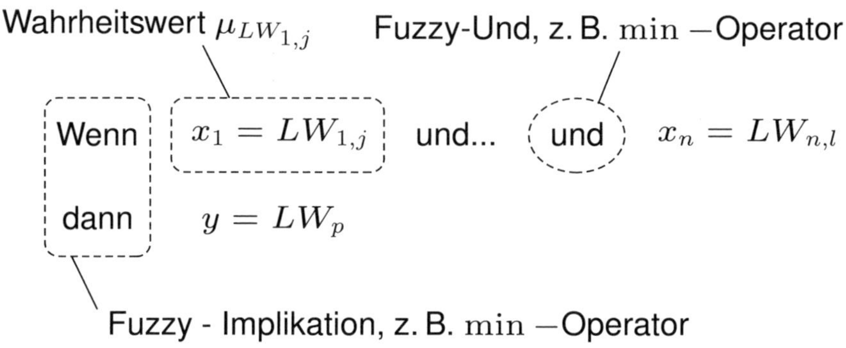

man geht in drei Schritten vor:

1. Fuzzifizierung: Bestimmung aller $\mu_{LW_{i,j}}(x_i)$.
2. Aggregation: Ausführung aller Und-Verknüpfungen der Prämisse.
3. Implikation: Ausführung der Wenn-Dann-Verknüpfung.

Im einzelnen geschieht dies wie folgt.

Bei der Fuzzifizierung bestimmt man für die Fakten $x_i = LW_{i,j}$ die Zugehörigkeitswerte $\mu_{LW_{i,j}}(x_i)$ wie im nächsten Bild gezeigt.

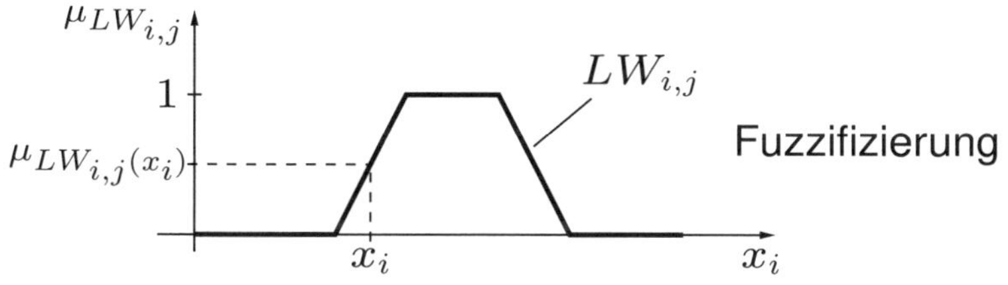

Dann wird die Fuzzy-Und-Verknüpfung in der Prämisse ausgeführt, wobei einer der angegebenen Operatoren gewählt wird. Das Ergebnis der Aggregation ist dann z. B. bei Wahl des Minimum-Operators:

$$\mu_{agg}(x_1, \ldots, x_n) = \min\{\mu_{LW_{1,j}}(x_1), \ldots, \mu_{LW_{n,p}}(x_n)\}.$$

Der Wert $\mu_{agg}(x_1, \ldots, x_n)$ ist das Ergebnis der Prämisse, d. h. des Wenn-Teils. Er wird jetzt durch einen Implikations-Operator mit der Zugehörigkeitsfunktion $\mu_{LW_p}(y)$ des Ausgangswertes y verknüpft. Wählt man als Implikations-Operator z. B. den Minimum-Operator, so ergibt sich für eine Regel k

$$\mu_k(x_1, \ldots, x_n, y) = \min\{\mu_{agg,k}(x_1, \ldots, x_n), \mu_{LW_p}(y)\}.$$

Obige Gleichung ist die mathematische Formulierung der sprachlich formulierten Regel.

Das nachfolgende Beispiel veranschaulicht die einzelnen Schritte.

Wenn $x_1 = LW_{1,2}$ und $x_2 = LW_{2,2}$, dann $y = LW_2$.

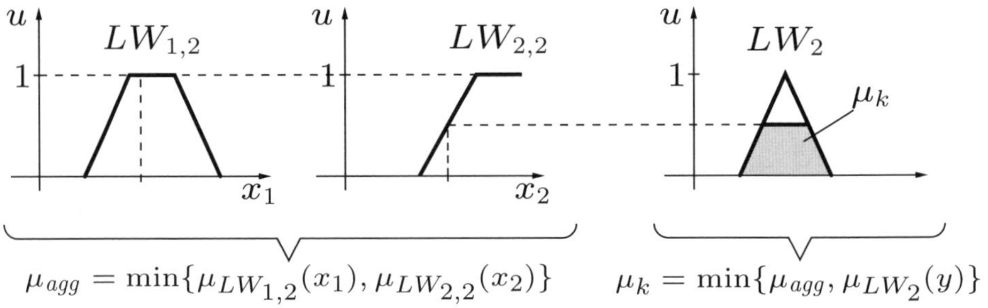

Im Falle anderer Operatoren für Aggregation und Implikation haben die Teilergebnisse natürlich eine andere Form. Das Prinzip ist aber dasselbe.

Eine einzelne Regel k kann man nach obigem Schema – Fuzzifizierung, Aggregation, Implikation – mathematisieren. Im Allgemeinen wird eine menschliche Vorgehensweise allerdings durch mehrere Regeln beschrieben. Man muss also die Ergebnisse mehrerer Regeln miteinander verknüpfen. Dies geschieht im Weiteren.

Dargestellt werden mehrere Regeln – sogenannte Regelbasen – entweder in Tabellen- oder in Matrixform. Nachfolgend ist die Tabellenform dargestellt:

Tabellenform:

Regel 1: Wenn $x_1 = LW_{1,j}$ und ... und $x_n = LW_{n,l}$
dann $y = LW_p$

Regel 2: Wenn $x_1 = LW_{1,k}$ und ... und $x_n = LW_{n,k}$
dann $y = LW_q$

$\vdots$

Regel m: Wenn $x_1 = LW_{1,w}$ und ... und $x_n = LW_{n,s}$
dann $y = LW_u$

Die Matrixform ist übersichtlicher als die Tabellenform, wenn die Anzahl der Eingangsgrößen x_i nicht zu groß ist. Aufgebaut ist die Matrix ähnlich wie ein Karnaugh-Diagramm der booleschen Logik.

Matrixform:

$x_1 = LW_{1,1}$

	$LW_{2,1}$	$LW_{2,2}$	$LW_{2,3}$	$LW_{2,4}$
$LW_{3,1}$	LW_1	LW_3	LW_1	LW_1
$LW_{3,2}$	LW_1	LW_2		
$LW_{3,3}$	LW_2	LW_3		

keine Regel bekannt

$x_1 = LW_{1,2}$

	$LW_{2,1}$	$LW_{2,2}$	$LW_{2,3}$	$LW_{2,4}$
$LW_{3,1}$	LW_1	LW_3	LW_1	LW_1
$LW_{3,2}$	LW_1	LW_3	LW_1	LW_1
$LW_{3,3}$	LW_3	LW_1	LW_2	LW_2

$x_1 = LW_{1,3}$

	$LW_{2,1}$	$LW_{2,2}$	$LW_{2,3}$	$LW_{2,4}$
$LW_{3,1}$	LW_1	LW_3	LW_1	LW_3
$LW_{3,2}$		LW_2	LW_1	LW_2
$LW_{3,3}$	LW_1	LW_3	LW_2	LW_1

Wenn $x_1 = LW_{1,2}$ und $x_2 = LW_{2,2}$ und $x_3 = LW_{3,2}$
dann $y = LW_3$

Die Verknüpfung aller Regeln k – genauer ihrer Implikationsergebnisse μ_k – erfolgt mittels der Oder-Verknüpfung. Man geht also sinnvollerweiser davon aus, dass

Regel 1 oder Regel 2 oder ... oder Regel m

Anwendung findet. Entsprechend verknüpft man die Implikationsergebnisse μ_k der einzelnen Regeln mittels eines Fuzzy-Oder-Operators - z. B. mit dem Maximum-Operator - und erhält

$$\mu_{res}(x_1, \ldots, x_n, y) = \max\{\mu_1(x_1, \ldots, x_n, y), \ldots, \\ \ldots, \mu_m(x_1, \ldots, x_n, y)\}.$$

Die Oder-Verknüpfung der Implikations-Ergebnisse μ_k aller m Regeln nennt man

- Akkumulation .

Im nächsten Bild ist der Vorgang grafisch beispielhaft anhand von zwei Regeln veranschaulicht. Verwendet werden der Min-Operator für die Aggregation, Implikation und der Maximum-Operator für die Akkumulation.

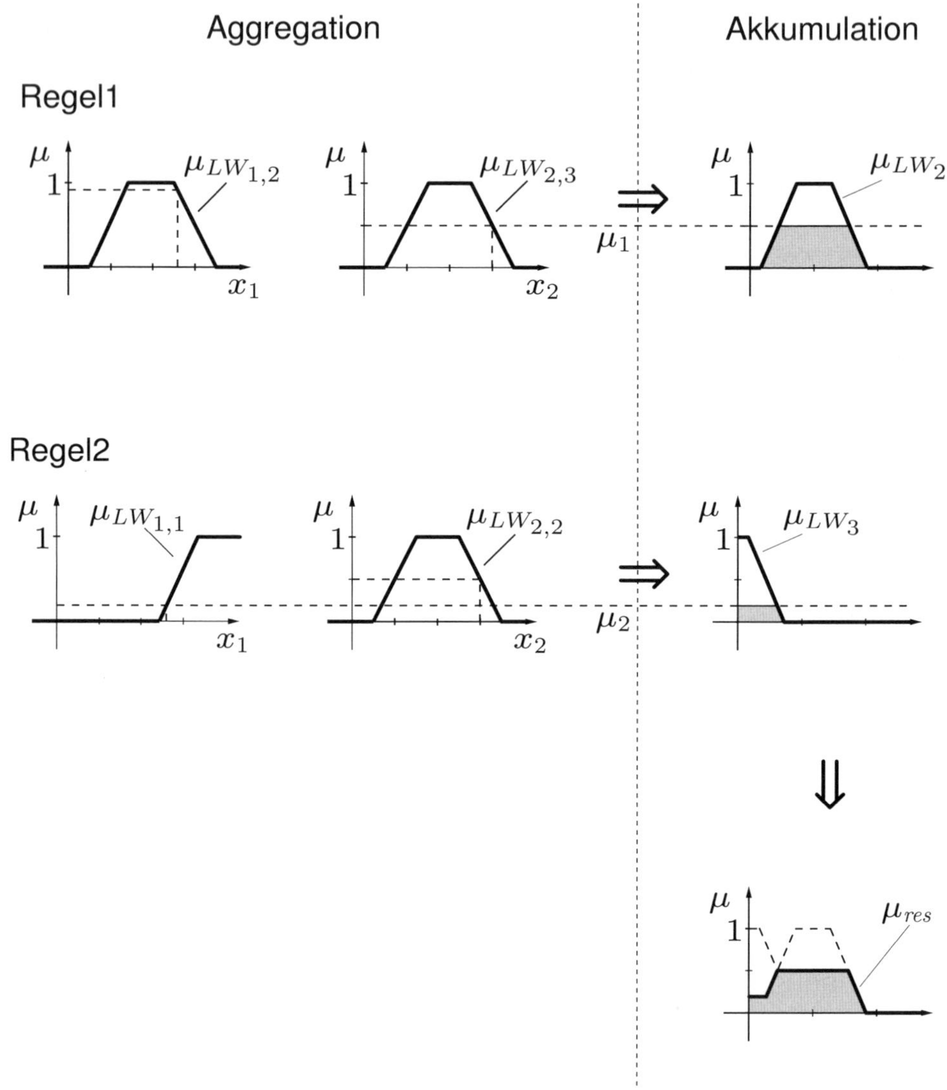
Aggregation
Akkumulation
Regel1
μ
1
$\mu_{LW_{1,2}}$
x_1
$\mu_{LW_{2,3}}$
x_2
$\Rightarrow$
μ_1
μ_{LW_2}
Regel2
$\mu_{LW_{1,1}}$
$\mu_{LW_{2,2}}$
μ_2
μ_{LW_3}
$\Downarrow$
μ_{res}

Da das Akkumulationsergebnis aus der Überlagerung der einzelnen Implikationsergebnisse μ_k entsteht, erhält man eine „gebirgige“ Zugehörigkeitsfunktion μ_{res}. Nachstehend zwei Beispiele.

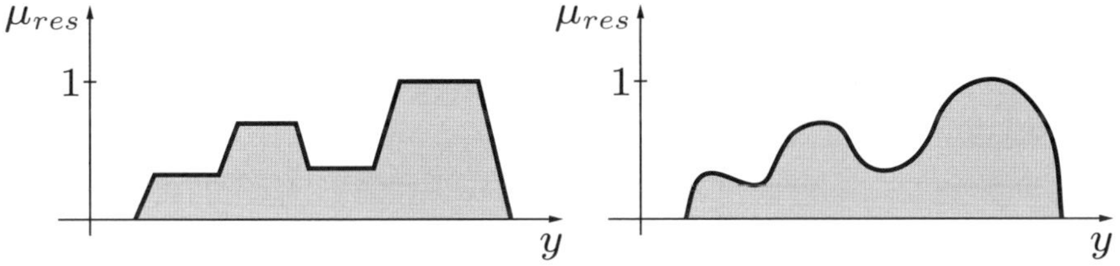

Die Zugehörigkeitsfunktion μ_{res} ist das Ergebnis der Auswertung aller Regeln. Im Allgemeinen repräsentiert sie aber ein Maß für die Ausgangsgröße y der Regelbasis, das nicht direkt verwendbar ist. Beispielsweise im Fall des Ausfallzeitpunktes t einer Maschine. Man wird sich hier eine klare Einschätzung wünschen – z. B. Ausfallzeitpunkt $= 10$ Tage.

Es ist also nötig, aus dem „Fuzzy-Gebirge“ μ_{res} einen nicht verschwommenen, festen Zahlenwert zu gewinnen. Diesen Vorgang nennt man

- Defuzzifizierung.

Eine sehr einfache Methode aus μ_{res} einen festen resultierenden Wert y_{res} abzuleiten ist die

- Maximummethode (MAX).

Man wählt den Wert y aus, bei dem μ_{res} seinen maximalen Wahrheitswert annimmt. Ist dieser Wert nicht eindeutig, so wählt man das linke oder rechte Maximum y_l oder y_r. Hierzu nachfolgendes Beispiel.

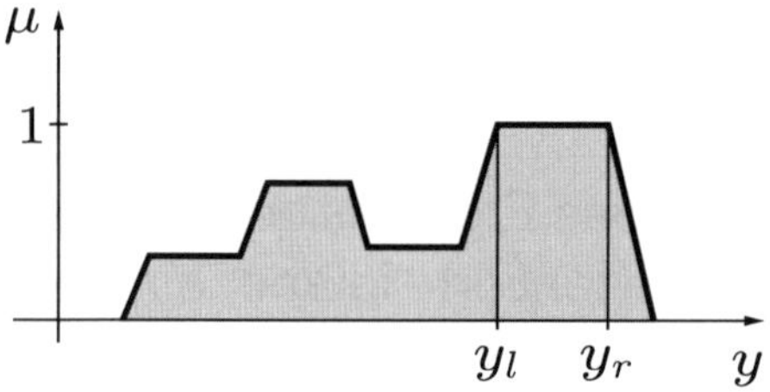

$y_{res} = y_l$ bzw.
$y_{res} = y_r$

Anstelle des linken oder rechten Maximums kann auch der

- Mittelwert der Maxima (Mean of Maxima MOM)

verwendet werden. Dieser Wert ist durch

$$y_{res} = \frac{\int\limits_{y \in C_{max}} y\,dy}{\int\limits_{y \in C_{max}} dy}$$

gegeben. Hierbei ist C_{max} die Menge aller Maximalstellen y. In dem im Bild gezeigten Fall ist $C_{max} = \{y \in I\!R | y_l \leq y \leq y_r\}$.

Die Methoden MAX und MOM sind plausibel. Sie weisen aber auch einen Nachteil auf: Nur die das Maximum erzeugenden Regeln werden berücksichtigt. Alle anderen Beiträge tragen nicht zum Ergebnis bei.

Sollen auch sie in das Defuzzifizierungs-Ergebnis einfließen, benutzt man im Allgemeinen eine Methode zur Mittelung aller Regelergebnisse .

Dies ist z. B. die Berechnung des

- Flächenschwerpunkts (Center of Area: COA).

Genauer seiner y-Koordinate y_{COA}:

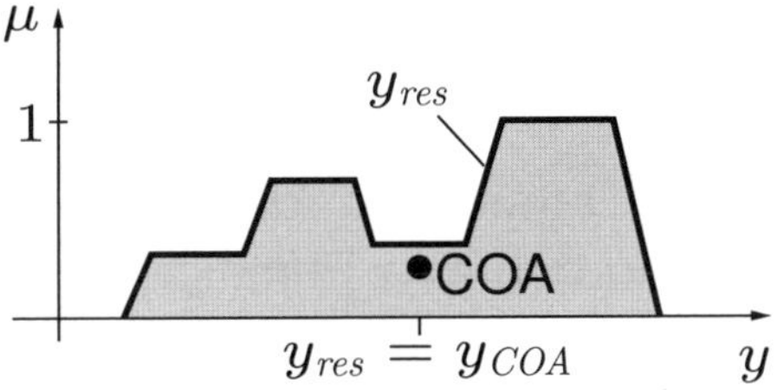

Der Wert y_{res} berechnet sich aus

$$y_{res} = \frac{\int y \cdot \mu_{res}(y)dy}{\int \mu_{res}(y)dy}.$$

Die Defuzzifizierung war das letzte Element, das noch fehlte, um eine Regelbasis in eine mathematische Funktion mit den Eingangsvariablen x_i und der Ausgangsvariablen y umzusetzen. Nachfolgendes Bild illustriert diesen Vorgang noch einmal.

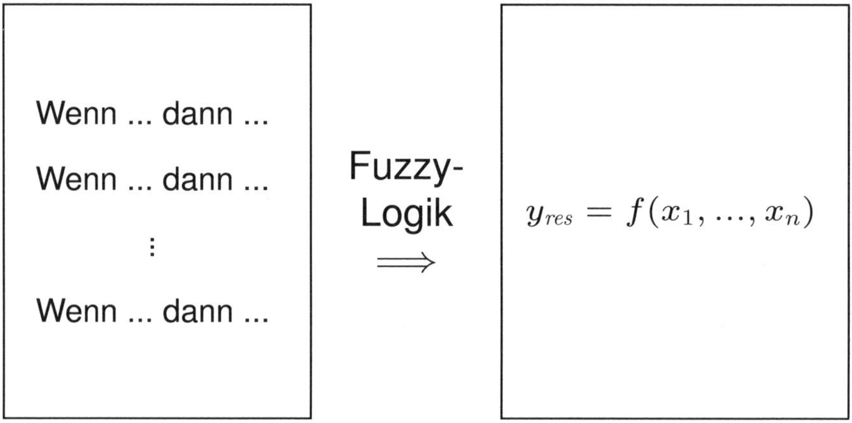

Prinzipielle Darstellung der Beschreibung von Regeln durch eine Funktion

Zusammengesetzt ist die Funktion f aus der Fuzzifizierung, Aggregation, Implikation, Akkumulation und Defuzzifizierung.

Es gilt

$$y_{res} = f(x_1, ..., x_n)$$

mit

Defuzzifizierung: $y_{res} = \dfrac{\int y \cdot \mu_{res}(x_1, ..., x_n, y)\, dy}{\int \mu_{res}(x_1, ..., x_n, y)\, dy}$

Akkumulation: $\mu_{res}(x_1, ..., x_n, y) =$
$max\{\mu_1(x_1, ..., x_n, y), ...$
$..., \mu_m(x_1, ..., x_n, y)\}$

Implikation: $\mu_k(x_1, ..., x_n, y) =$
$min\{\mu_{agg,k}(x_1, ..., x_n), \mu_{LW_k}(y)\}$

$k = 1, ..., m$

Aggregation: $\mu_{agg,k}(x_1, ..., x_n) =$
$min\{\mu_{LW_{1,i}}(x_1), ..., \mu_{LW_{n,p}}(x_n)\}$

$k = 1, ..., m$

Fuzzifizierung: Bestimmung aller $\mu_{LW_{i,j}}(x_i)$

Das gesetzte Ziel – die Umwandlung von Regeln in eine Funktion – ist damit erreicht.

ABSCHNITT 1.4

Fuzzy-Systeme und ihr Entwurf

Die nichtlineare Funktion $y_{res} = f(x_1, ..., x_n)$ ist als statisches Kennfeld oder als statisches nichtlineares Fuzzy-System mit n Eingangsgrößen x_i und einer Ausgangsgröße y interpretierbar:

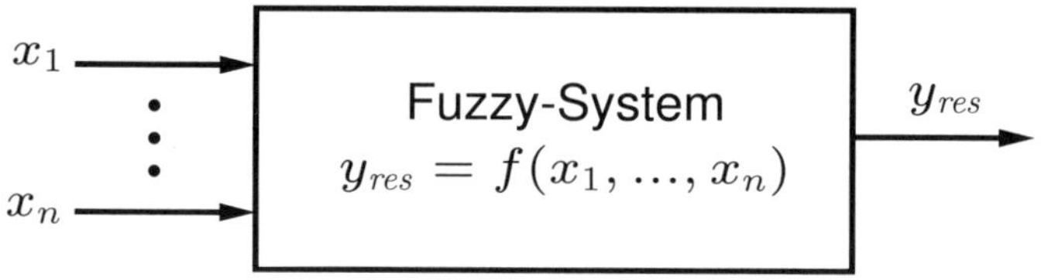

Im Wesentlichen besteht ein solches Fuzzy-System aus drei Teilen:

1. *Fuzzifizierung*,
2. *Inferenz*, d. h. Regelbasisauswertung mittels Aggregation, Implikation und Akkumulation,
3. *Defuzzifizierung*.

Etwas detaillierter kann es dann in der nachfolgenden Form dargestellt werden.

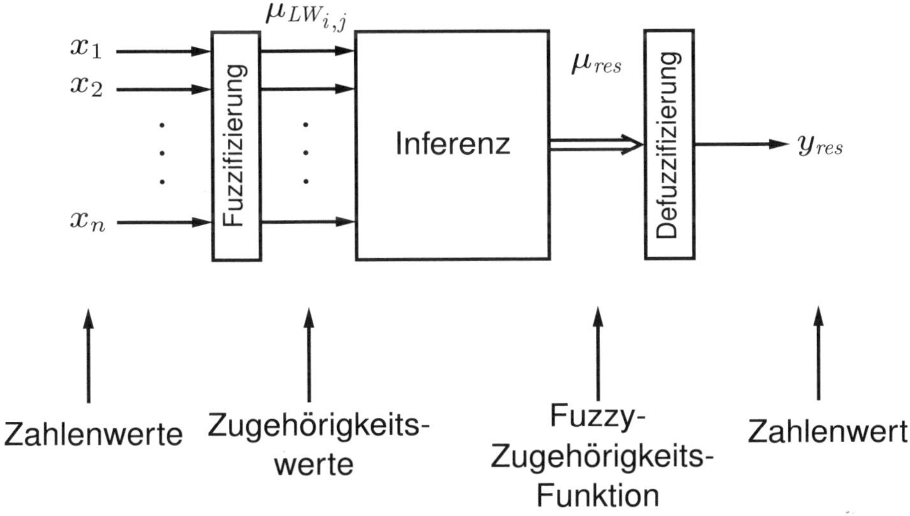

Ziel beim Entwurf eines Fuzzy-Systems ist im Allgemeinen die Nachbildung einer menschlichen Verhaltensweise.

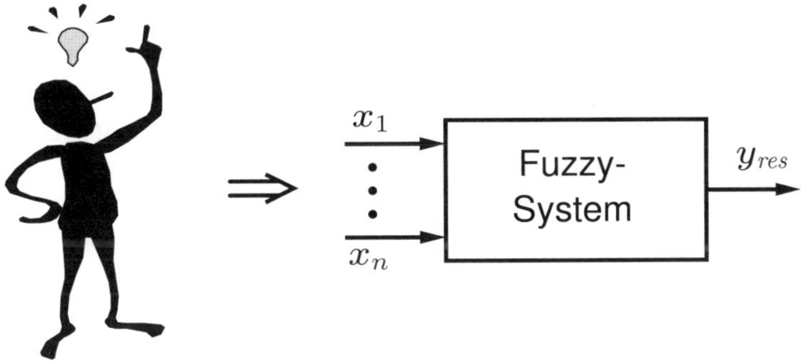

Stellt sich die Frage:

Wie entwirft man ein Fuzzy-System?

Zuerst muss das menschliche Verhalten, das man nachbilden möchte, in Form von „Wenn ... dann“ - Regeln beschrieben werden. Oftmals ist das keine einfache Aufgabe, da der Mensch viele seiner Handlungen oder Überlegungen ausführt, ohne sie vorher in solchen Regeln zu formulieren.

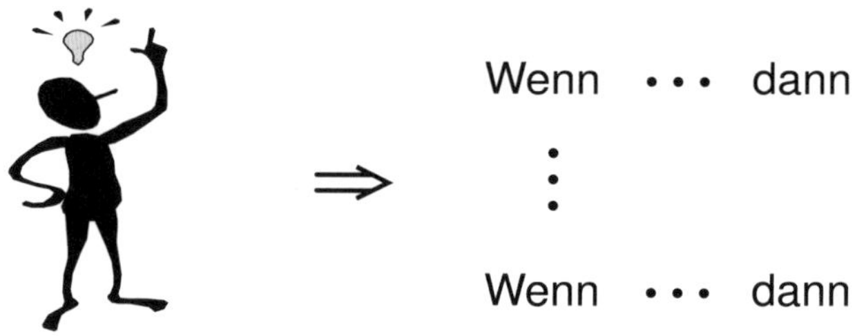

Bei dieser Formulierung der Regeln legt man auch

- die Eingangsgrößen } linguistische Variablen
- die Ausgangsgröße(n) } linguistische Variablen
- die linguistischen Werte

fest. Das Ergebnis dieses Schrittes ist die Regelbasis.

Nach dem Aufstellen der Regelbasis sind im nächsten Schritt die Zugehörigkeitsfunktionen festzulegen. Nachfolgend ein Beispiel für die linguistische Variable Maschinentemperatur T und trapezförmige, dreieckförmige und rampenförmige Zugehörigkeitsfunktionen.

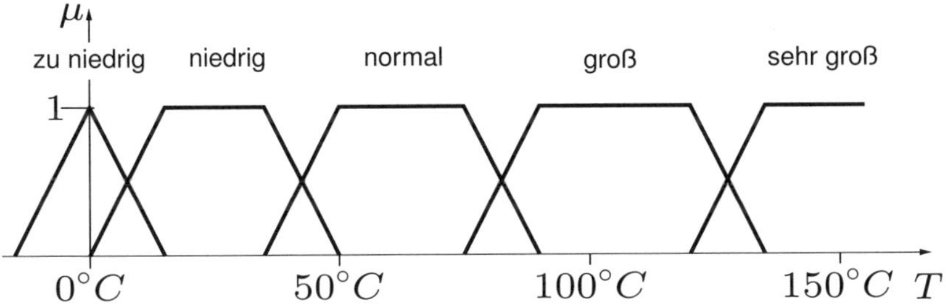

Häufig verwendete Namen für Zugehörigkeitsfunktionen sind:

NB = negative big		PB = positive big
NM = negative medium	Z = Zero	PM = positive medium
NS = negative small		PS = positive small

Nur sehr selten werden mehr als neun linguistische Werte für eine Variable vergeben. Denn mehr Abstufungen unterscheidet der Mensch im Allgemeinen nicht [1].

[1] Miller, G. A.: The magical number seven, plus or minus two. Some limits on our capacity for processing information. Psychological Review 63 (2), S. 81-97, 1956

Im dritten und letzten Entwurfsschritt sind schließlich die Rechenoperatoren des Fuzzy-Systems festzulegen. Nachfolgende Tabelle gibt einen Überblick.

Rechenoperatoren eines Fuzzysystems

Aggregation	Implikation	Akkumulation	Defuzzifizierung
Minimum	Minimum	Maximum	COA
algebraisches Produkt	Produkt	algebraische Summe	
Einstein Produkt	Kleene-Dienes	Einstein Summe	MAX
begrenzte Differenz	Lukasiewicz	begrenzte Summe	MOM

Nach dem Entwurf ist das Fuzzy-System zu erproben. Sei es in der Praxis oder durch Simulation. Oftmals wird sich dabei herausstellen, dass noch Regeln oder Zugehörigkeitsfunktionen zu ändern sind. Dementsprechend ergibt sich nachstehendes Entwurfsschema.

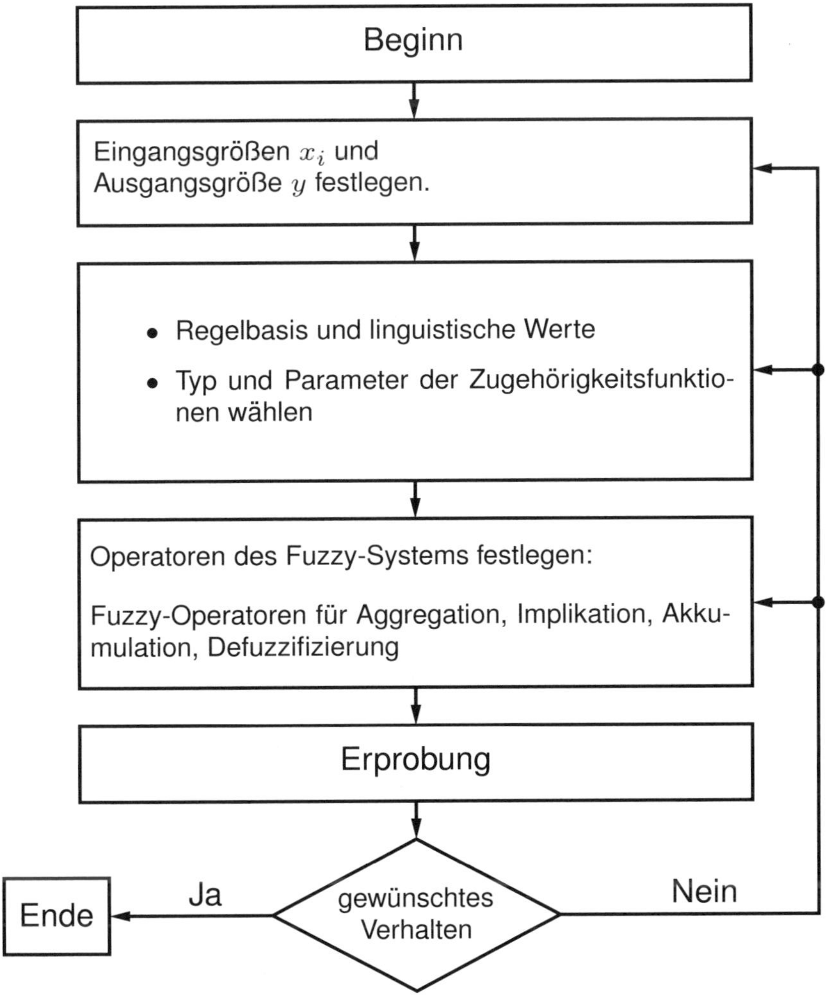

Im Weiteren wird etwas genauer auf die zwei Entwurfsschritte eingegangen:

1. Festlegung der Operatoren,
2. Wahl der Zugehörigkeitsfunktionstypen.

Für die meisten praktischen Fälle hat sich eine besonders einfache Standardstruktur des Fuzzy-Systems als sinnvoll herausgestellt:

- Rechenoperatoren der Standardstruktur

Aggregation	Implikation	Akkumulation	Defuzzifizierung
MIN	MIN	MAX	COA

- Typ der Zugehörigkeitsfunktionen der Standardstruktur

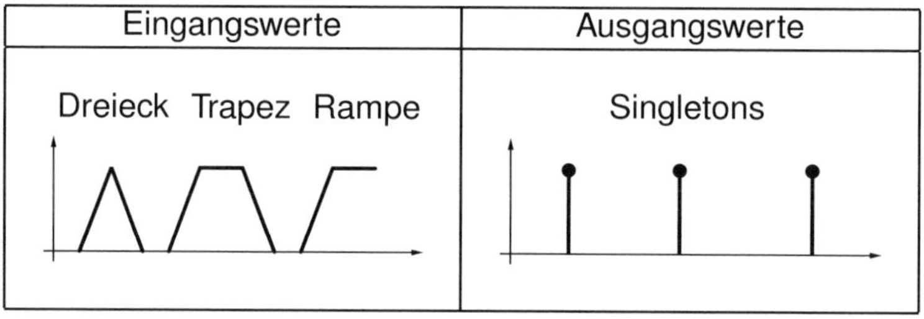

Insbesondere die Wahl von Singletons für die linguistischen Ausgangswerte vereinfacht die Berechnung des Flächenschwerpunkts (COA).

Zur Berechnung des Flächenschwerpunktes kann man nämlich das Akkumulationsergebnis μ_{res} in einzelne Komponenten $\mu_{res,i}$ zerlegen, die jeweils nur von den Regeln herrühren, die auf den Singleton i wirken:

$$\mu_{res} = \mu_{res,1} + \mu_{res,2} + \mu_{res,3} + \ldots + \mu_{res,m}.$$

Dazu nachfolgendes Bild:

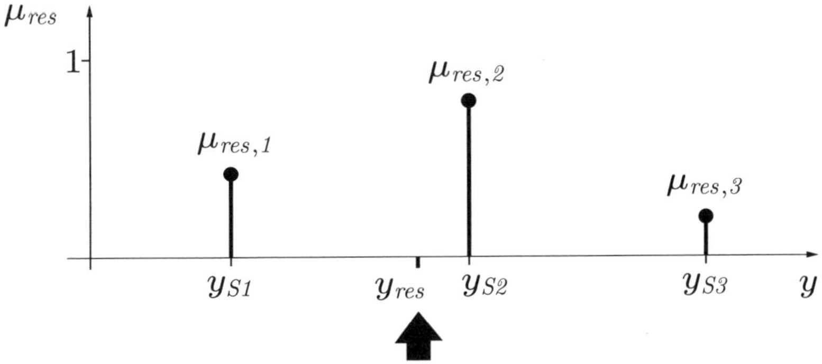

Die y-Koordinate des Flächenschwerpunktes (der korrekterweise keiner mehr ist) ergibt sich aus

$$y_{res} = \frac{\sum\limits_{i=1}^{m} y_{s_i} \mu_{res,i}(x_1, \ldots, x_n)}{\sum\limits_{i=1}^{m} \mu_{res,i}(x_1, \ldots, x_n)}.$$

Die Integrale bei der Berechnung des Flächenschwerpunktes werden also durch die Summen ersetzt.

Benutzt man die Standard-Struktur, so sind im Wesentlichen nur noch

- die Regelbasis und
- die Parameter der Zugehörigkeitsfunktionen

zu ermitteln.

Bei der Aufstellung der Regelbasis ist darauf zu achten, dass man sich auf die nötige Anzahl n von Eingangsvariablen x_i und linguistischen Werten beschränkt. Denn sonst nimmt die Anzahl der möglichen Regeln schnell nicht mehr handhabbare Ausmaße an.

Wenn

$r(i)$ die Anzahl der linguistischen Werte der Variablen x_i

ist, so ist

$$\boxed{N = \prod_{i=1}^{n} r(i)}$$

die maximale Anzahl möglicher Regeln. Hierzu ein Beispiel mit $n = 2$ und $r(1) = r(2) = 5$.

		x_1				
		$LW_{1,1}$	$LW_{1,2}$	$LW_{1,3}$	$LW_{1,4}$	$LW_{1,5}$
	$LW_{2,1}$					
	$LW_{2,2}$					
x_2	$LW_{2,3}$					
	$LW_{2,4}$					
	$LW_{2,5}$					

$N = 25$

Ist $n = 6$ und $r(i) = 5, i = 1, \ldots 6$ so ist N bereits

$$N = 15625.$$

Eine Anzahl von Regeln, die man im Allgemeinen nicht mehr überblickt.

In einem solchen Fall sollte man versuchen, das Fuzzy-System aus einzelnen Teilsystemen aufzubauen - wie nachfolgend beispielhaft gezeigt.

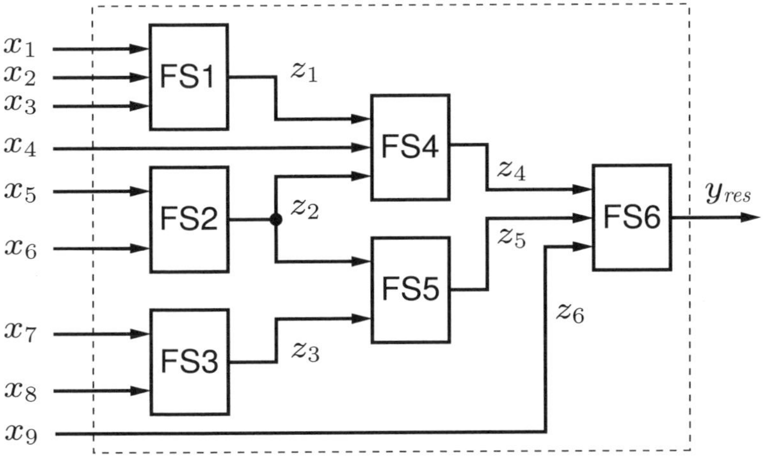

Die einzelnen Fuzzy-Systeme FS_i können dabei vollständige Fuzzy-Systeme mit Fuzzifizierung, Inferenz und Defuzzifizierung sein. Dann sind die inneren Größen z_i Zahlenwerte. Der Aufbau ist in diesem Fall besonders einfach. Es ist aber auch möglich, bei den inneren Größen z_i Fuzzifizierung und Defuzzifizierung entfallen zu lassen. Dann sind die z_i Fuzzy-Größen, d. h. Zugehörigkeitsfunktionen.

Insbesondere große Fuzzy-Systeme sind oft nicht vollständig, d. h. die Regelbasis besitzt weniger als N Regeln. Dazu ein Beispiel:

x_2 \ x_1	1	2	3	4	5
A	α	α	α	α	β
B	α	β	β	β	β
C	τ	β			
D	π	π			
E					

keine Regeln angegeben

linguistische Werte:
$1,\ 2,\ 3,\ 4,\ 5$ für x_1
A, B, C, D, E für x_2
$\alpha,\ \beta,\ \gamma,\ \tau,\ \pi$ für y

Für die Felder der Matrix, in denen kein Ausgangswert eingetragen ist, existieren keine Regeln. Auch das Ein-/ Ausgangsverhalten des Fuzzy-Systems ist für diese Fälle nicht definiert.

Oft ist dies auch nicht erforderlich, wenn die entsprechenden Eingangskombinationen nicht auftreten. Ist ihr Auftreten aber nicht ausgeschlossen, so hätte man gern - z. B. aus Sicherheitsgründen - ein definiertes Ein-/ Ausgangsverhalten.

Es gibt zwei Methoden, um ein solches Ein-/ Ausgangsverhalten zu erzielen:

1. die implizite Vervollständigung,
2. die dynamische Vervollständigung.

Bei der impliziten Vervollständigung wird ein fester Wert c ausgegeben, wenn keine Regel aktiv ist, d. h. $\mu_{res} = 0$ ist.

Bei der dynamischen Vervollständigung wird, falls keine Regel aktiv ist, der letzte Ausgangswert beibehalten, bis die Eingangssituation sich ändert und eine Regel aktiv wird.

Bleibt als letzter Schritt des Entwurfes die Parametrierung der Zugehörigkeitsfunktionen.

Im Falle der Standard-Struktur sind es Dreiecke, Trapeze und Rampen. Bei der Festlegung ihrer Kenndaten ist man, wie bei der Einstellung der Regelbasis, auf die menschliche Intuition bzw. menschliches Erfahrungswissen angewiesen. Die Standard-Zugehörigkeitsfunktionen sind durch ihre Eckpunkte definiert. In den meisten Fällen wählt man sie so, dass ihre Summe identisch Eins ist:

$$\boxed{\sum_{j=1}^{p} \mu_{LW_{i,j}}(x_i) = 1.}$$

Das Bild illustriert die Gleichung.

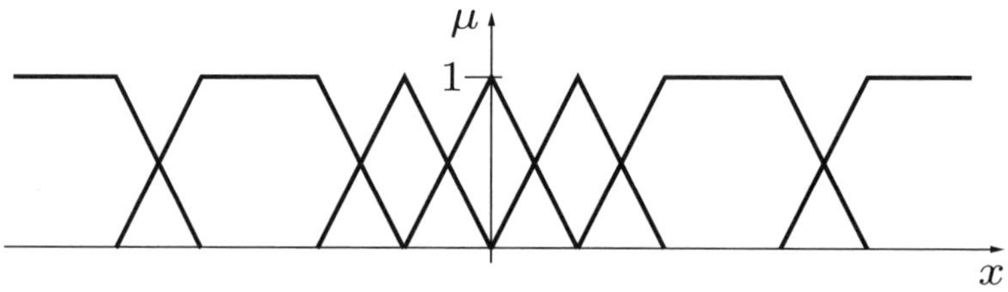

Wäre obige Gleichung nicht erfüllt, so könnte z. B. ein Zahlenwert x_i mit $\mu = 1$ zum linguistischen Wert „hoch “ und auch mit $\mu = 1$ zu „niedrig “ gehören. Eine wenig sinnvolle Wahl der Zugehörigkeitsfunktionen.

Mit den obigen Kenntnissen ist man nun so ausgestattet, dass in den weiteren Kapiteln unterschiedliche Anwendungsbereiche der Fuzzy-Logik behandelt werden können.

ABSCHNITT 1.5

Entscheidungsfindung mit Fuzzy-Logik

Die Entscheidungsfindung mittels Fuzzy-Systemen wird nicht nur im technischen Bereich genutzt, sondern u.a. auch im betriebswirtschaftlichen, organisatorischen und medizinischen. Beispiele sind

- die Produktionssteuerung und Betriebsführung,
- medizinische Beratungs- und Alarmsysteme.

Fuzzy-Entscheidungssysteme und Fuzzy-Beratungssysteme besitzen oft die im vorherigen Kapitel beschriebenen Grundstrukturen. Zur Illustration wird hier ein technisches Beispiel betrachtet: die Gangwahl bei PKW-Automatikgetrieben [1].

[1] Maron, Ch.: Automatische Gangwahl bei PKW-Automatikgetrieben mit Hilfe von Fuzzy-Logik. VDE-Fachtagung „Technische Anwendungen von Fuzzy-Systemen“ , Dortmund 12.-13.11.92, S. 278-287

Die Aufgabenstellung ist augenscheinlich für eine Lösung mit Fuzzy-Logik prädestiniert, da der Mensch bei PKWs mit Schaltgetriebe den Schaltvorgang aufgrund seines Erfahrungswissens vornimmt.

Bestimmt werden soll durch die Fuzzy-Logik die Schaltdrehzahl. Hierbei gilt für die Schaltdrehzahl $n_{rück}$ beim Rückschalten und die Schaltdrehzahl n_{hoch} beim Hochschalten

$$n_{rück} = 0,5 \cdot n_{hoch}.$$

Aufgrund dieser einfachen Festlegung ist nur die Hochschaltdrehzahl n_{hoch} zu bestimmen. Sie ist abhängig von drei Größen:

1. Charakter des Fahrers: sportlich oder defensiv
2. Gaspedalstellung: klein, groß oder kickdown

   Beim Kickdown z. B. wird man erst sehr spät schalten, bei kleiner Gaspedalstellung, d. h. gemächlichem Gleiten, früh.
3. Fahrwiderstandsmoment: negativ, klein, positiv.

Das Fahrwiderstandsmoment M_w ist die Differenz zwischen dem Motormoment M_{mot} und dem Moment M_{ist}, das das Fahrzeug tatsächlich beschleunigt. Um beide Momente vergleichen zu können, ist M_{ist} auf den Getriebeeingang rückgerechnet. Das Bild illustriert dies.

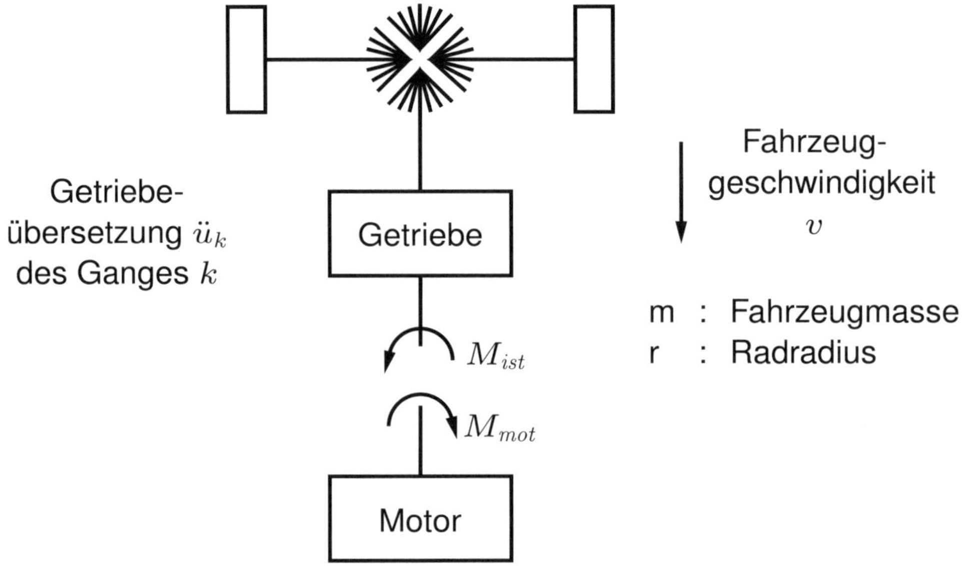

Das Fahrwiderstandsmoment

$$M_w = M_{mot} - M_{ist} = M_{mot} - \frac{\dot{v}}{\ddot{u}_k} \cdot m \cdot r$$

beinhaltet Steigung, Luftwiderstand, Getriebereibung, Rollreibung, etc.

Der Fahrercharakter läßt sich anhand der mittleren potenzierten Beschleunigung $|\dot{v}|^4$ innerhalb eines bestimmten Zeitintervalls $T_2 - T_1$ ermitteln:

$$F = \frac{1}{T_2 - T_1} \int_{T_1}^{T_2} \frac{|\dot{v}|^4}{\ddot{u}_k} dt \approx \frac{1}{(k+1) \cdot \Delta t} \sum_{i=n-k}^{n} \frac{|\dot{v}(iT)|^4}{\ddot{u}_k(i)}.$$

Die obige Näherung basiert auf einer Zerlegung des Zeitintervalls $T_2 - T_1$ in $k+1$ Abtastintervalle:

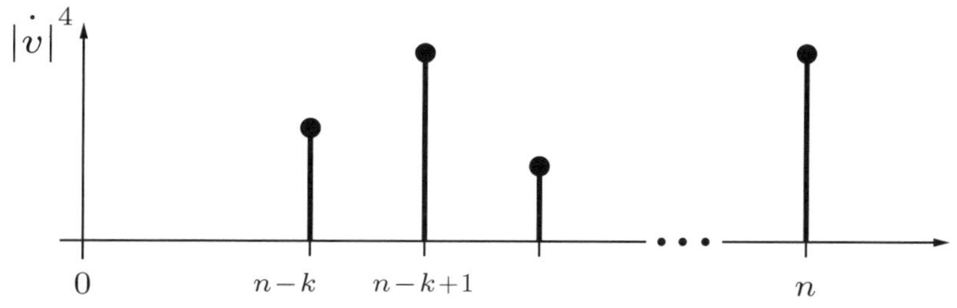

Für das abgebildete Fuzzysystem werden nun die linguistischen Werte und ihre Zugehörigkeitsfunktionen festgelegt:

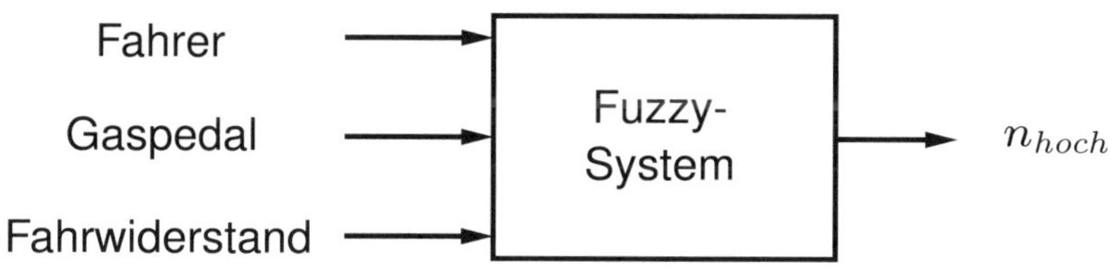

Zugehörigkeitsfunktionen der Eingangsgrößen:

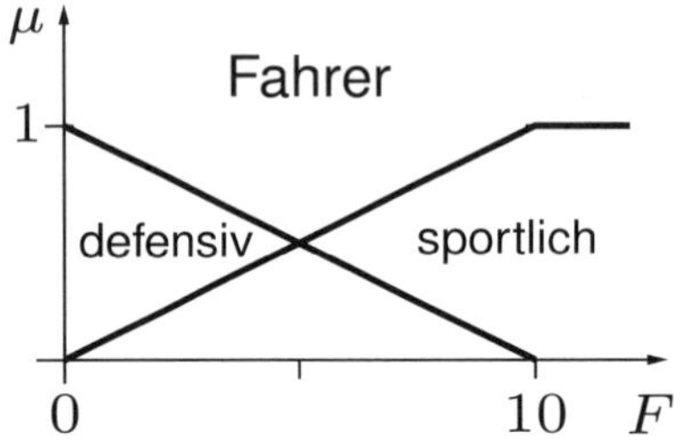

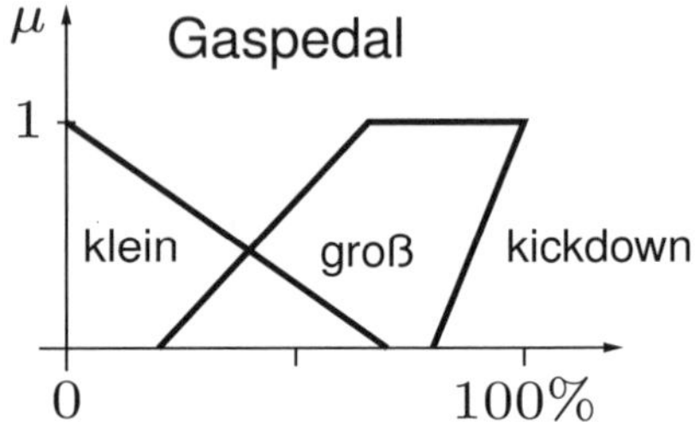

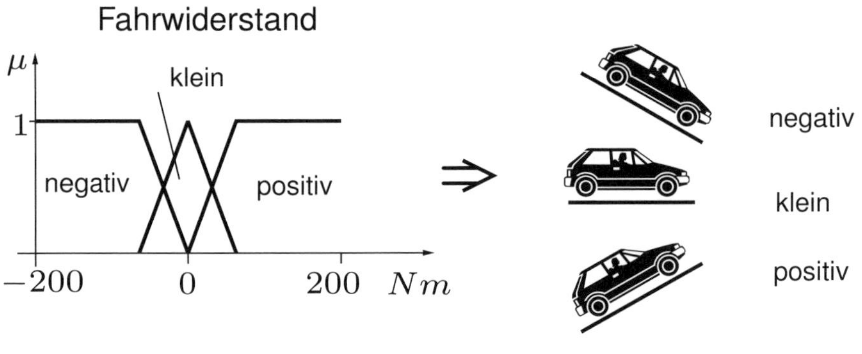

Die acht linguistischen Werte $1, \ldots, 8$ und die Zugehörigkeitsfunktionen der Schaltdrehzahl n_{hoch} sind:

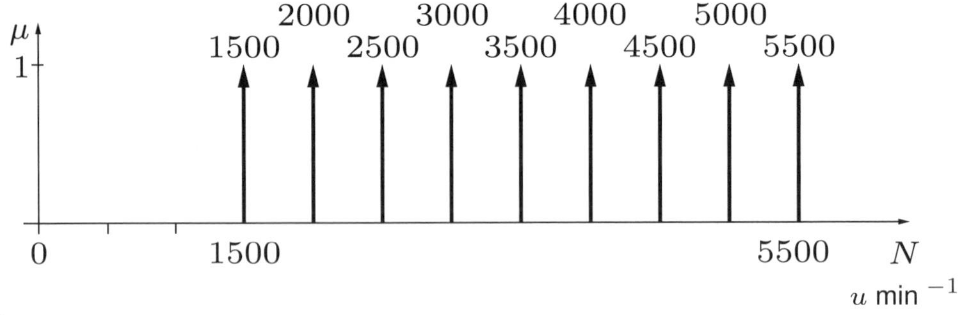

Die Regelbasis hat

$$N = 2 \cdot 3 \cdot 3 = 18$$

mögliche Regeln, die nachstehend dargestellt sind.

$\boxed{Fahrer = defensiv}$

		Gaspedal		
		klein	groß	kickdown
Fahrwiderstand	positiv	2500	3000	5500
	klein	2000	2500	5000
	negativ	1500	2000	4500

$\boxed{Fahrer = sportlich}$

		Gaspedal		
		klein	groß	kickdown
Fahrwiderstand	positiv	4500	5500	5500
	klein	4000	5000	5000
	negativ	3500	4500	4500

Die Fuzzy-Charakteristiken sind sozusagen die Hochschaltkennfelder. Rechts sind einige dargestellt.

defensiver Fahrer

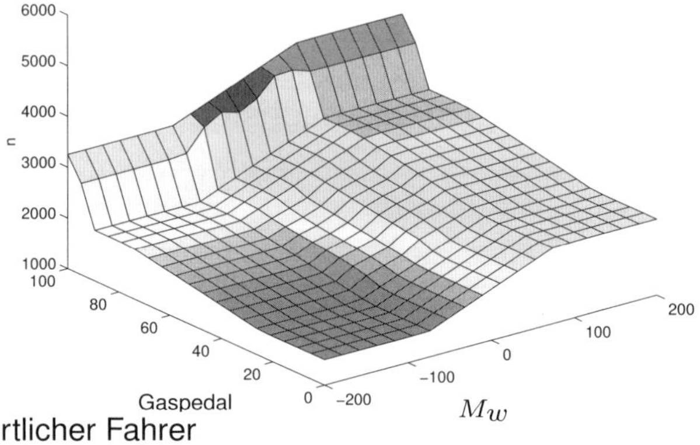

defensiv-sportlicher Fahrer

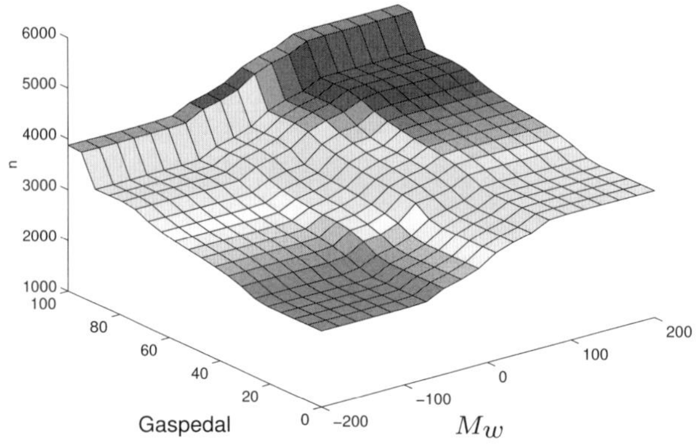

sportlicher Fahrer

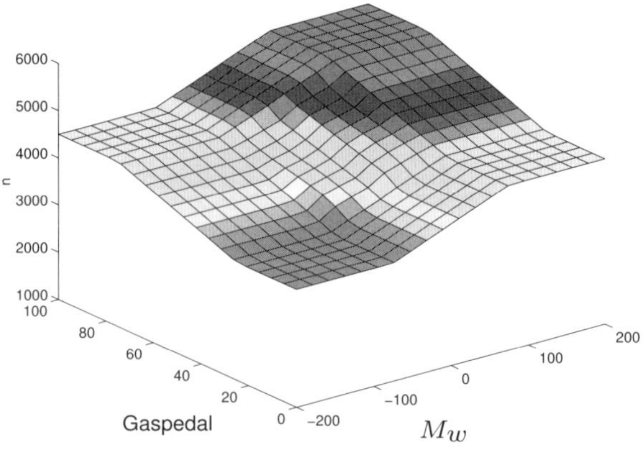

ABSCHNITT 1.6

Fuzzy - Regelung

Fuzzy-Systeme können als Regler eingesetzt werden. Dies ist dann sinnvoll, wenn

- die Funktionsweise des Reglers verbal in Form von „Wenn - Dann“ - Regeln formuliert werden kann und
- der Prozess nicht modellierbar ist oder ein Fuzzy-Regler gegenüber einem klassischem Regler Vorteile aufweist.

Insbesondere bietet es sich an, den Menschen, der einen Prozess regelt, durch ein Fuzzy-System bezüglich dieser Aufgabe nachzubilden und ihn von dieser Aufgabe zu entlasten. Nachfolgendes Bild illustriert diesen Gedanken.

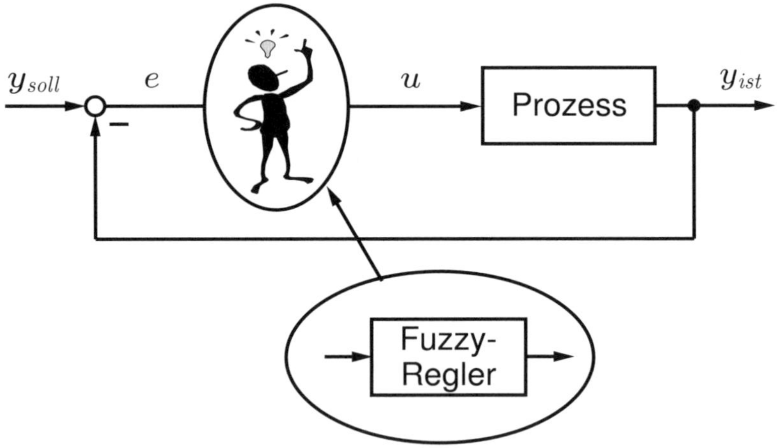

Dieses Anwendungsgebiet von Fuzzy-Systemen bezeichnet man wie erwähnt als

- Fuzzy-Control.

Einige Anwendungsfälle, bei denen der Mensch durch einen Fuzzy-Regler ersetzt werden konnte, sind:

- Abstandsregelung bei Automobilen,
- Regelung eines Zementdrehrohrofens,
- Fahrregelung von U-Bahnen,
- An- und Abfahrregelung eines Kraftwerkes,
- usw.

Der Entwurf einer Fuzzy-Regelung erfolgt nach dem im vorherigen Abschnitt dargestellten Schema. Prinzipiell kann der Fuzzy-Regler auch mehrere Ein- und Ausgänge aufweisen. Zumindest mehrere Eingänge sind der Regelfall. Nachfolgendes Bild zeigt einen solchen Regelkreis.

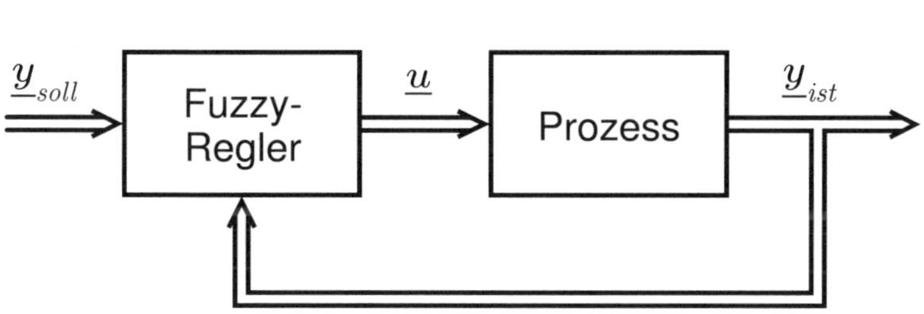

Außer dem Einsatz eines Fuzzy-Systems als Regler haben sich weitere Regelungen mit Fuzzy-Systemen bewährt, in denen die Fuzzy-Systeme nicht nur als Regler, sondern als Adaptionsmechanismen, Vorsteuerungen, Reglererweiterungen, etc. verwendet werden. Im nachfolgendem ist eine Übersicht dargestellt.

1.) Hybrider Regler

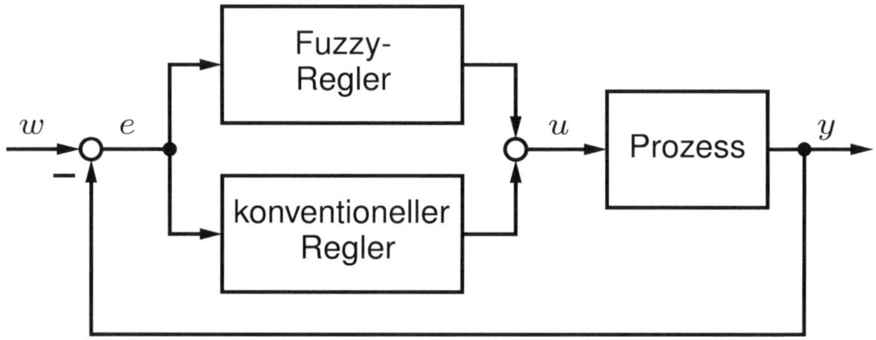

Bei hybriden Reglern obiger Struktur hat das Fuzzy-System die Aufgabe, einen konventionellen Regler, z.B. einen PID-Regler, zu ergänzen, um z.B. eine Verbesserung des Regelverhaltens in bestimmten Situationen zu erreichen.

Ein Beispiel hierfür ist der PI-Fuzzy-D-Regler. Er besteht aus einem PI-Regler und einem D-Anteil, der in Abhängigkeit von der Regelabweichung $\dot{e}$ und auch e über ein Fuzzy-System gebildet wird.

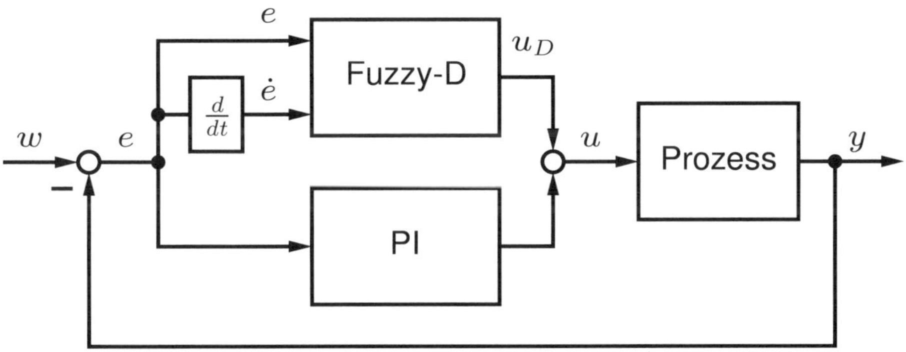

Die Aufgabe des Fuzzy-D-Reglers ist es, nur dann eine Stellgröße u_D zu erzeugen, wenn große Werte $e, \dot{e}$ vorliegen. Dadurch kann z.B. bei großen Störungen eine schnelle Ausregelung erreicht werden. Bei kleinen Werten $e, \dot{e}$ ist dagegen $u_D \approx 0$, so dass kleine Störungen und Rauschen nicht unnötig durch den D-Anteil verstärkt werden.

Der Fuzzy-D-Anteil realisiert ein Kennfeld, deren zugehörige Regelbasis beispielhaft unten abgebildet ist.

				e		
	u_D	$-groß$	$-klein$	$Null$	$+klein$	$+groß$
	$+groß$	$+groß$	$+klein$	$Null$	$+klein$	$+groß$
	$+klein$	$+klein$	$+klein$	$Null$	$+klein$	$+klein$
$\dot{e}$	$Null$	$Null$	$Null$	$Null$	$Null$	$Null$
	$-klein$	$-klein$	$-klein$	$Null$	$-klein$	$-klein$
	$-groß$	$-groß$	$-klein$	$Null$	$-klein$	$-groß$

2.) Umschaltung Fuzzy-Regler/ konventioneller Regler

Oft arbeitet man im Normalbetrieb mit einem konventionellen Regler, der in besonderen Betriebssituationen – z.B. beim Hoch- oder Herunterfahren des Prozesses oder in sicherheitskritischen Zuständen – nicht befriedigend funktioniert. Dann wird auf einen Fuzzy-Regler umgeschaltet, der für diese Ausnahmesituation zugeschnitten ist. Die Umschaltung kann durch diesen Regler oder eine besondere Situationserkennung realisiert sein.

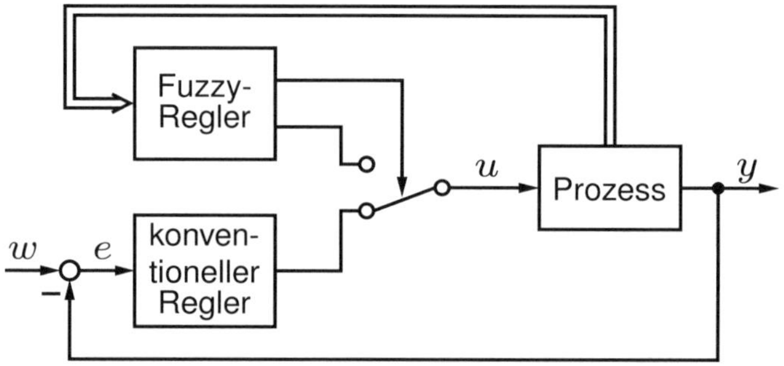

3.) Fuzzy-Vorsteuerung

Fuzzy-Systeme können auch zur Vorsteuerung eingesetzt werden, z.B. um eine additive Stellgröße bei Anfahrvorgängen zu erzeugen.

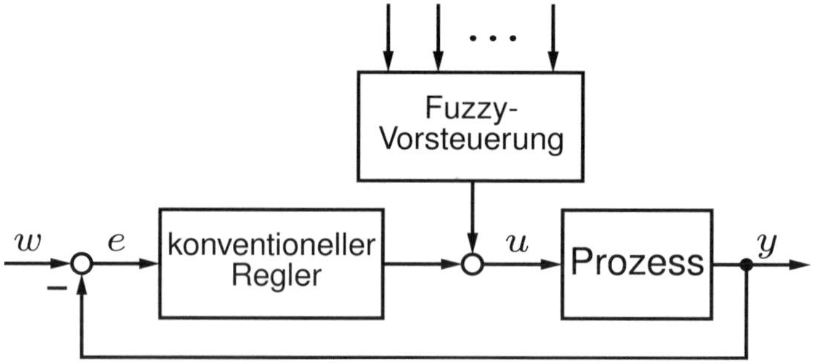

4.) Fuzzy-Steuerung

Fuzzy-Systeme können direkt zur Steuerung von Prozessen eingesetzt werden, z.B. um bestimmte Ausgangsgrößenverläufe zu erzeugen.

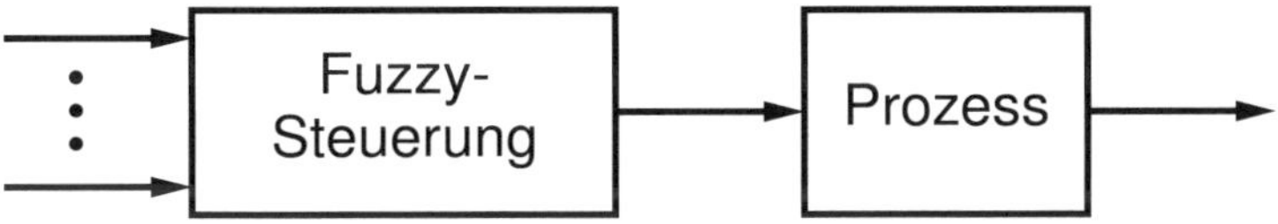

5.) Strukturumschaltung mittels Fuzzy-Umschaltstrategie

Bei dieser Variante strukturumschaltender Regler wird die Umschaltung über ein, mittels Erfahrungswissen entworfenes Fuzzy-System durchgeführt.

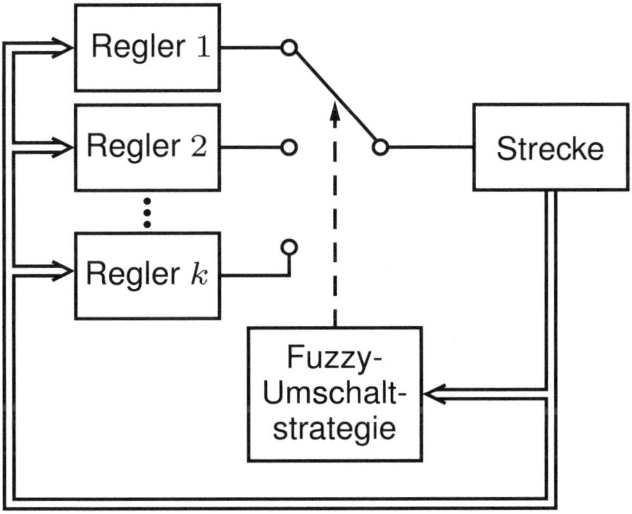

6.) Regler mit Fuzzy-Adaption

In vielen Fällen kann aufgrund von Erfahrungswissen angegeben werden, wie man einen Regler adaptiv in Abhängigkeit vom Betriebszustand verstellen muss, um die Regelgüte zu verbessern. Entsprechend kann man, wie abgebildet, ein Fuzzy-System zur Adaption von Reglern verwenden.

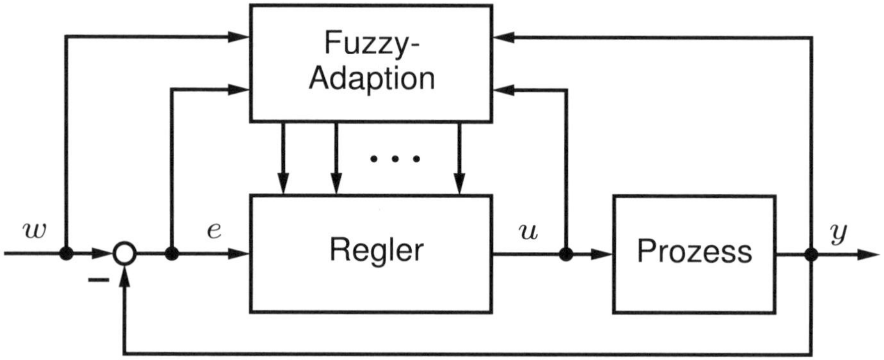

Im Weiteren werden zwei Beispiele für Fuzzy-Regelungen betrachtet:

- die Fuzzy-Abstandsregelung bei Automobilen und
- die Regelung der kontinuierlichen Ozonung von Wasser in einem Rohrreaktor.

Als Anwendungsfall für einen Fuzzy-Regler soll eine Abstandsregelung für Automobile betrachtet werden[1]. Ziel ist es, die Geschwindigkeit v bzw. Beschleunigung a eines Automobils so zu regeln, dass der Abstand zu einem vorausfahrenden Fahrzeug dem gesetzlich vorgeschriebenen Wert („halber Tacho")

$$x_{soll} = \frac{1}{2} v_{ist} \quad , \; x_{soll} \text{ in m} \; , \; v_{ist} \text{ in km/h} \; ,$$

entspricht.

Nachfolgendes Bild illustriert die Situation.

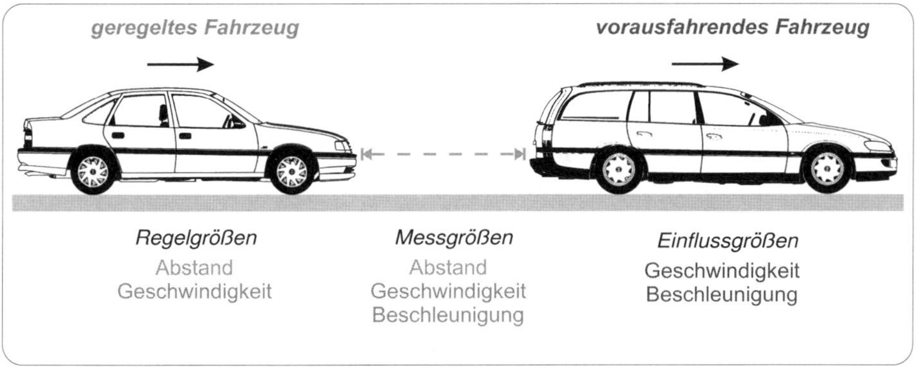

Relativgeschwindigkeit	v_{rel}	Beschleunigung (geregeltes Fahrzeug)	a_{ist}
Abstand	x_{rel}		
Geschwindigkeit (vorausfahrendes Fahrzeug)	v_{leit}	Geschwindigkeit (geregeltes Fahrzeug)	v_{ist}

[1] Germann, S.: Modellbildung und modellgestützte Regelung der Fahrzeuglängsdynamik. VDI Fortschrittsberichte, Reihe 12, Nr. 309

Als Messwerte stehen für die Regelung neben v_{ist} auch v_{leit}, v_{rel} und x_{rel} zur Verfügung. Gemessen werden letztere mittels Mikrowellen-, Radarsensoren oder Laser. Die Regelstrecke ist eine Beschleunigungs-Weg-Strecke – also durch einen Doppelintegrierer zu beschreiben. Hinzu kommen noch zwei Verzögerungsgleichungen 1. Ordnung für einen unterlagerten Beschleunigungsregelkreis. Es ergibt sich dann folgendes Bild:

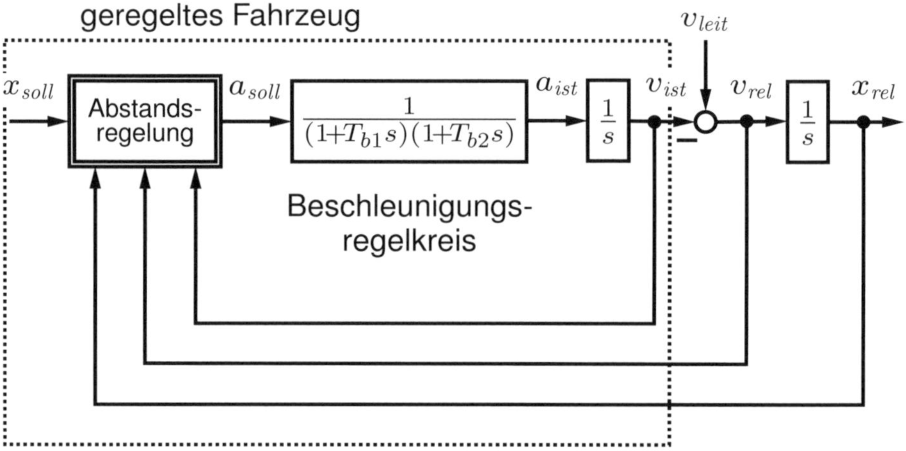

Prinzipiell kann solch eine Abstandsregelung auch durch einen linearen Regler realisiert werden. Jedoch gewährleistet ein linearer Regler kein ausreichend sicheres Fahrverhalten bei einscherenden Fahrzeugen oder langsamen Fahrzeugen nach Kurven.

Es liegt nahe, für den Abstandsregler die Verhaltensweise des Menschen mittels eines Fuzzy-Reglers nachzuahmen. Auch er benutzt x_{rel}, v_{rel} und v_{ist} als Orientierungsgrößen, um die Beschleunigung a_{soll} seines Fahrzeuges zu verringern oder zu erhöhen.

Der Fuzzy-Abstandsregler hat also die Form

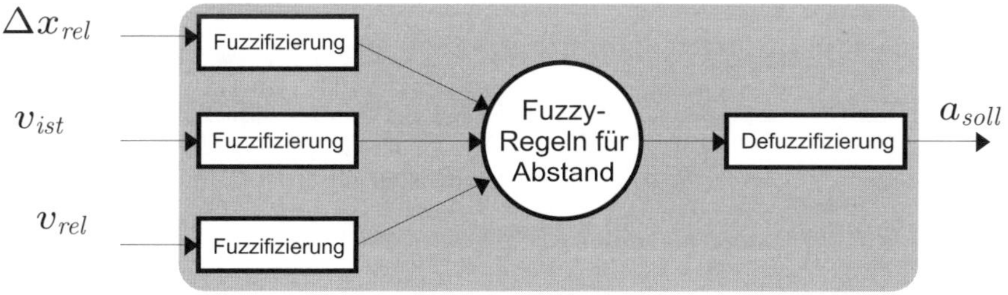

Eingang

Abstandsabweichung	$\Delta x_{rel} = x_{rel} - x_{soll}$
Fahrzeuggeschwindigkeit	v_{ist}
Relativgeschwindigkeit	$v_{rel} = v_{leit} - v_{ist}$

Ausgang

Wunschbeschleunigung	a_{soll}

Im ersten Entwurfsschritt legt man linguistische Werte und die Zugehörigkeitsfunktionen von Δx_{rel}, v_{ist}, v_{rel} und a_{soll} fest.

Eingangsgrößen:

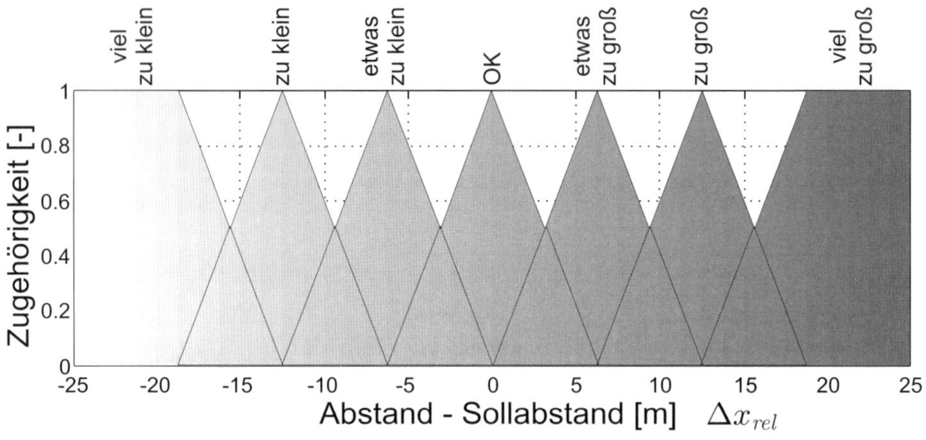

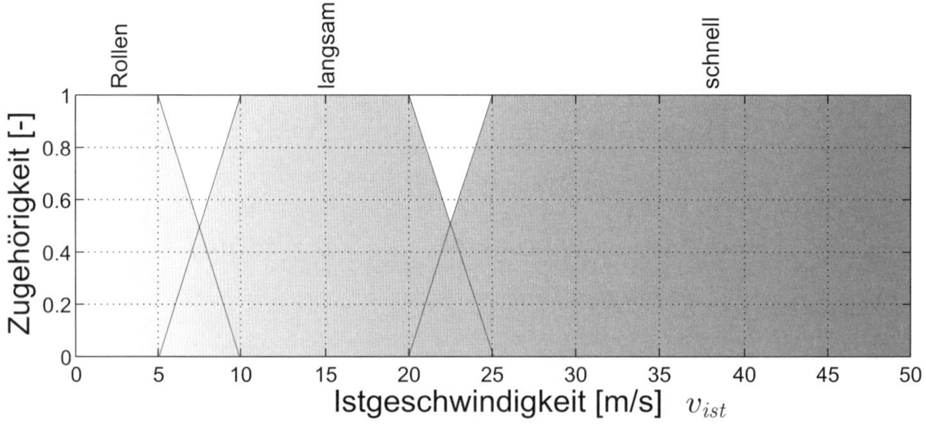

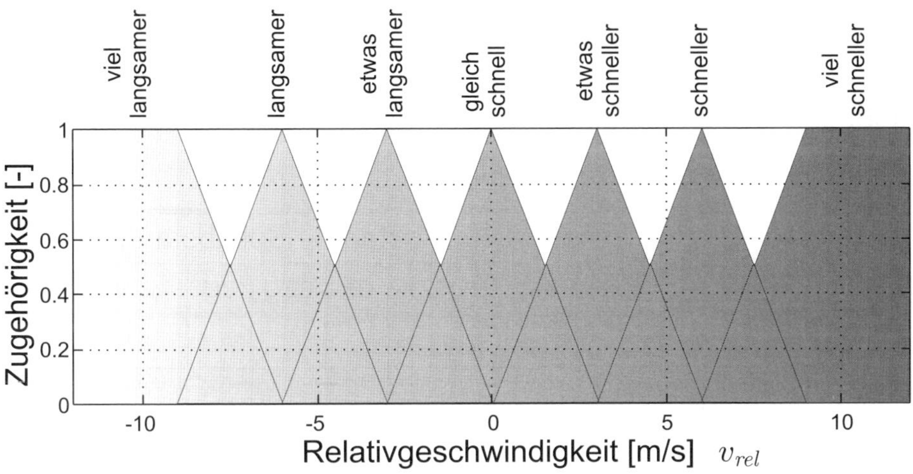

Ausgangsgröße:

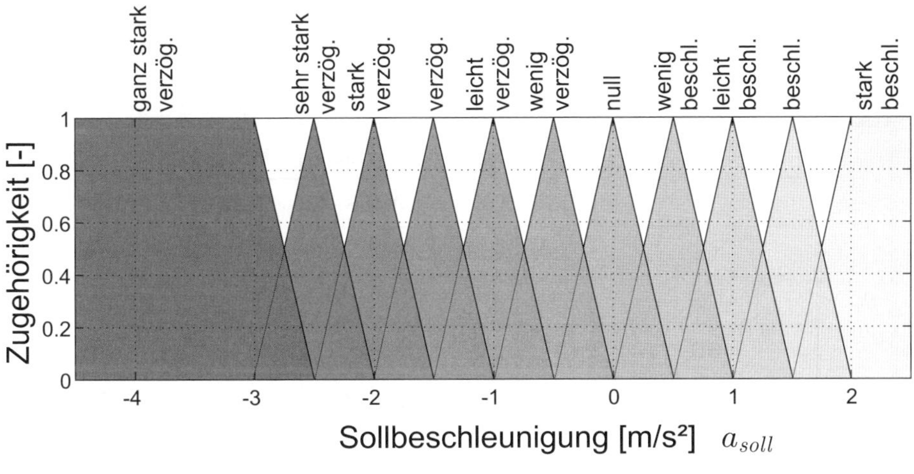

Im nächsten Schritt werden die Regeln festgelegt, wobei man sich der Matrixform bedient. Dabei sind die linguistischen Werte geeignet abgekürzt, so entspricht die Abkürzung 'vzk' der Zugehrigkeitsfunktion '**v**iel **z**u **k**lein' des Sollabstands Δx_{rel}.

v_{ist} = Rollen		Δx_{rel} = Abstand – Sollabstand $\rightarrow$						
		vzk	zk	ezk	ok	ezg	zg	vzg
	vl							
	l							
	el	gsv	sv	v	v	wv	n	n
v_{rel}	gs	sv	v	v	wv	n	n	wb
	es	v	v	v	wv	n	wb	wb
$\downarrow$	s	n	n	n	b	sb	sb	sb
	vs	n	lb	b	sb	sb	sb	sb

v_{ist} = langsam		Δx_{rel} = Abstand – Sollabstand $\rightarrow$						
		vzk	zk	ezk	ok	ezg	zg	vzg
	vl	gsv	gsv	gsv	ssv	sv	v	n
	l	gsv	gsv	gsv	ssv	v	v	n
	el	gsv	ssv	ssv	v	lv	wv	n
v_{rel}	gs	ssv	sv	v	lv	n	wb	lb
	es	v	v	wv	n	n	wb	lb
$\downarrow$	s	n	n	n	wb	b	sb	sb
	vs	n	n	n	b	sb	sb	sb

v_{ist} = schnell		Δx_{rel} = Abstand – Sollabstand →						
		vzk	zk	ezk	ok	ezg	zg	vzg
v_{rel} ↓	vl	v	v	v	v	v	lv	n
	l	v	v	v	v	v	lv	n
	el	v	v	v	v	lv	wv	n
	gs	lv	lv	lv	wv	n	wb	wb
	es	lv	lv	wv	n	wb	wb	wb
	s	n	n	n	wb	lb	lb	lb
	vs	n	n	lb	lb	b	b	b

Insgesamt erhält man 133 Regeln. Dabei bildet der Fuzzy-Regler einen Kennfeld-Regler, dessen Kennfeld vierdimensional ist.

Für die Fahrzeuggeschwindigkeiten $v_{ist} = 10\,m/s$ (langsam) und $v_{ist} = 30\,m/s$ (schnell) sind die entsprechenden Teil-Kennfelder grafisch darstellbar.

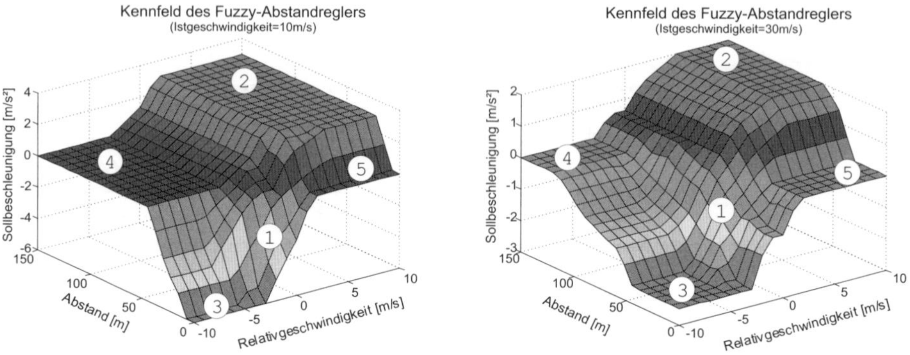

Fünf wesentliche Bereiche sind in diesem nichtlinearen Reglerkennfeld zu erkennen:

1. Im Bereich 1 entspricht das Reglerverhalten einem linearen Regler. Dieser Bereich kennzeichnet den stationären Zustand ($v_{rel} \approx 0m/s$).

2. Im Bereich 2 kann der Wagen mit maximaler Beschleunigung aufholen, da der Abstand groß ist und sich der vorausfahrende Wagen entfernt.

3. Im Bereich 3 muss maximal gebremst werden, denn der Abstand ist zu gering.

4. Im Bereich 4 nähert man sich mit geringer Relativgeschwindigkeit aus großem Abstand. Hier wird die Geschwindigkeit nicht verändert – also $a_{soll} = 0$ – bis der Wagen aufgeholt hat.

5. Im Bereich 5 fährt der vorausfahrende Wagen bei zu geringem Abstand davon. Daher wird nicht beschleunigt oder gebremst bis der richtige Abstand erreicht ist.

In den nachfolgenden Bildern sind Beschleunigung a_{soll}, Geschwindigkeit v_{ist} und der Abstand x_{rel} zweier Fahrzeuge während einer Fahrt auf der Autobahn von ca. $8\,min$ aufgenommen worden.

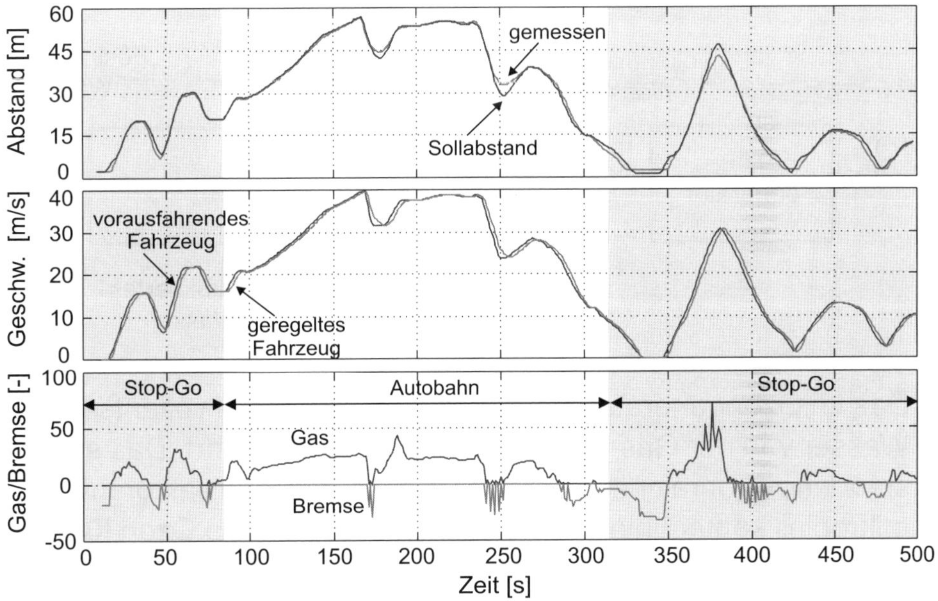

Deutlich erkennbar ist das in allen Bereichen gute Regelverhalten.

Ein Anwendungsfall für einen Regler mit Fuzzy-Adaption ist die Regelung kontinuierlichen Ozonung von Wasser in einem Rohrreaktor[2]. Zur Desinfektion von Abwasser, des Wassers in Schwimmbädern oder in Trinkwasseraufbereitungsanlagen wird in Rohrreaktoren durch Zuführung von Ozon (O_3) die Keimzahl reduziert. Nachfolgend ist die prinzipielle Struktur einer Ozonungsanlage dargestellt.

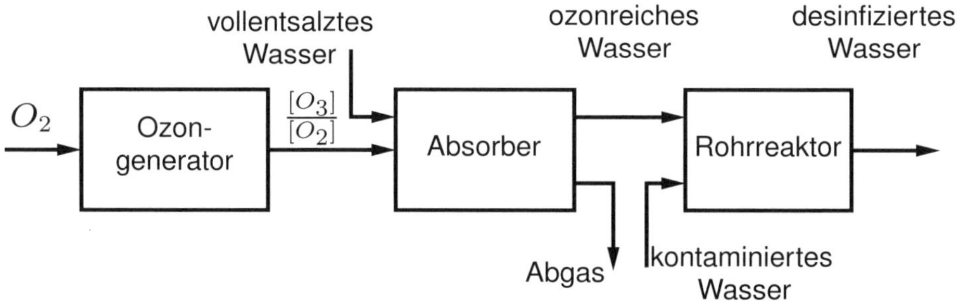

Das im Ozongenerator erzeugte Ozon O_3 wird in vollentsalztem Wasser von der Gas- in die Flüssigphase überführt. Das so entstandene ozonreiche Wasser wird dann im Rohrreaktor mit dem mikrobiell kontaminiertem Wasser vermischt. Das Ozon führt zu einer Abtötung der Mikroorganismen und Ausgangsprodukt des Reaktors ist desinfiziertes Wasser.

Für den gesamten Prozess kann ein Näherungsmodell angegeben werden.

[2] Boll, M.; Bünning, G.; Dörrscheidt, F. und Hempel, D.C.: Fuzzy-Hybrid-Regler für die kontinuierliche Ozonung von Wasser in einem Rohrreaktor. atp 1/97, S.40-47

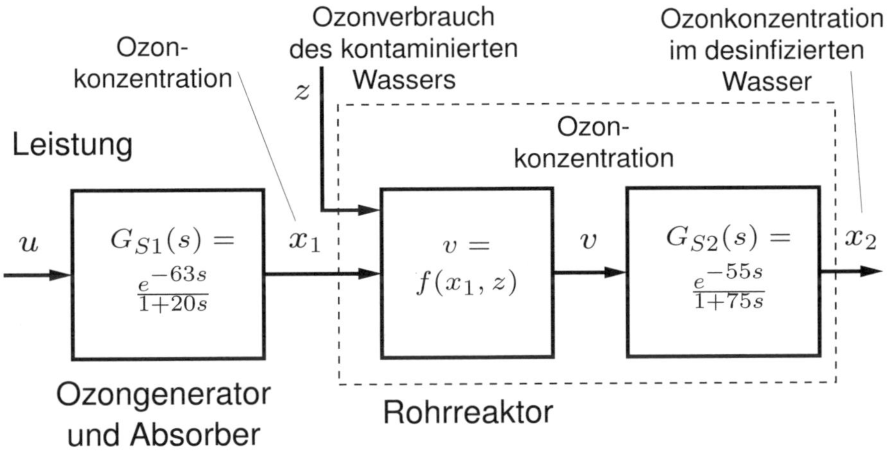

Eingangsgröße u des Prozesses ist die Leistung des Ozongenerators, Ausgangsgröße x_2 ist die Ozonkonzentration im desinfizierten Wasser. Die Nichtlinearität

$$f(x_1, z) = \begin{cases} 0 & \text{für } x_1 \leq 5.4z \\ 0.91(x_1 - 5.4z)(1 - z) & \text{für } x_1 > 5.4z \end{cases}$$

beschreibt den Ozonverbrauch v des Rohrreaktors. Dabei ist z eine nicht bekannte Störgröße, die den Ozonverbrauch des kontaminierten Wassers – sozusagen seine Verschmutzung – widerspiegelt. Es gilt:

$$0 \leq z \leq 1.$$

Ist $z = 0$, so liegt keimfreies Wasser vor.

Im stationären Fall ist eine Ozonkonzentration $x_1 = 0.5mg/l$ günstig und der Prozess ist stabil. Ziel der Regelung ist es, Störungen von z – also Anstiege im Verschmutzungsgrad – möglichst schnell auszuregeln.

Im Prinzip ist das mit einer PI-Kaskadenregelung möglich, wie es nachfolgendes Bild zeigt.

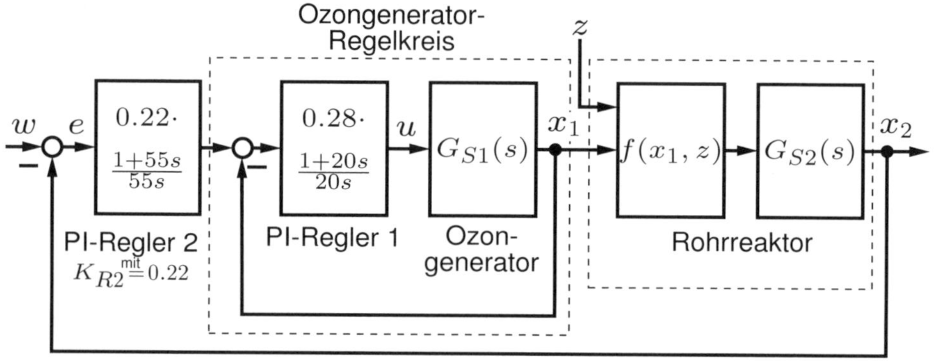

Diese Regelung hat allerdings einen Nachteil: Bei großen Werten z, d.h. bei einem hohen Ozonverbrauch, ist die Verstärkung der Strecke und damit des Regelkreises sehr niedrig. Störungen werden dann nur langsam ausgeregelt.

Dem lässt sich abhelfen:

- Bei großen Werten z ist e groß. Man erhöht K_{R2}.
- Bei großen Anstiegen von z steigt e. Man erhöht K_{R2}.
- Bei Änderungen $\dot{w}$ der Sollgröße w verändert man $K_{R2} = 0.22$ nicht.

Obigen Grundgedanken folgend, kann man „Wenn-Dann"-Regeln erstellen und K_{R2} über eine Fuzzy-Logik adaptieren.

Folgendes Bild zeigt die entsprechende Struktur des Regelkreises.

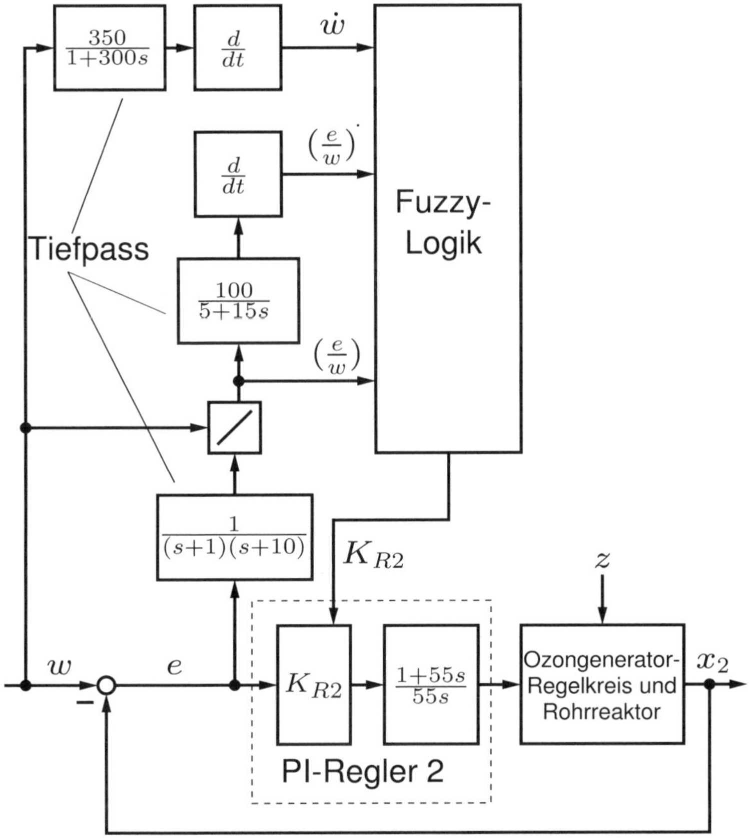

Als Eingangswerte der Fuzzy-Logik werden

- die Ableitungen $\dot{w}$ der Führungsgröße,
- die normierte Regelabweichung $\frac{e}{w}$ und
- ihre Ableitung $(\frac{e}{w})^{\cdot}$

genutzt. Die Tiefpässe bei der Bildung der Eingangsgrößen dienen der Filterung von Rauschanteilen.

Die Bilder zeigen die linguistischen Werte, die hier der Einfachheit halber „-1“ , „0“ , „1“ usw. heißen, und ihre Zugehörigkeitsfunktionen.

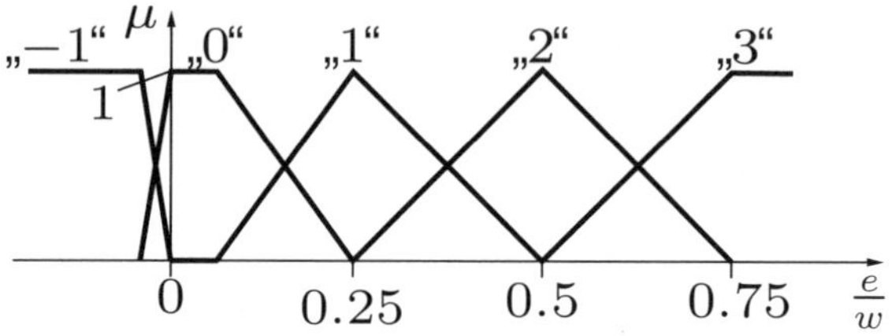

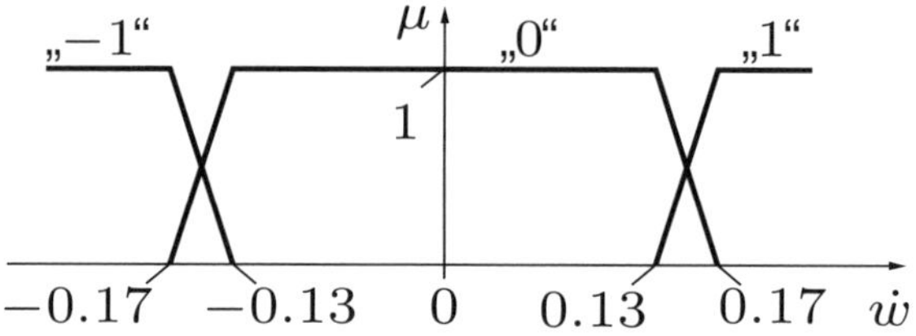

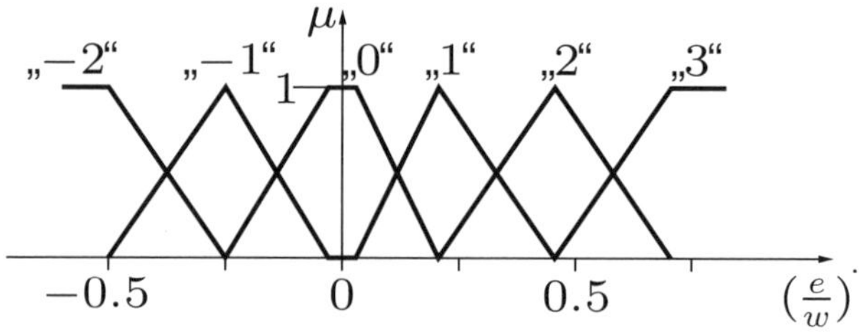

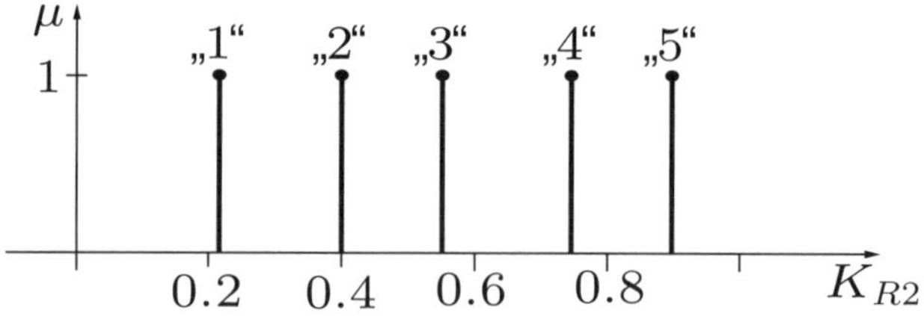

Die Regelbasis besteht aus den zwei Regeln:

- Wenn $\dot{w} =$ „1“, dann $K_{R2} =$ „1“ $(K_R = 0.22)$.
- Wenn $\dot{w} =$ „-1“, dann $K_{R2} =$ „1“ $(K_R = 0.22)$.

Und aus dem Regelsatz:

- Wenn $\dot{w} =$ „0“, dann

Spalten: $\frac{e}{w}$; Zeilen: $\left(\frac{e}{w}\right)^{\cdot}$

K_{R2}	„-1“	„0“	„1“	„2“	„3“
„3“	„1“	„4“	„4“	„4“	„5“
„2“	„1“	„3“	„3“	„4“	„4“
„1“	„1“	„2“	„2“	„3“	„3“
„0“	„1“	„1“	„2“	„2“	„2“
„-1“	„1“	„1“	„1“	„2“	„2“
„-2“	„1“	„1“	„1“	„1“	„1“

Welche Verbesserungen durch die Fuzzy-Adaption des PI-Reglers erzielt werden, illustriert nachfolgendes Bild. Für einen Störsprung von $z = 0.5$ auf $z = 0.7$ ist die Reaktion der Ozonkonzentration x_2 im desinfizierten Wasser dargestellt. Sie ist das Maß für die Güte der Desinfektion. Der PI-Regler mit Fuzzy-Adaption ist ungefähr doppelt so schnell wie der PI-Regler.

Störsprung z

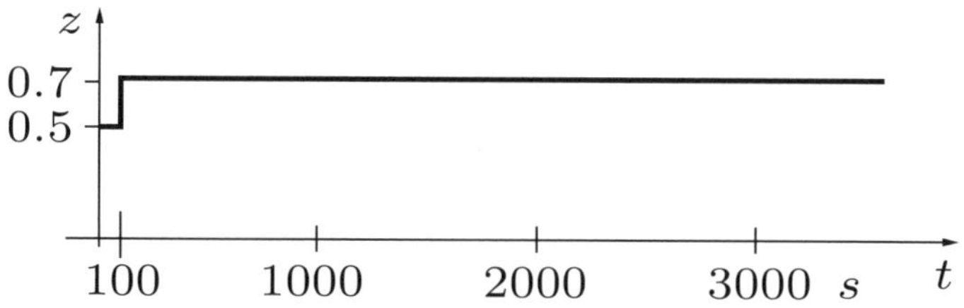

Ozonkonzentration im desinfizierten Wasser

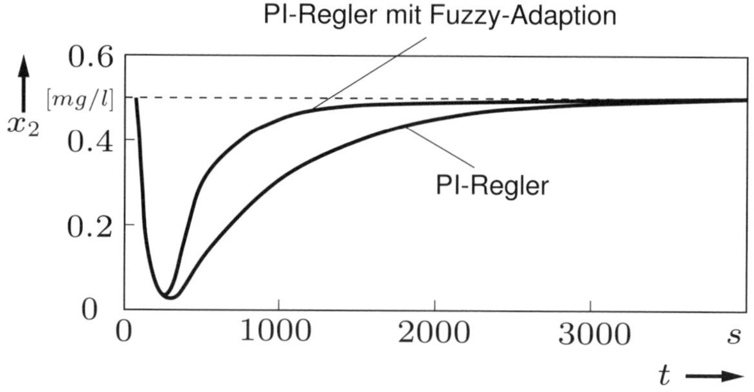

ABSCHNITT 1.7

Mustererkennung mit Fuzzy - Logik

In der Automatisierungstechnik, wie auch in vielen anderen technischen Bereichen, werden Mustererkennungs-Verfahren eingesetzt. Beispiele sind die

- Sprach- und Bilderkennung,
- medizinische Überwachungs- und Analysesysteme,
- Wettervorhersage,
- Qualitätsüberwachung in der industriellen Produktion,
- usw.

Entsprechend ihrer Bedeutung sind eine Vielzahl von Mustererkennungs-Verfahren entwickelt worden – u.a. auch mit Fuzzy-Logik.

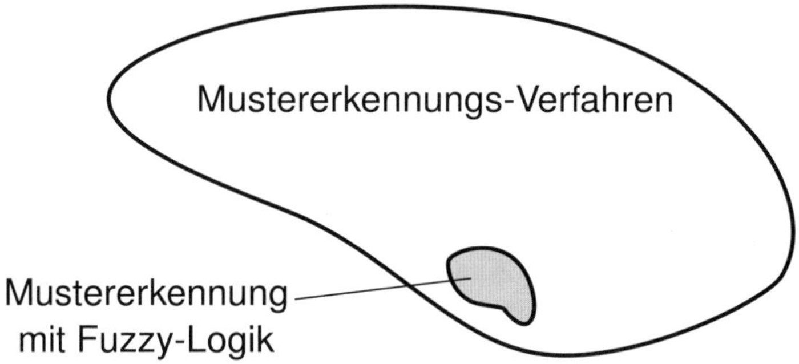

Ziel einer Mustererkennung ist – wie der Name schon sagt – die Erkennung, d. h. das Suchen und Finden von Mustern in Signalen oder Daten. Prinzipiell besteht eine Mustererkennung aus vier wesentlichen Elementen:

- der Messung der Signale oder Daten,
- der Vorverarbeitung,
- der Merkmalsextraktion,
- der Klassifikation.

Nachstehendes Bild zeigt die prinzipielle Struktur einer Mustererkennung.

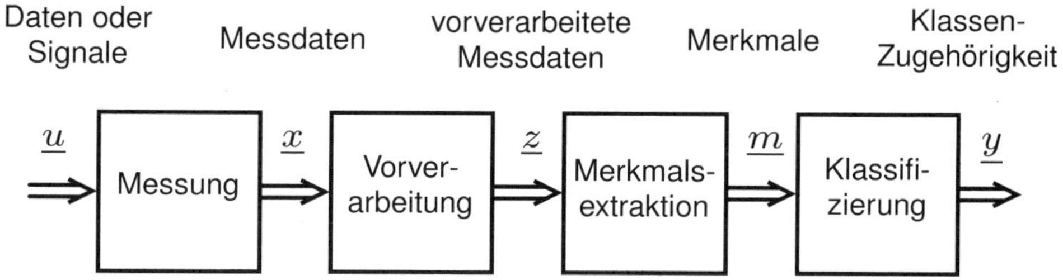

Jedes Element der obigen Struktur hat seine Funktion: die Messung z. B. mittels Kamera, Thermoelement, Fotodiode, Mikrofon etc. nimmt Daten aus der Umwelt auf und stellt sie in einem Messdatenvektor $\underline{x}$ dar. Die Vorverarbeitung kann z. B. eine Filterung oder eine Transformation (z. B. eine Fouriertransformation) sein. Sie transformiert Daten in eine einfacher zu interpretierende Form. Die Merkmalsextraktion ermittelt aus den vorverarbeiteten Messdaten $\underline{z}$ die für die zu erkennenden Muster relevanten Anteile – die Merkmale eines Musters. Schließlich bestimmt die Klassifizierung, ob ein zu erkennendes Muster vorliegt und zu welcher Klasse zu erkennender Muster es gehört.

Als Beispiel wird die

- Qualitätsprüfung von Dachziegeln

betrachtet. Auf einem Prüfstand werden die Dachziegeln mit einem Klöppel angeschlagen, so dass ein Ton entsteht. Dieser wird über ein Mikrofon aufgenommen und der Mustererkennung zugeleitet.

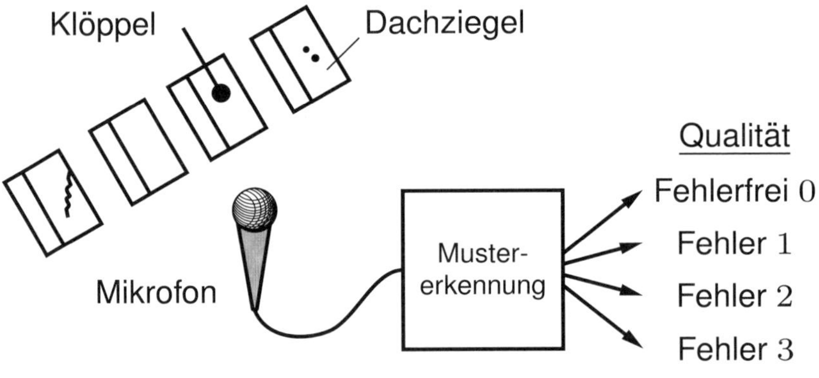

Die Mustererkennung meldet dann, ob der Dachziegel fehlerfrei ist oder einen Fehler, z. B. einen Riss oder eine Fremdkörpereinlagerung, aufweist. Die verschiedenen Fehlerklassen erlauben nicht nur eine qualitative Sortierung, sondern auch Rückschlüsse auf den Herstellungsprozess und wie man ihn verbessern kann.

Nachfolgend ist der Aufbau der Mustererkennung für den Fall der Dachziegel dargestellt.

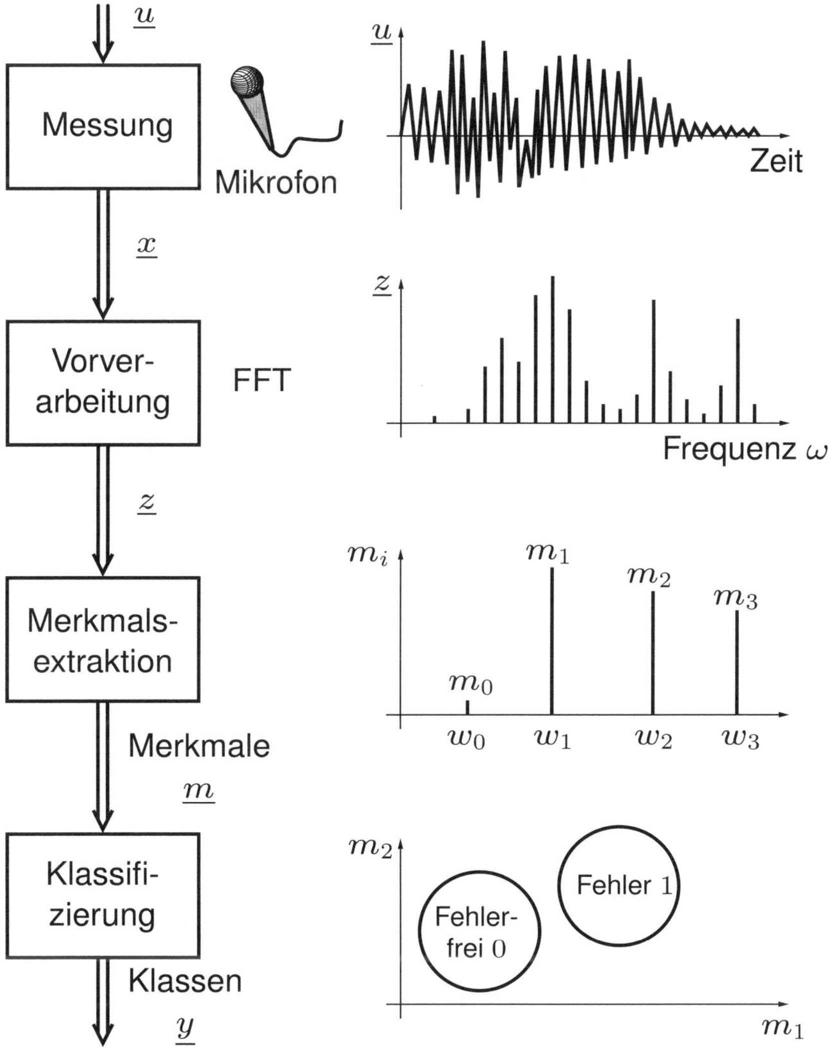

Im betrachteten Beispiel der Dachziegelprüfung wird zum Mikrofonsignal das Spektrum bestimmt. Aus letzterem werden als Merkmale die für die Fehler relevanten Frequenzen extrahiert und mit diesen die Qualitätseinstufung (Klassifizierung) vorgenommen.

Die Klassifizierung erfolgt dabei mit binären Werten y_i:

	Fehlerfrei 0	Fehler 1	Fehler 2	Fehler 3
$\underline{y}$	$\begin{bmatrix}1\\0\\0\\0\end{bmatrix}$	$\begin{bmatrix}0\\1\\0\\0\end{bmatrix}$	$\begin{bmatrix}0\\0\\1\\0\end{bmatrix}$	$\begin{bmatrix}0\\0\\0\\1\end{bmatrix}$

Es gibt also keinen weichen Übergang zwischen den Qualitätsurteilen bzw. Fehlerklassen. Die Klassifizierung ist scharf. Lässt man auch solche Übergangswerte zwischen 0 und 1 zu, so können Dachziegel z. B. zu einem Grad μ_1 zum Fehler 1 gehören und zu μ_0 fehlerfrei sein. Dann liegt eine Fuzzy-Klassifikation vor, und man spricht von einer Fuzzy-Mustererkennung.

Dies illustrieren die zwei folgenden Bilder.

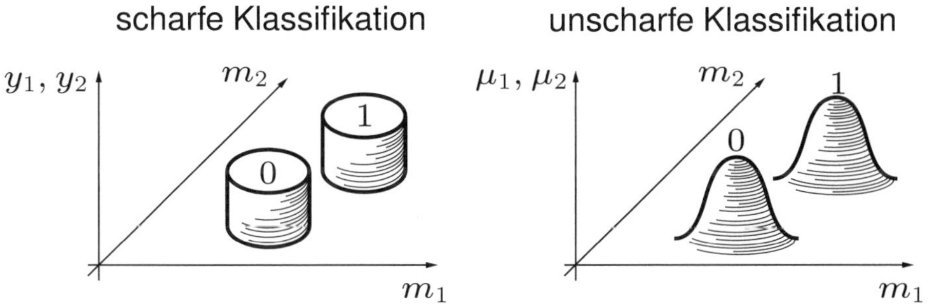

Bei der scharfen Klassifikation wird der Merkmalsraum in c Mengen (Klassen) zerlegt. Bei der unscharfen Klassifikation wird er in c Fuzzy-Mengen F_i aufgeteilt. Diese Mengen bzw. Fuzzy-Mengen nennt man auch Cluster oder Fuzzy-Cluster. Jede Fuzzy-Menge F_i ist durch eine Zugehörigkeitsfunktion definiert:

$$F_i \longleftrightarrow \mu_i(m_1, ..., m_k) = \mu_i(\underline{m}).$$

Diese Zugehörigkeitsfunktion setzt sich wiederum aus Zugehörigkeitsfunktionen ρ der einzelnen Merkmale m_j zusammen.

Dabei kann man sich die Festlegung bzw. Erkennung einzelner Cluster oder Klassen als Fuzzy-Und-Verknüpfung von Merkmalen vorstellen:

$$\mu_i(\underline{m}) = \text{Und}\,\{\rho_{i1}(m_1),\, \rho_{i2}(m_2),\, \ldots,\, \rho_{ik}(m_k)\}.$$

Cluster i

Zugehörigkeitsfunktion des Merkmals m_1 zum Cluster i

k-tes Merkmal

Das nachfolgende Bild illustriert den Zusammenhang nochmals. Hierbei wurde als Und-Operator das Produkt verwendet.

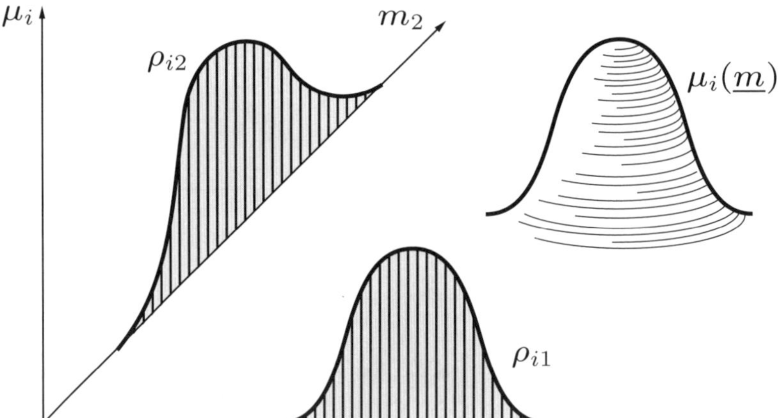

Die Fuzzy-Klassifizierung wird aufgrund des obigen Zusammenhangs durch zwei Schritte ausgeführt:

- die Fuzzifizierung $\rho_{ij}\;(m_j)$,
- die Und-Verknüpfung

  $\mu_i(\underline{m}) =$ Und $\{\rho_{i1}(m_1), \ldots, \rho_{ik}(m_k)\}$.

Die Klassifizierung hat dann die folgende Gestalt:

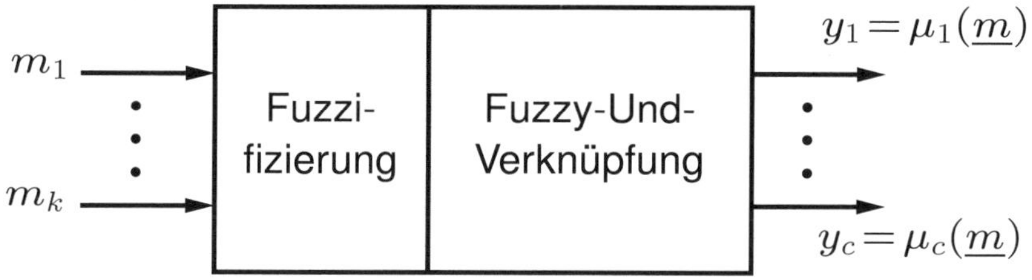

mit $\mu_i(\underline{m}) =$ Und $\{\rho_{i1}(m_1), \ldots, \rho_{ik}(m_k)\}$.

Die Zugehörigkeitsfunktionen $\mu_i(\underline{m})$ bzw. $\rho_{ij}(m_j)$ werden aufgrund menschlichen Erfahrungswissens festgelegt. Dadurch sind dann auch die Cluster-Zentren $\underline{v}_i$, d. h. die Werte $\underline{m} = \underline{v}_i$ für die $\mu_i(\underline{m}) = 1$ ist, festgelegt.

Liegt kein menschliches Erfahrungswissen vor, sondern nur eine Sammlung von Merkmalsvektoren, so kennt man die Cluster und die Zugehörigkeitsfunktionen $\mu_i(\underline{m})$ nicht.

In diesen Fällen kann man sie numerisch aus den gesammelten Merkmalsvektoren, den Beispieldaten, bestimmen. Zu diesem Zweck sind verschiedene Verfahren entwickelt worden, von denen das

- Isodata-FCM-Verfahren

das bekannteste ist. FCM steht dabei für „fuzzy-c-means“ . Ausgangspunkt des Verfahrens ist eine Menge von Merkmalsvektoren

$$\underline{m}_1,\ \underline{m}_2,\ \underline{m}_3,\ \ldots,\ \underline{m}_l.$$

Das Bild illustriert eine solche Situation.

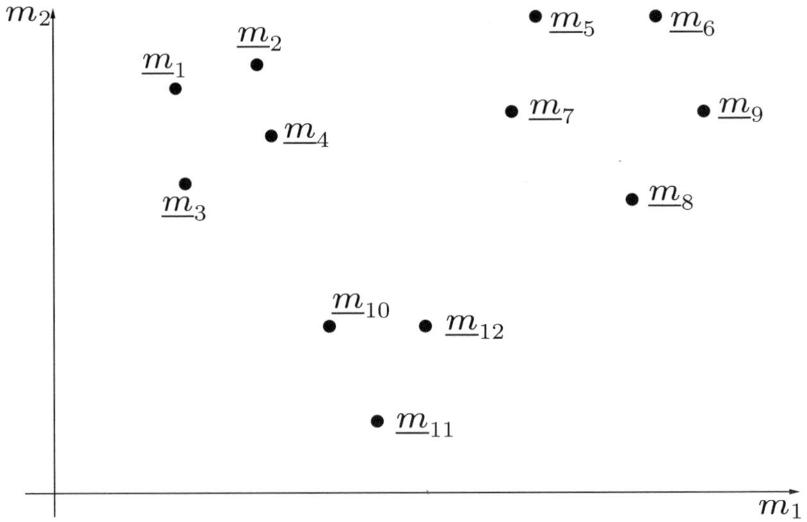

Wenn die Klassifizierung zwischen c Clustern unterscheidet, so ordnet sie jedem der l Merkmalsvektoren c Zugehörigkeitsfunktionswerte zu. Diese Zugehörigkeitsfunktionswerte $\mu_i(\underline{m}_j)$ geben jeweils den Grad der Zugehörigkeit zum Cluster i an:

$$\underline{m}_j \longrightarrow \underline{\mu}(\underline{m}_j) = \begin{bmatrix} \mu_1(\underline{m}_j) \\ \mu_2(\underline{m}_j) \\ \vdots \\ \mu_i(\underline{m}_j) \\ \vdots \\ \mu_c(\underline{m}_j) \end{bmatrix} .$$

Dabei soll sinnvollerweise die Summe aller c Zugehörigkeitswerte eines Merkmalsvektors $\underline{m}_j$ gleich Eins sein:

$$\sum_{i=1}^{c} \mu_i(\underline{m}_j) = 1 \text{ , für alle } j = 1, \cdots , l.$$

Situationen, in denen z. B. ein $\underline{m}_j$ mit $\mu_1(\underline{m}_j) = 1$ zu einem Cluster und mit $\mu_2(\underline{m}_j) = 1$ zu einem anderen gehört, sind so ausgeschlossen.

Für alle Merkmalsvektoren $\underline{m}_j$ existiert ein solcher Vektor. Diese l Vektoren kann man zu einer Matrix zusammenfassen:

$$\underline{U} = \begin{bmatrix} \mu_1(\underline{m}_1) & \cdots & \mu_1(\underline{m}_l) \\ \mu_2(\underline{m}_1) & \cdots & \mu_2(\underline{m}_l) \\ \vdots & & \vdots \\ \mu_c(\underline{m}_1) & \cdots & \mu_c(\underline{m}_l) \end{bmatrix} = \begin{bmatrix} \mu_{11} & \cdots & \mu_{1l} \\ \mu_{21} & \cdots & \mu_{2l} \\ \vdots & & \vdots \\ \mu_{c1} & \cdots & \mu_{cl} \end{bmatrix} .$$

Ziel ist es nun, die Matrix $\underline{U}$ und damit die c Cluster zu bestimmen. Zu diesem Zweck sind verschiedene iterative Algorithmen entwickelt worden. Hier wird der schon erwähnte Isodata-FCM-Algorithmus betrachtet.

Der Algorithmus bestimmt iterativ die c Cluster-Mittelpunkte $\underline{v}_i$. Hierbei nutzt er vor allem die Abstände d_{ij} der Merkmalsvektoren $\underline{m}_j$ zu den Mittelpunkten $\underline{v}_i$. Dazu ein Bild:

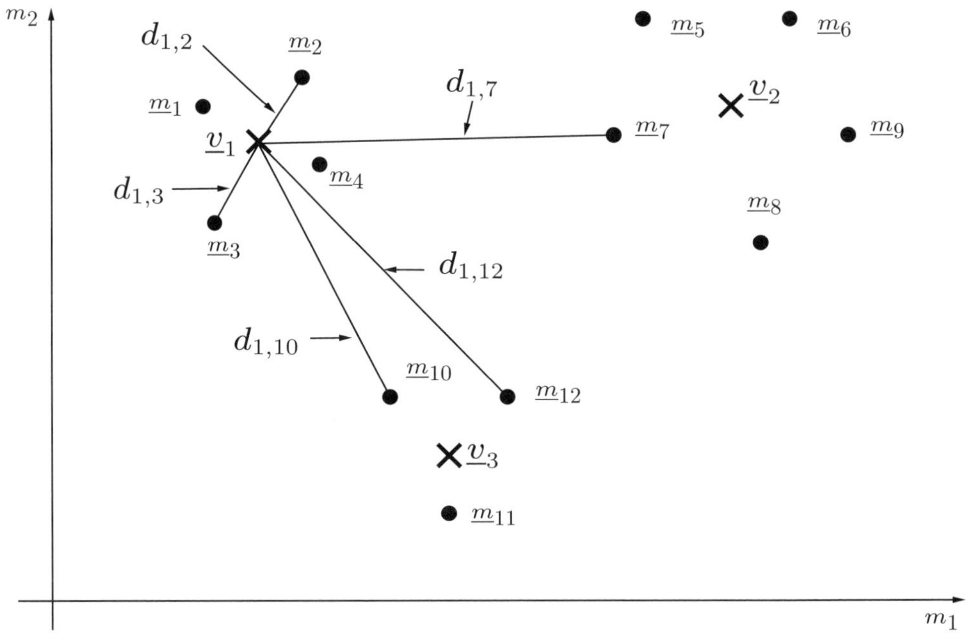

Der Isodata-FCM-Algorithmus arbeitet wie folgt:

Isodata-FCM-Algorithmus

Schritt 1:

Wähle
- die Zahl c der Cluster $2 \leq c \leq l$,
- einen Kontrastparameter α,
- eine zufällige Anfangsbelegung $\underline{U}(r=0) = (\mu_{ij}(r=0))$ mit $\mu_{ij}(0) \in [0,1]$, $\sum_{i=1}^{c} \mu_{ij} = 1$,
- einen Abbruchfehler ϵ.

Wiederhole für $r = 0, 1, \ldots$ die nachfolgenden Schritte bis

$$\max_{i,j}\{|\mu_{ij}(r+1) - \mu_{ij}(r)|\} < \epsilon.$$

Schritt 2:

Berechne die c Cluster-Zentren

$$\underline{v}_i(r) = \frac{\sum_{j=1}^{l} \underline{m}_j \cdot \mu_{ij}(r)^\alpha}{\sum_{j=1}^{l} \mu_{ij}(r)^\alpha}.$$

Schritt 3:

Berechne die $c \cdot l$ Abstände

$$d(\underline{m}_j, \underline{v}_i) = \sqrt{(\underline{m}_j - \underline{v}_i(r))^T(\underline{m}_j - \underline{v}_i(r))}$$

mit $i = 1, 2, \ldots, c$ und $j = 1, 2, \ldots, l$.

Schritt 4:

Berechne $\underline{U}(r+1) = (\mu_{ij}(r+1))$. Es sei

$$M_j = \{i \in \{1,...,c\} \text{ mit } d(\underline{m}_j, \underline{v}_i) = 0\},$$
$$Q_j = \{1,...,c\} \backslash M_j.$$

1. Fall: $M_j = \emptyset$.

Setze $\mu_{ij}(r+1) = \left(\sum_{k=1}^{c} \left(\frac{d(\underline{m}_j, \underline{v}_i)}{d(\underline{m}_j, \underline{v}_k)} \right)^{\frac{2}{\alpha-1}} \right)^{-1}$.

2. Fall: $M_j \neq \emptyset$.

Setze $\mu_{ij}(r+1) = 0$ für alle $i \in Q_j$ und wähle

$\mu_{ij}(r+1)$ für alle $i \in M_j$ so, dass

$\sum_{i=1}^{c} \mu_{ij}(r+1) = 1.$

In beiden Fällen gilt $\sum_{i=1}^{c} \mu_{ij}(r+1) = 1$.

Mit dem Kontrastparameter $1 < \alpha < \infty$ kann die Schärfe der Fuzzy-Clusterung gesteuert werden. Und zwar wird sie mit zunehmendem α unschärfer.

Die iterative Arbeitsweise des Isodata-FCM-Algorithmus lässt sich am einfachsten veranschaulichen, wenn man die Iterationen im fortgeschrittenen Stadium betrachtet:

Die Cluster-Zentren $\underline{v}_i$, die in Schritt 2 bestimmt werden, werden aufgrund der gewichteten Mittelwertbildung im Wesentlichen durch die Merkmale $\underline{m}_j$ bestimmt, die bereits eine hohe Zugehörigkeit μ_{ij} zu dem jeweiligen Cluster $\underline{v}_i$ besitzen. Ein Clusterzentrum $\underline{v}_i$ liegt also ungefähr in der Mitte der Merkmale, die eine hohe Zugehörigkeit zu ihm besitzen.

Schritt 3 dient lediglich der Bestimmung aller Abstände der Merkmale $\underline{m}_j$ von den aktuellen Clusterzentren $\underline{v}_i$.

In Schritt 4 werden dann die Zugehörigkeitswerte μ_{ij} jedes Merkmals $\underline{m}_j$ zu einem Clusterzentrum $\underline{v}_i$ neu berechnet (Fall 1). Dabei wird der Wert μ_{ij} am stärksten erhöht, bei dem alle Abstände von den restlichen Clusterzentren $\underline{v}_k$ mit $k \neq i$ im Mittel am größten sind.

Der nachfolgende neue Iterationszyklus fokussiert dann, beginnend mit Schritt 2, die Cluster weiter.

Als Ergebnis des Isodata-FCM-Algorithmus erhält man die

- c-Clusterzentren $\underline{v}_i$ und
- die Zugehörigkeitsmatrix $\underline{U} = (\mu_{ij})$.

Das nachfolgende Bild illustriert das Ergebnis beispielhaft.

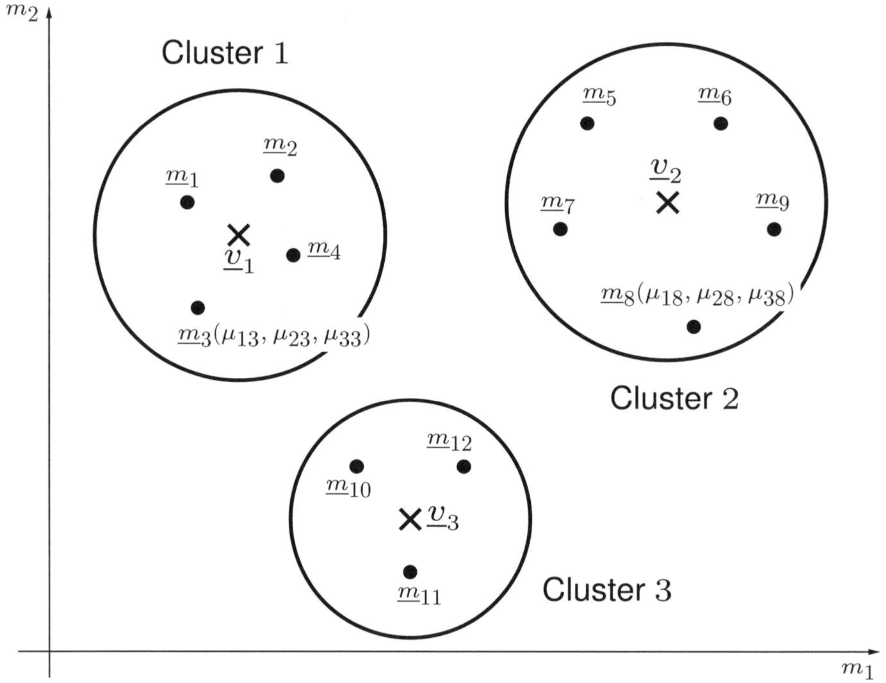

In diesem Beispiel hat jeder Merkmalsvektor $\underline{m}_j$ Zugehörigkeitswerte μ_{ij} zu jedem der drei Cluster i.

Die Zugehörigkeitsfunktionen $\mu_i(\underline{m})$ und $\rho_{ij}(m_j)$, die erforderlich sind, um die Zugehörigkeit eines Merkmalvektors $\underline{m}$ zu einem Cluster i gemäß

$$\mu_i(\underline{m}) = \text{Und}\left\{\rho_{i1}(m_1), \ldots, \rho_{ik}(m_k)\right\}$$

zu bestimmen, können durch Interpolation bestimmt werden. Beispielsweise indem man c Gauß-Funktionen

$$\mu_i(\underline{m}) = e^{-\frac{(\underline{m}-\underline{v}_i)^T(\underline{m}-\underline{v}_i)}{2\sigma_i^2}}$$

interpolativ in die Elemente der Matrix $\underline{U} = (\mu_{ij})$ legt. Unter Umständen ist es dabei sinnvoll, nur die Elemente μ_{ij} eines Clusters – die dadurch gekennzeichnet sind, dass sie für alle anderen Cluster kleiner sind – zu nutzen.

Wählt man den Produkt-Operator als Fuzzy-Und-Operator, so sind die Zugehörigkeitsfunktionen ρ_{ij} durch

$$\rho_{ij}(m_j) = e^{-\frac{(m_j-v_{ij})^2}{2\sigma_i^2}}$$

gegeben.

ABSCHNITT 1.8

Diagnose mit Fuzzy-Logik

Diagnoseverfahren setzt man ein, um Fehler, Störungen oder Schäden in Anlagen, Maschinen oder Prozessen zu erkennen und unerwünschte oder nicht erlaubte Prozesszustände aufzuzeigen. Rechtzeitig erkannt können dann Maßnahmen eingeleitet werden, um Unfälle oder größere Schäden zu vermeiden. Das Bild illustriert diese Vorgehensweise anhand eines Beispiels.

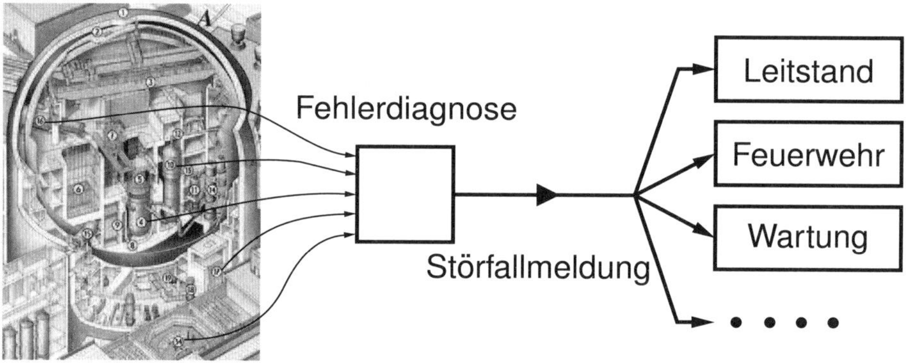

Auftreten können Fehler in

- den Stellgliedern (Aktoren),
- den Prozesskomponenten und
- den Sensoren.

Prinzipiell arbeitet ein Diagnoseverfahren wie rechts dargestellt und nachfolgend beschrieben:

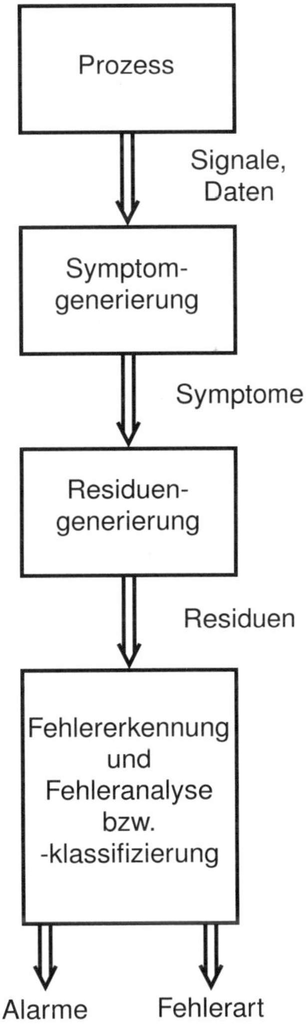

Ein- und Ausgangsgrößen und eventuell weitere Prozessgrößen werden gemessen.

Aus den so erhaltenen Daten werden Merkmale, auch Symptome genannt, extrahiert, die charakteristisch für mögliche Fehler sind.

Die Symptome können z. B. Mittelwerte, Varianzen, Spektrallinien etc. sein. Verglichen werden die Symptome mit Referenz- oder Grenzwerten. Die so entstehenden Differenzen bezeichnet man als Residuen.

Anhand der Residuen wird festgestellt, ob ein Fehler vorliegt und gegebenenfalls auch die Fehlerart.

Für die Symptom- und Residuengenerierung sind drei Kategorien zu unterscheiden:

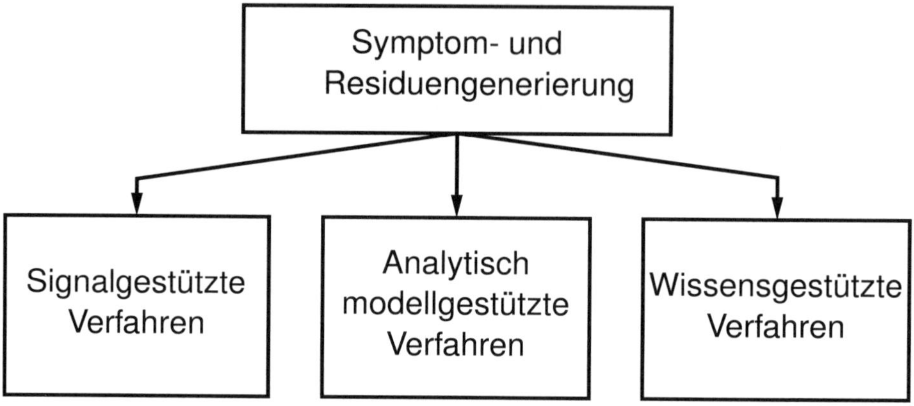

Bei signalgestützten Verfahren werden die Symptome bzw. die Residuen direkt aus den Messsignalen gewonnen oder sind mit diesen identisch. Beispiele sind

- das Spektrum eines Signals $y(t)$,
- der Trend $\dot{y}(t)$ eines Signals,
- statistische Kenngrößen des Signalverlaufs $y(t)$.

Die Residuen sind dann Abweichungen vom Referenzspektrum, einem vorgegebenen Trend oder statistische Referenzgrößen.

Auch physikalische Redundanz, d. h. das mehrfache redundante Vorhandensein einer Funktionseinheit, gehört in diese Kategorie. Hier wird verglichen, ob alle Funktionseinheiten dieselben Signale liefern. Bei z. B. drei Einheiten kann dann ein Fehler in einer dieser Einheiten detektiert werden.

Analytisch modellgestützte Verfahren basieren z. B. auf einem Beobachter, mit dem ein Vergleich zwischen Prozessgrößen y und Beobachtergrößen $\tilde{y}$ durchgeführt wird. Das Bild zeigt den Fall eines Luenberger-Beobachters.

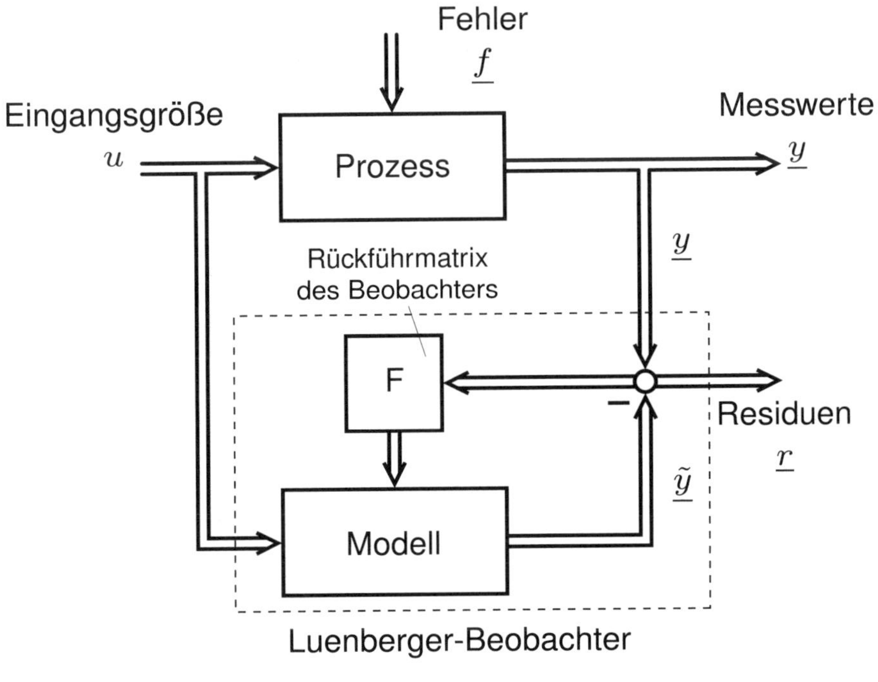

Die Symptome $\tilde{\underline{y}}$ werden mit den Messwerten $\underline{y}$ verglichen und liefern die Residuen $\underline{r}$. Tritt ein Fehler f_i im Prozess auf, so stimmen $\underline{y}$ und $\tilde{\underline{y}}$ nicht mehr überein. Je nach Fehlerart wird ein oder werden mehrere Residuen r_i auftreten.

Bei der wissensgestützten Residuengenerierung verwendet man anstelle eines analytischen Modells ein heuristisch, d. h. wissensbasiertes Modell. Dieses wissensbasierte Modell kann z. B. mittels Fuzzy-Logik realisiert werden. Dabei wird dann das menschliche Prozesswissen nachgebildet. Ein solches wissensbasiertes Modell bezeichnet man auch als qualitatives Modell. Nachstehendes Bild zeigt eine Residuengenerierung mittels eines Fuzzy-Modells, wobei von einer diskreten Betrachtung ausgegangen wird.

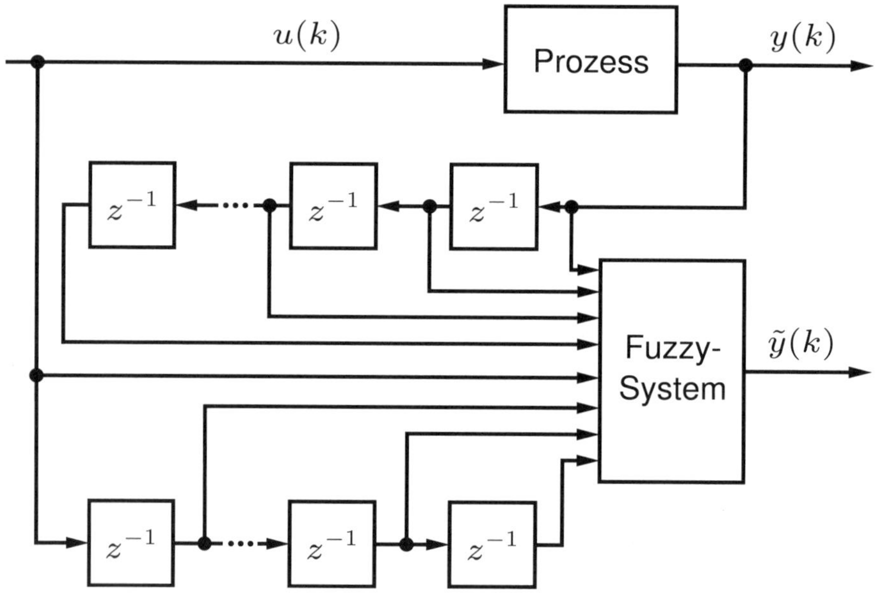

Die Differenzen zwischen den Messwerten $\underline{y}$ und den Ausgangsgrößen $\underline{\tilde{y}}$ des Modells bilden bei dem modellgestützten Verfahren die Residuen. Nachdem man die Residuen generiert hat, sind mit ihnen die Fehlererkennung und die Fehlerklassifizierung vorzunehmen.

Der gesamte Diagnoseprozess ähnelt einer Mustererkennung. Hierbei entspricht die

- Symptomgenerierung / Residuengenerierung $\}\ \hat{=}$ Datenvorverarbeitung / Merkmalsextraktion
- Fehlererkennung $\hat{=}$ Musterklassifizierung

Im einfachsten Fall wird die Fehlererkennung anhand der Residuen – man sagt auch Residuenauswertung – mittels Schwellwerten durchgeführt. Sobald ein Residuum einen bestimmten Grenzwert überschreitet, wird ein Alarm ausgelöst bzw. ein Fehler gemeldet. Bei dieser schwellwertbasierten Entscheidung muss man beachten, dass der Schwellwert oberhalb der Rauschgrenze liegt, da sonst zu viele Fehlalarme auftreten.

Liegt die Schwelle allerdings zu hoch, so werden manche Fehler nicht erkannt. Hierzu nachfolgendes Bild.

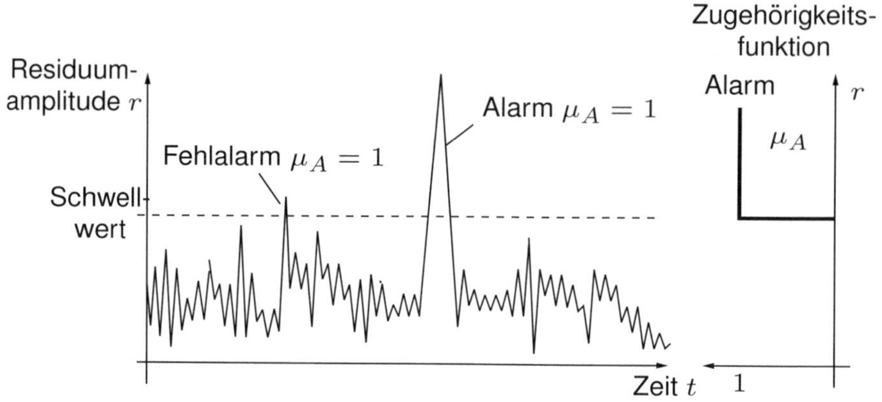

Im Moment des Alarms lässt sich nicht entscheiden, ob ein Fehlalarm oder tatsächlich ein Fehler vorliegt. Dies ist erst durch eine nachträgliche Untersuchung möglich. Führt man mittels Fuzzy-Logik eine „weiche" Schwelle ein, so wird das Problem gemildert:

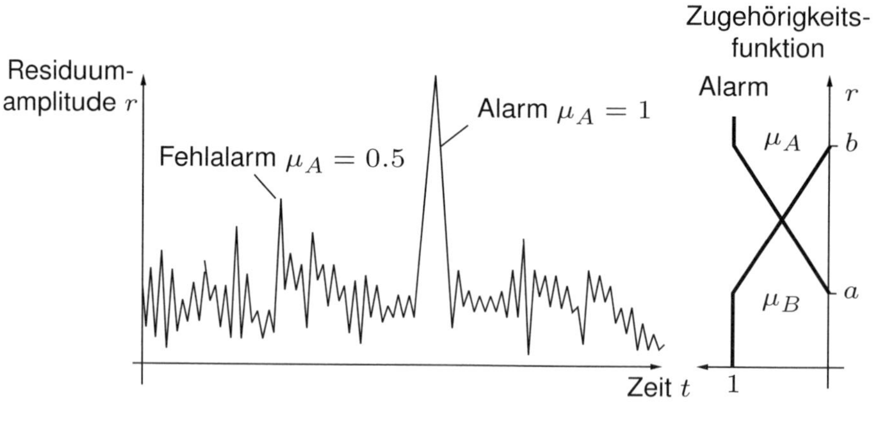

Die Zugehörigkeitsfunktion μ_A gibt den Fuzzy-Wahrheitswert für einen Fehler an. Die Zugehörigkeitsfunktion μ_B bildet das Gegenstück zu μ_A und liefert den Wahrheitswert dafür, dass kein Fehler vorliegt.

Dabei wählt man die Fußpunkte a und b so, dass

- oberhalb von b in jedem Fall ein Fehler vorliegt und
- unterhalb von a keine Fehler auftreten.

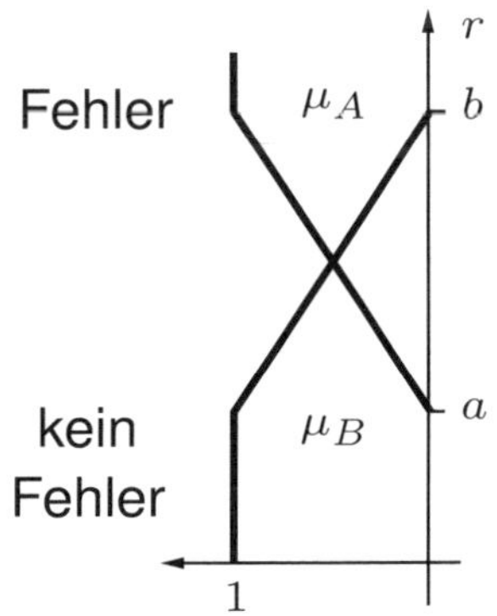

Auf Basis der beiden Wahrheitswerte kann man dann eine differenzierte Einstufung des Residuums vornehmen. In vielen Fällen ist eine Schwellwertdetektion – die einfachste Art der Klassifikation – nicht leistungsfähig genug, um Fehler zu erkennen. Beispielsweise, weil ein Fehler von mehreren Residuen abhängt. Die Klassifikation kann dann, ähnlich wie im Fall der Mustererkennung, vorgenommen werden.

Dann teilt man den Residuenraum in einzelne Klassen (Cluster), die den jeweiligen Fehlertyp beschreiben. Unten ist ein Beispiel gezeigt.

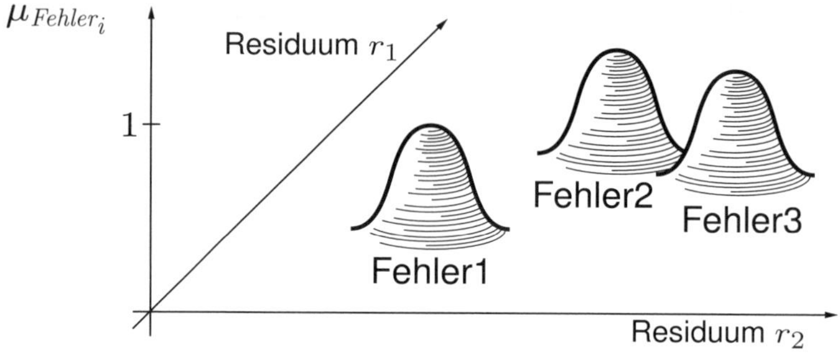

Wie bei der Mustererkennung wird dann eine Residuenkonfiguration

$$\underline{r} = \begin{bmatrix} r_1 \\ \vdots \\ r_k \end{bmatrix}$$

über Zugehörigkeitsfunktion

$$\mu_i(\underline{r}) = \text{Und } \{\rho_{i1}(r_1), \ldots, \rho_{ik}(r_k)\}$$

den Fehlerklassen i zugeordnet.

Als Beispiel für ein signalgestütztes Diagnoseverfahren wird die Diagnose von Verbrennungsaussetzern in Ottomotoren[1] betrachtet. Durch eine fehlerhafte Zündanlage oder Gemischaufbereitung können Verbrennungsaussetzer in einzelnen Zylindern des Motors auftreten. Der dann durch den Auspuff abgeführte unverbrannte Kraftstoff kann den

- Katalysator schädigen

und führt zu

- erhöhten Schadstoffemissionen.

Detektiert werden können Verbrennungsaussetzer anhand von im Auspuff gemessenen Druckverläufen. Dazu wird z. B. ein piezoelektrischer Druckaufnehmer im Bereich des Auspuffrohres montiert, wie es das Bild zeigt.

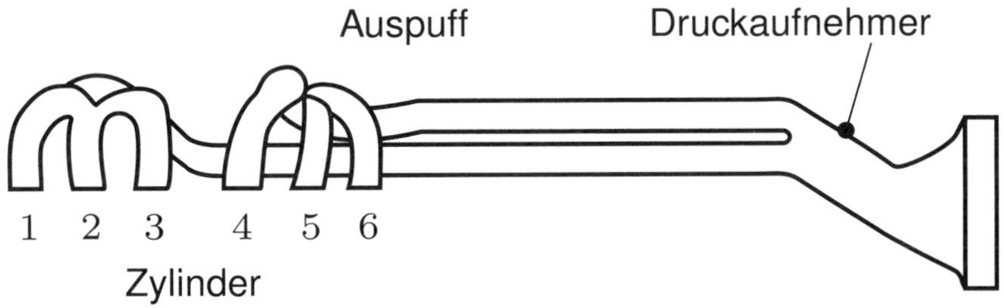

[1] Willimowski, M.; Füssel, D. und Isermann, R.: Diagnose von Verbrennungsaussetzern in Ottomotoren durch Messung des Abgasdrucks. mtz - Motortechnische Zeitschrift, 10/99.

Betrachtet wird einer der beiden Sechszylinderblöcke des Zwölfzylindermotors eines BMW 750i. Aus dem aufgenommenen Druckverlauf wird über eine diskrete Fourier-Transformation das Spektrum des Signals gewonnen. Nachfolgendes Bild illustriert zwei Spektren für den fehlerfreien Fall und für den Fall eines Verbrennungsaussetzers.

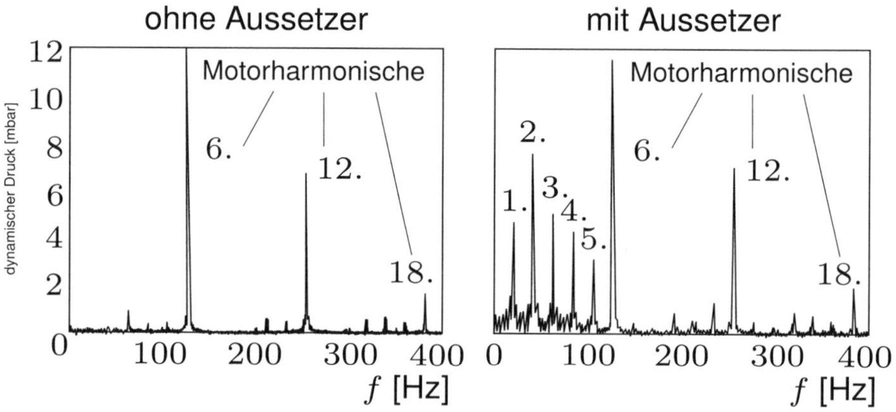

Die in den Spektren auftretenden Motorharmonischen sind Vielfache der Nockenwellenfrequenz

$$f = \frac{n_{Nockenwelle}}{60} = \frac{n_{Motor}}{120},$$

wobei die Drehzahlen $n_{Nockenwelle}$ und n_{Motor} in U min $^{-1}$ anzugeben sind. Die Maßeinheit von f ist hier Hz. Im fehlerfreien Fall sind nur ganzzahlige Vielfache der sechsfachen Nockenwellenfrequenz vorhanden.

Bei Verbrennungsaussetzern treten auch die $1.$ bis $5.$ Motorharmonischen auf. Die

- Amplituden A_1, A_2, A_3 und die
- Phasenwinkel $\varphi_1, \varphi_2, \varphi_3$

der ersten drei Motorharmonischen bilden die Symptome – und da die Referenzwerte Null sind – auch die Residuen. Mittels dieser Werte kann diagnostiziert werden, ob und in welchem Zylinder ein Verbrennungsaussetzer auftrat. Und zwar kann die Diagnose erfolgen, indem man Amplituden A_i und Phasenwinkel φ_i in Polarkoordinaten aufzeichnet. Es gibt dann bestimmte Winkelsektoren, die für einen Zylinder – genauer den dort stattfindenden Verbrennungsaussetzern – typisch sind:

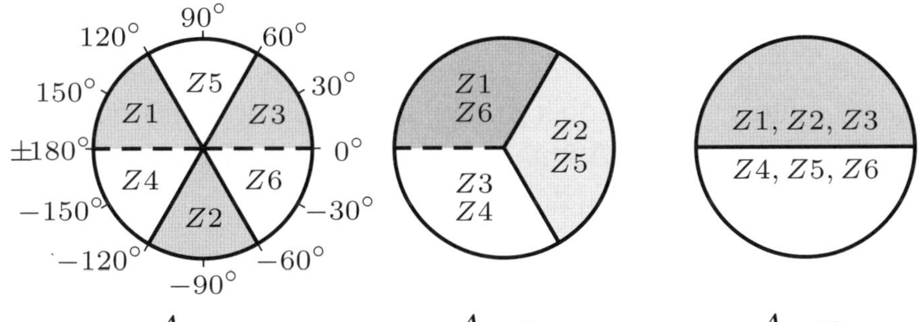

A_1, φ_1 A_2, φ_2 A_3, φ_3

Die Lage der Zeiger mit A_i, φ_i bei Verbrennungsaussetzern in einem bestimmten Zylinder ist allerdings nicht scharf auf die angegebenen Winkelsektoren beschränkt. Die Winkelsektoren geben lediglich die Vorzugslage bei Aussetzern in bestimmten Zylindern i an. So kann bei einem Aussetzer in Zylinder $6(Z6)$ die Spektralkomponente $A_1 \cdot e^{j\varphi_1}$ auch wie folgt liegen:

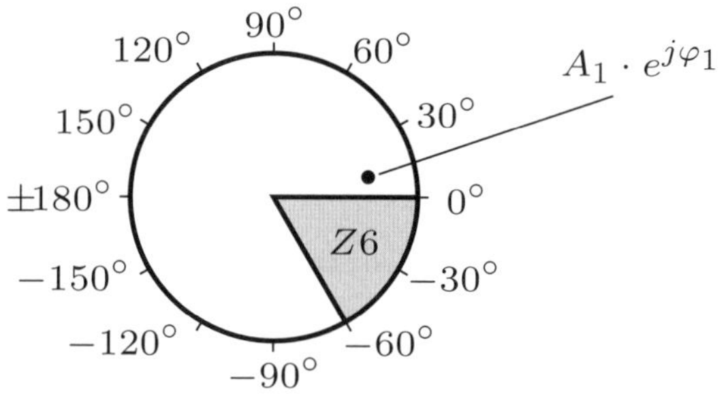

Die Situation ist also von unscharfer Natur. Daher bietet es sich an, die Zuordnung eines Zeigers $A_i \cdot e^{j\varphi_i}$ zu einem Zylinder unscharf mittels Fuzzy-Logik auszuführen. Demgemäß gibt man die Zugehörigkeit in Abhängigkeit vom Winkel über eine Zugehörigkeitsfunktion an, z. B. :

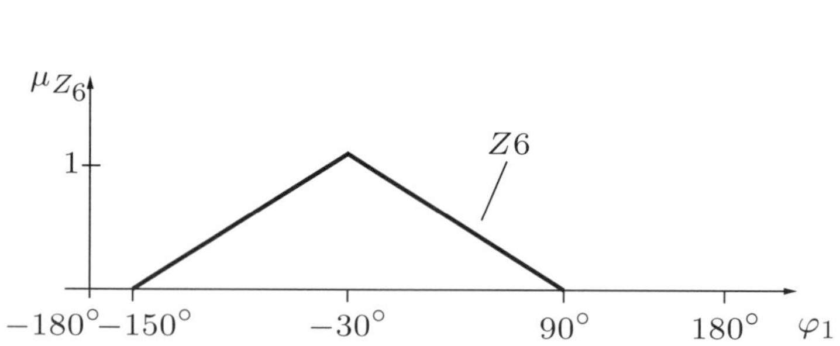

Die Klassifizierung des Zylinders i, in dem der Verbrennungsaussetzer auftrat, erfolgt dann über eine Fuzzy-Logik. Ihre Eingangsgrößen sind die Winkel $\varphi_1, \varphi_2, \varphi_3$. Die Ausgangsgrößen bilden sechs Werte, die die geschätzten Wahrscheinlichkeiten y_i für die Lokalisierung des Aussetzers im Zylinder i angeben:

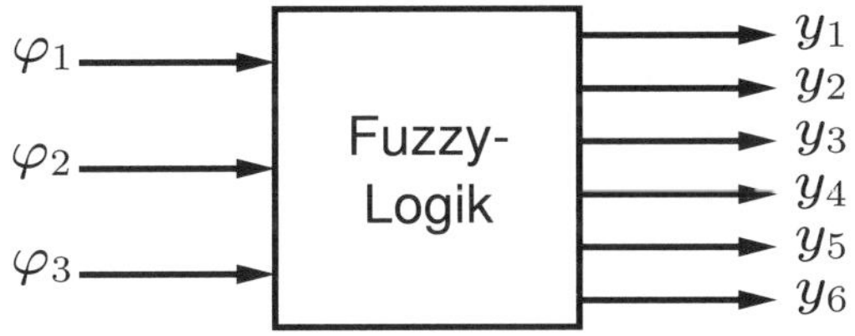

Dementsprechend verwendet man für die Zugehörigkeitsfunktionen der Ausgangsgrößen Singletons:

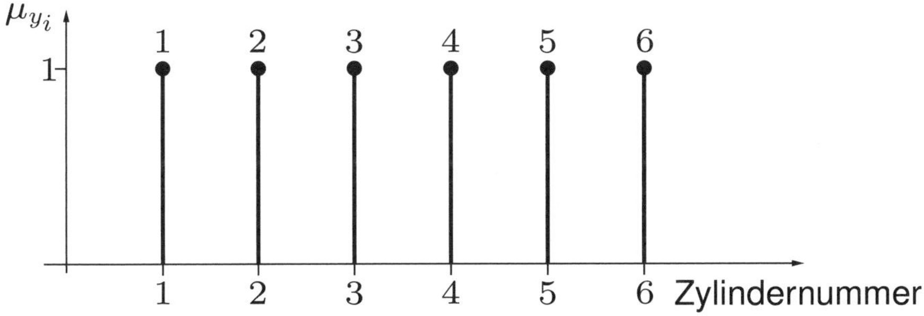

Aktiviert wird diese Fuzzy-Auswertung der Winkel nur, wenn die Amplituden A_1, A_2, A_3 einen Aussetzer anzeigen, d. h. wenn A_1, A_2, A_3 einen bestimmten Schwellwert überschreiten.

Die Zugehörigkeitsfunktionen der Eingangsgrößen orientieren sich an den Polardiagrammen:

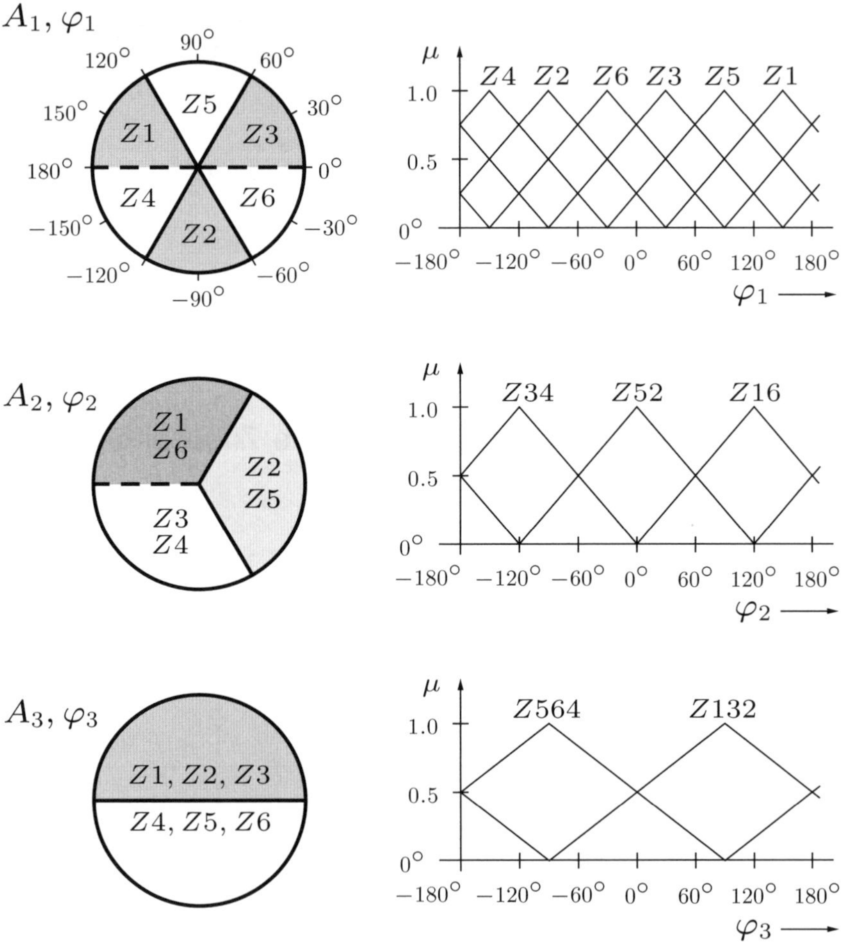

Die Regeln können direkt aus den Polardiagrammen gewonnen werden. Für jeden Zylinder gibt es eine Regel. Insgesamt also sechs:

$$\varphi_3 = Z132$$

φ_2 \ φ_1	$Z4$	$Z2$	$Z6$	$Z3$	$Z5$	$Z1$
$Z34$				3		
$Z52$		2				
$Z16$						1

$$\varphi_3 = Z564$$

φ_2 \ φ_1	$Z4$	$Z2$	$Z6$	$Z3$	$Z5$	$Z1$
$Z34$	4					
$Z52$					5	
$Z16$			6			

Die Regelbasis ist nicht vollständig. Das ist auch nicht erforderlich, da die nicht definierten Kombinationen nicht auftreten.

KAPITEL

2

Neuronale Netze

ABSCHNITT 2.1

Einführung und Historie

Künstliche neuronale Netze sind Modelle biologischer neuronaler Netze. Biologische neuronale Netze bestehen aus Ansammlungen vieler einzelner Neuronen, die miteinander vernetzt Reizsignale verstärken oder dämpfen. Solch ein einzelnes Neuron ist rechts abgebildet. Das Neuron besteht im Wesentlichen aus einem Kern, Dendriten, die Eingangssignale aufnehmen, einem Axon, das Signale weiterleitet und über Synapsen mit weiteren Neuronen vernetzt ist. Dabei kommt es auf die Art der Synapsen an, ob sie signalverstärkend oder -hemmend wirken. Die Kommunikation zwischen den Neuronen und die Signalweiterleitung sind von elektrochemischer Natur.

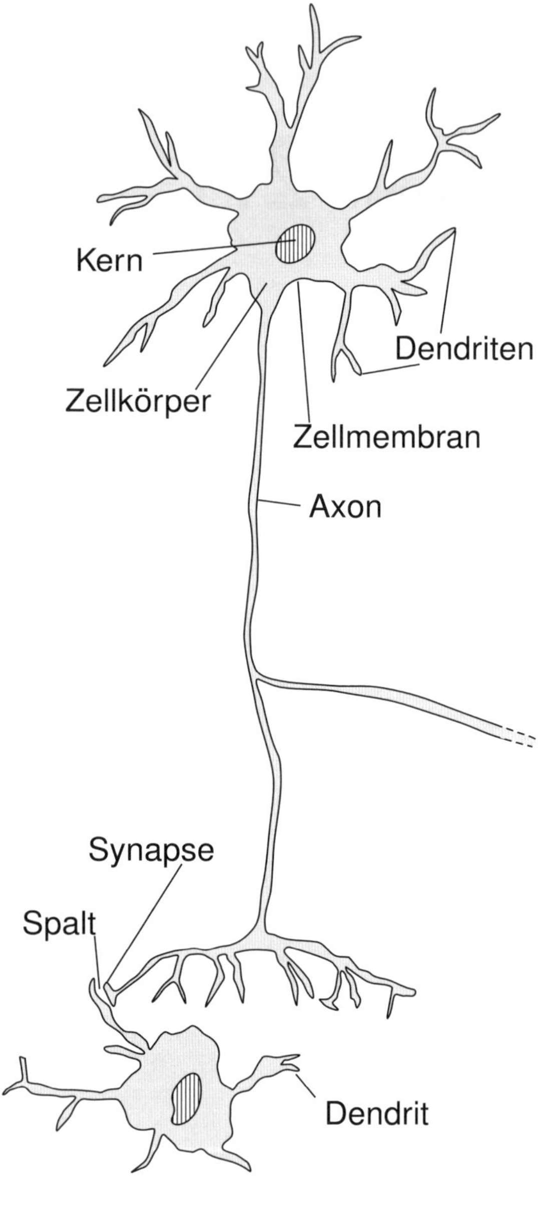

Wie läuft nun die Aktivierung und die Reizleitung in einem Neuron ab? Im Ruhezustand beträgt das Potential des Neurons ca. -75mV. Wird es von außen erregt – über das Axon und die Synapsen eines anderen Neurons – erzeugt das Neuron Impulse von ca. 35mV. Das Bild illustriert den Vorgang.

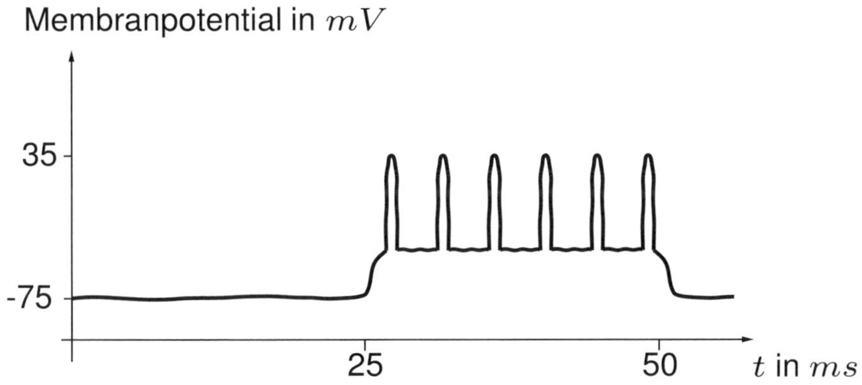

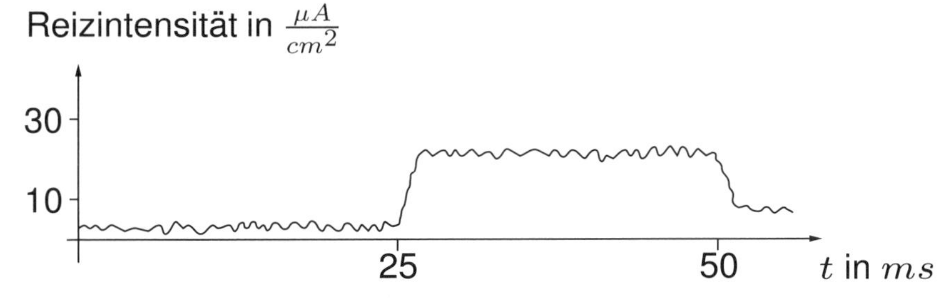

Die Reizweiterleitung und Verstärkung erfolgt dabei erst ab einer bestimmten Schwelle der Reizintensität. Unterhalb dieser Schwelle ist das Neuron nicht aktiv. Oberhalb der Schwelle ist die Signalfrequenz, d. h. die Impulsfrequenz, der ausgelösten Impulsfolge ungefähr proportional der Reizintensität. Ab einer bestimmten oberen Grenze der Reizintensität bleibt die Frequenz dann konstant.

Die Impulsfrequenz hängt also, wie in nachstehendem Bild gezeigt, von der Reizintensität ab.

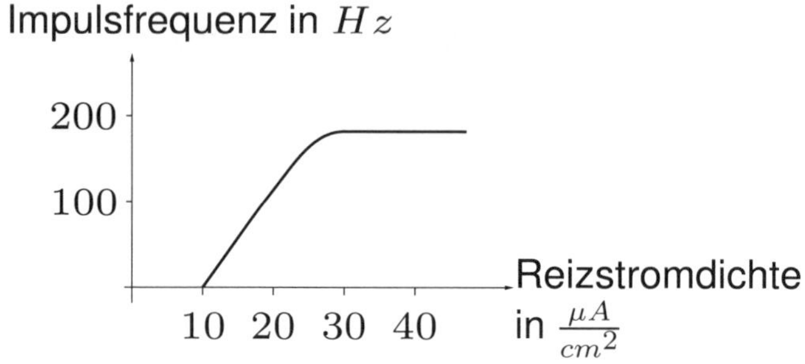

In einem biologischen neuronalen Netz sind bis zu 10^{11} Neuronen miteinander verknüpft. Die einzelnen Neuronen haben bis zu 10^4 Synapsen und sind mit entsprechend vielen anderen Neuronen vernetzt. Eine der wichtigsten Eigenschaften dieser Netze ist ihre

- Lernfähigkeit.

Sie beruht darauf, dass sich die synaptischen Verbindungen mit der Zeit ändern können. D.h. das neuronale Netz kann sich ändern und auf neue Bedingungen einstellen.

Schnitt durch ein biologisches Neuronales Netz.

Betrachtet man ein Neuron aus systemtheoretischer Sicht, so stellt es ein nichtlineares System mit n Eingangsgrößen x_i und einer Ausgangsgröße y dar. Ein neuronales Netz besteht dann aus einer Vielzahl miteinander verknüpfter Neuronen.

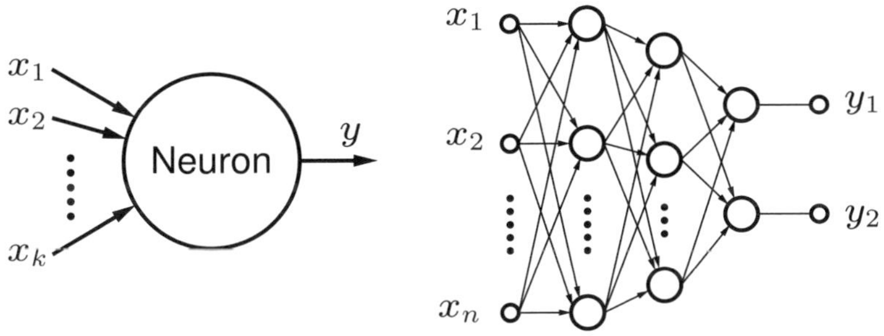

Das legt den Gedanken nah, Neuronen durch mathematische Modelle nachzubilden. W. S. McCulloch und W. Pitts entwickelten 1943 ein erstes solches Modell und 1949 formulierte D. O. Hebb ein erstes Lernverfahren. Auf dieser Basis entstanden lernfähige künstliche neuronale Netze, mit denen um 1955 erste Computersimulationen durchgeführt wurden.

Nach dieser ersten Entwicklungswelle wurde in einer zweiten ab 1970 die Theorie neuronaler Netze stark ausgebaut. Die hier geschaffenen Grundlagen lieferten den Ausgangspunkt für die ab 1985 einsetzende Anwendungswelle neuronaler Netze. Beispielsweise für:

- die Handschrifterkennung,
- adaptive Filter in Übersee-Telefonleitungen,
- der Regelung von Zinkbeschichtungsanlagen,
- etc.

Der Erfolg neuronaler Netze in den verschiedensten Anwendungsgebieten ist darauf zurückzuführen, dass sie anhand von Lern- oder Beispieldaten eine bestimmte Systemcharakteristik – ein Verhalten – erlernen können. Wie die biologischen neuronalen Netze auch[1]. Das Bild illustriert diesen Lernprozess.

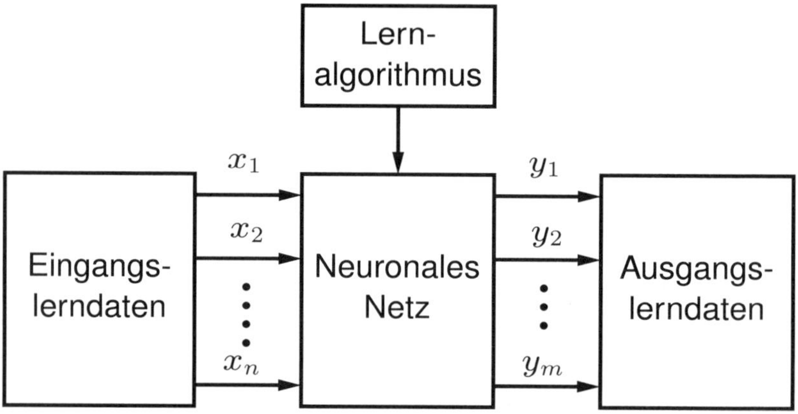

Sind die Lerndaten gut gewählt und der Lernprozess erfolgreich, dann bildet das Netz das gewünschte Verhalten nach. D.h. es wird auch auf Eingangsdaten, die nicht den Lerndaten entsprechen, in der gewünschten Weise reagieren und passende Ausgangsdaten liefern. Beispielsweise um Aktienkurse vorherzusagen.

Wie neuronale Netze aufgebaut sind, wie Lernalgorithmen arbeiten und wie man neuronale Netze anwendet, ist Gegenstand dieses Kapitels.

[1] siehe hierzu: Skript zur Vorlesung „Informationsverarbeitung in Nervensystemen" von H. Glünder, gehalten jeweils im Wintersemester an der Technischen Universität Darmstadt.

ABSCHNITT 2.2

Grundlagen Neuronaler Netze

Will man biologische neuronale Netze künstlich nachbauen, so muss man zuerst ein einzelnes Neuron in seiner Funktionsweise nachbilden. Dann kann man einzelne Neuronen zu einem Netz verknüpfen. Man betrachtet hierfür noch einmal die Funktionsweise eines Neurons:

1. Die $n-1$ synaptischen Verbindungen an den Dendriten bilden die $n-1$ Eingänge des Neurons. Die dort anliegenden Eingangsaktivitäten x_j werden mit unterschiedlicher Intensität $w_j x_j$ – der Faktor w_j dämpft oder verstärkt x_j – aufsummiert zur Aktivität

$$z = \sum_{j=1}^{n-1} w_j x_j = \underline{w}^T \underline{x}. \tag{1}$$

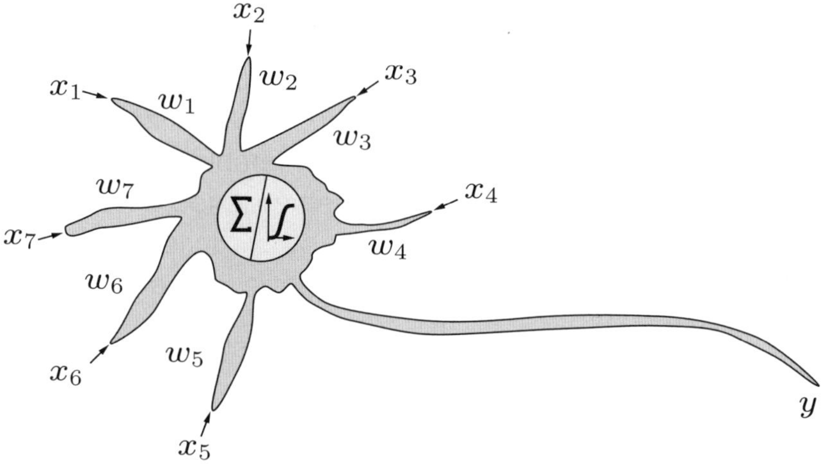

2. Da die Aktivität erst ab einer bestimmten Schwelle b (bias) zu einem Ausgangssignal des Neurons führt, subtrahiert man in Gl. (1) diese Schwelle b noch:

$$z = \underline{w}^T \underline{x} - b. \tag{2}$$

Gl. (2) kann man mit

$$\underline{w}^T = (w_1, ..., w_{n-1}, -b)$$

$$\underline{x}^T = (x_1, ..., x_{n-1}, 1)$$

wieder in der Form (1) schreiben. Dabei wird die Schwelle b als Gewicht w_n aufgefasst.

3. Die Frequenz der Impulsfolge im Axon – also am Ausgang des Neurons – ist abhängig von der Aktivität z. Anstelle einer Impulsfolge nutzt man bei der Nachbildung des Neurons ein kontinuierliches Signal, dessen Amplitude y der Frequenz der Impulsfolge entspricht. Dieser Zusammenhang wird über eine Ausgangsfunktion S beschrieben, die das Ausgangssignal

$$y = S(z).$$

des Neurons liefert. Unten ist ein Beispiel gezeigt.

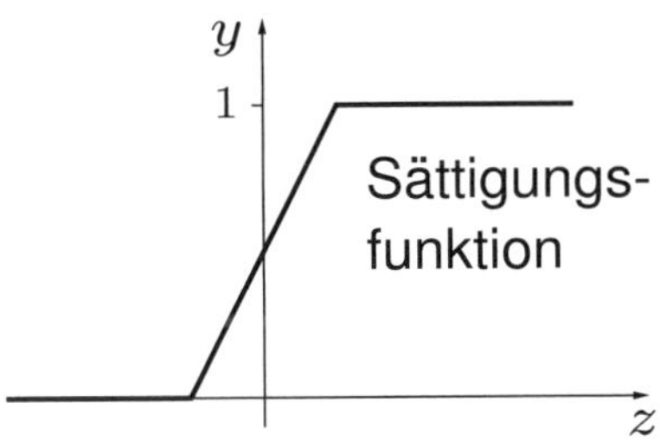

Diese drei Modellierungsschritte ergeben die folgende Form:

$$y = S(\underline{w}^T \underline{x})$$

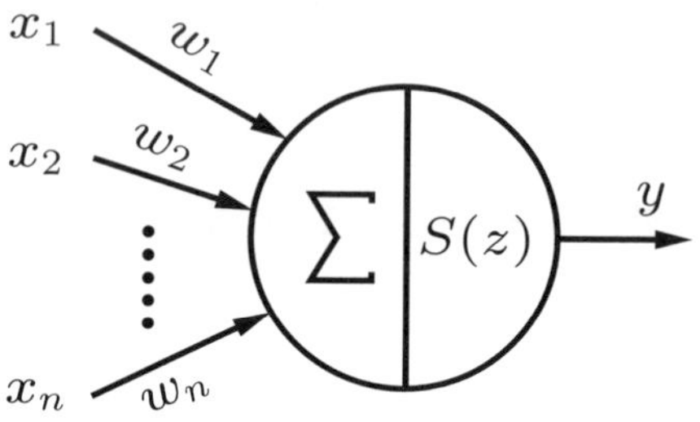

Die Ausgangs- oder Aktivierungsfunktion S soll die Abhängigkeit zwischen Reizintensität und Impulsfrequenz modellieren. Dabei stehen zwei Gesichtspunkte im Mittelpunkt:

1. Der annähernd lineare Zusammenhang zwischen Reizintensität und Impulsfrequenz.

2. Die Sättigung, d. h. Begrenzung des Ausgangssignals ab einer bestimmten Reizintensität.

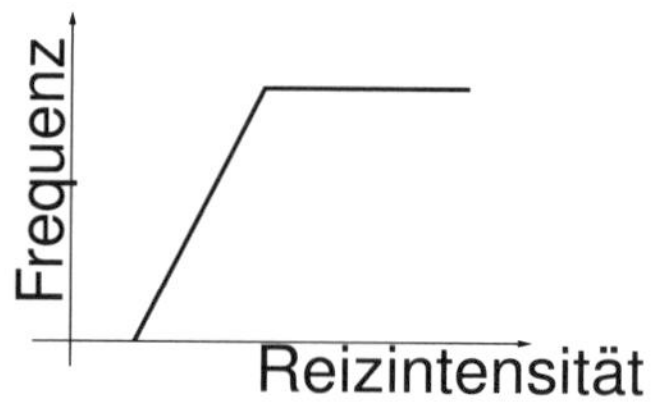

Nicht immer sind beide Punkte bei gebräuchlichen Aktivierungsfunktionen erfüllt. Manchmal trifft auch nur ein Merkmal zu. Der Grund kann eine einfache mathematische Handhabbarkeit oder der Wunsch nach einem speziellen Verhalten sein, das nur noch bedingt dem biologischen Vorbild entspricht.

Die wichtigsten Aktivierungsfunktionen zeigt die nächste Seite.

Aktivierungsfunktion	Graph
Sättigungsfunktion $y = \begin{cases} 0 & z \leq -a \\ \frac{z}{2a} + 0.5 & -a \leq z \leq a \\ 1 & a \leq z \end{cases}$	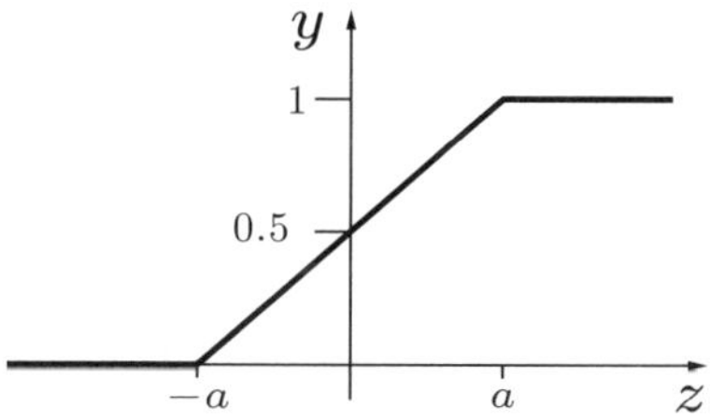
Fermi-Funktion $y = \frac{1}{1 + e^{-\frac{z}{a}}}$	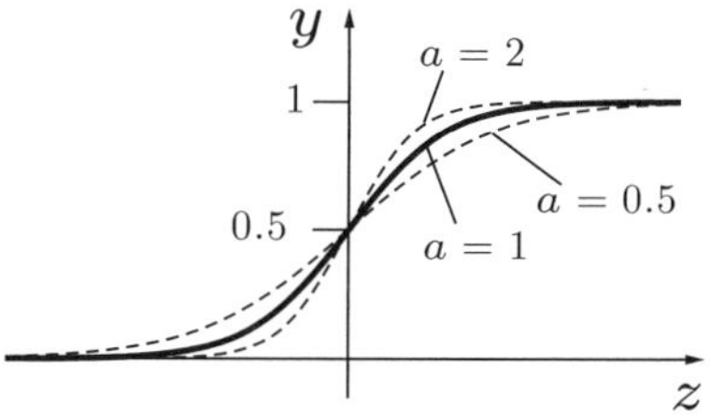
Heavyside-Funktion $y = \begin{cases} 0 & z < 0 \\ 1 & z \geq 0 \end{cases}$	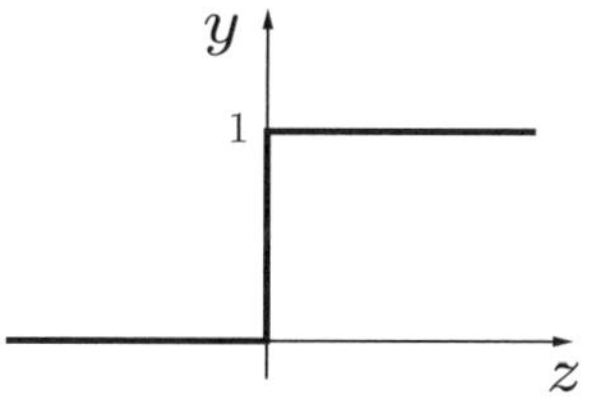
lineare Funktion $y = az$	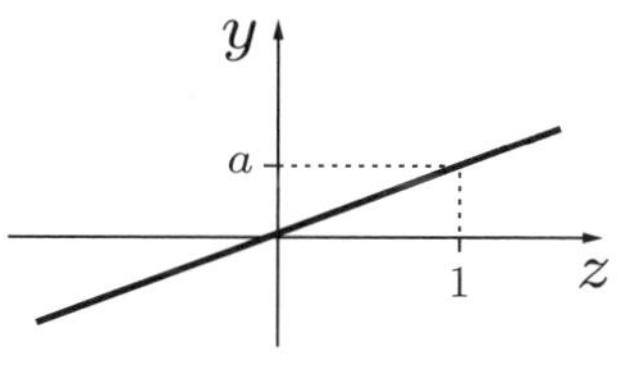

Die einzelnen Neuronen sind die Elementarbausteine eines neuronalen Netzes. Durch Verbinden ihrer Ein- und Ausgänge entstehen Netzstrukturen. Prinzipiell können beliebige Neuronentypen vernetzt werden. In gebräuchlichen Netztypen werden jedoch nur jeweils ein oder zwei verschiedene Neuronentypen – gekennzeichnet durch ihre Aktivierungsfunktion – pro Schicht verwendet. Das Bild zeigt die Schichtenstruktur des Netzes.

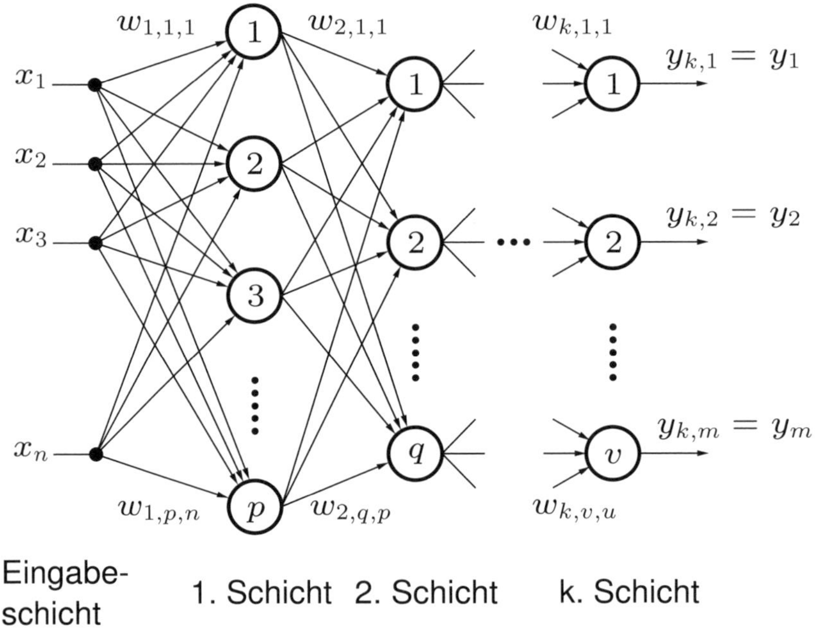

Die Eingabeschicht enthält keine Neuronen. Die Neuronen einer Schicht sind jeweils mit den Neuronen der folgenden Schicht verknüpft. Die Gewichte sind gemäß ihrer Position indiziert:

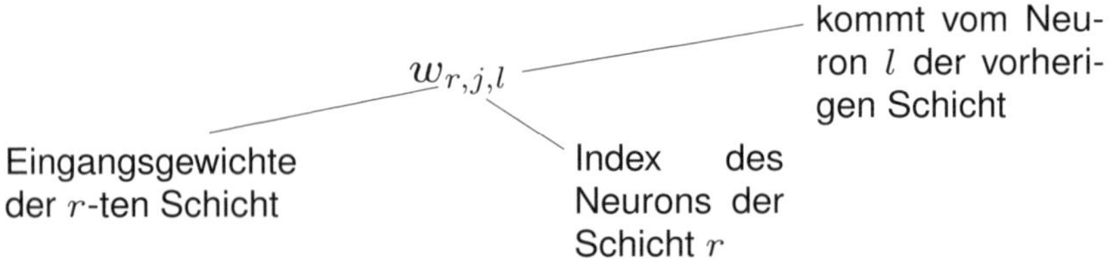

Das Eingangs-/Ausgangsverhalten des Netzes lässt sich wie folgt berechnen: Man setzt voraus, dass alle Neuronen einer Schicht die gleiche Aktivierungsfunktion besitzen. Die Aktivität $z_{1,i}$ eines Neurons i der 1. Schicht ist

$$z_{1,i} = \sum_{j=1}^{n} w_{1,i,j}\, x_j = \underline{w}_{1,i}^{\;T}\, \underline{x}.$$

Man fasst alle Aktivitäten $z_{1,i}$ in einem Vektor

$$\underline{z}_1 = \begin{bmatrix} z_{1,1} \\ \vdots \\ z_{1,p} \end{bmatrix}$$

zusammen, so dass man für die Aktivität der p Neuronen in der 1. Schicht

$$\underline{z}_1 = \begin{bmatrix} \underline{w}_{1,1}^{\;T}\, \underline{x} \\ \underline{w}_{1,2}^{\;T}\, \underline{x} \\ \vdots \\ \underline{w}_{1,p}^{\;T}\, \underline{x} \end{bmatrix},$$

also kurz

$$\underline{z}_1 = \underline{W}_1\, \underline{x},$$

schreiben kann.

Vereinbart man des Weiteren für eine Aktivierungsfunktionen f_r (entspricht dem S von oben) einer Schicht r mit p Neuronen

$$\underline{f}_r(\underline{z}) = \begin{bmatrix} f_r(z_1) \\ f_r(z_2) \\ \vdots \\ f_r(z_p) \end{bmatrix},$$

so lässt sich für den Ausgangsvektor der 1. Schicht

$$\underline{y}_1 = \begin{bmatrix} y_{1,1} \\ y_{1,2} \\ \vdots \\ y_{1,p} \end{bmatrix} = \underline{f}_1(\underline{W}_1\underline{x})$$

schreiben. In der 2. Schicht liefern die Ausgänge y_r der 1. Schicht die Eingangssignale. Für den Ausgangsvektor gilt

$$\underline{y}_2 = \underline{f}_2(\underline{W}_2\underline{y}_1) = \underline{f}_2(\underline{W}_2 \cdot \underline{f}_1(\underline{W}_1\underline{x})).$$

Setzt man dieses Schema fort, so erhält man für den Ausgangsvektor der letzten Schicht k

$$\boxed{\underline{y} = \underline{f}_k(\underline{W}_k \cdot \underline{f}_{k-1}(\underline{W}_{k-1} \cdot \underline{f}_{k-2}(\cdots \cdot \underline{f}_1(\underline{W}_1\underline{x})\ldots)))}$$

oder kürzer

$$\underline{y} = \underline{g}(\underline{x}).$$

Die letzte Formel beschreibt das Eingangs-/Ausgangsverhalten des Netzes. Dieses Verhalten ist im Allgemeinen nichtlinear und von statischer Natur, d. h. es kann durch ein mehrdimensionales Kennfeld beschrieben werden. Vor allem kann man es als statisches nichtlineares System darstellen – wie abgebildet:

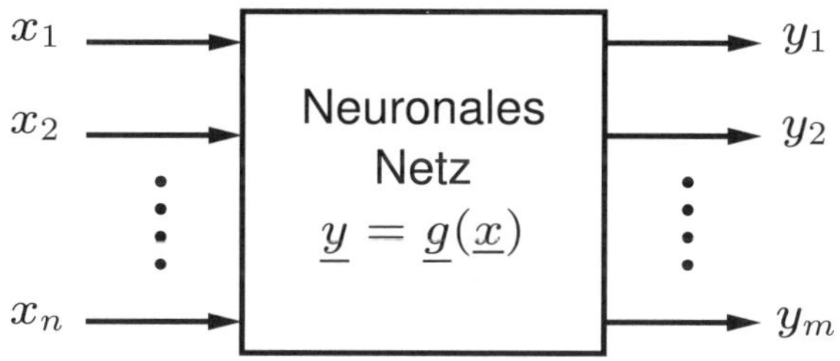

Die aufgrund ihrer Leistungsfähigkeit und ihrer guten mathematischen Handhabbarkeit am häufigsten eingesetzte Aktivierungsfunktion ist die

- Fermifunktion $y = \frac{1}{1+e^{-z}}$.

Sie ist eine sogenannte sigmoidale Funktion. Sigmoidale Funktionen sind Funktionen, die nach unten und oben beschränkt, stetig differenzierbar und streng monoton steigend sind (prinzipielle Form siehe Bild).

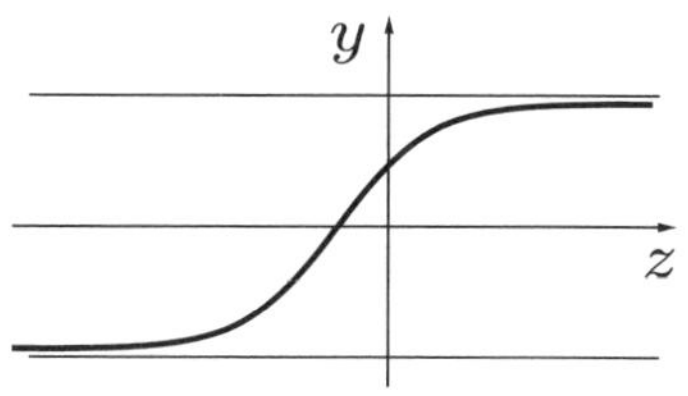

Ein mehrschichtiges Netz mit sigmoidaler Aktivierungsfunktion S heißt:

- Multilayer-Perzeptron (MLP).

Neuronale Netze mit nichtlinearen Aktivierungsfunktionen S sind universelle Approximatoren. D.h. richtig strukturiert kann jeder durch eine Funktion

$$\underline{y} = \underline{g}(\underline{x})$$

beschreibbare Zusammenhang beliebig genau nachgebildet werden.

Insbesondere gilt folgender Satz:

Satz

Jede stetige Funktion $f(\underline{x})$ kann in einer kompakten Teilmenge des $\mathbb{R}^n$ beliebig genau durch ein neuronales Netz mit $y = g(\underline{x})$ approximiert werden, wenn

1. es eine verdeckte Schicht mit einer hinreichend großen Anzahl von Neuronen besitzt,
2. die Aktivierungsfunktion S in dieser Schicht stetig, begrenzt und nicht konstant ist und
3. das Ausgabeneuron eine lineare Aktivierungsfunktion besitzt.

Eine kompakte Teilmenge des $\mathbb{R}^n$ ist eine beschränkte, abgeschlossene Menge.

Die Aktivierungs- bzw. Ausgangsfunktionen S der Neuronen ermöglichen – wenn man vom linearen Fall absieht – nur Ausgangswerte

$$0 \leq y_i \leq 1.$$

Gebräuchlich sind des Weiteren auch Aktivierungsfunktionen S, deren Ausgangswert zwischen -1 und 1 liegt, wie z. B. $\tanh(z)$ (tangens hyperbolicus). In praktischen Aufgabenstellungen z. B. in einer Regelung wird man jedoch auch andere Wertebereiche

$$a \leq \hat{y}_i \leq b$$

benötigen. Indem man y_i umskaliert bzw. normiert ist dies möglich:

$$\boxed{\hat{y}_i = T_{y_i}(y_i) = (b-a) \cdot y_i + a.}$$

Eine ähnliche Problematik liegt im Fall der Eingangssignale vor. Eingangssignale können z. B.

- eine Temperatur $-20°C \leq T \leq 100°C$ oder
- eine Spannung $-10V \leq U \leq 10V$

sein. Sinnvollerweise skaliert man auch Eingangssignale $\hat{x}_i$ so um, dass ihre Werte zwischen 0 und 1 liegen. Denn sonst können z. B. die Gewichtungsfaktoren $w_{i,j,k}$ sehr unterschiedlich sein, was u.a. zu schlecht konditionierten Matrizen $\underline{W}_r$ führen kann.

Man hat also ein Eingangssignal $\hat{x}_i$

$$c \leq \hat{x}_i \leq d$$

so zu transformieren, dass für das umskalierte Eingangssignal x_i

$$0 \leq x_i \leq 1$$

gilt. Dies leistet die Transformation

$$\boxed{x_i = T_{x_i}(\hat{x}_i) = \frac{\hat{x}_i - c}{d - c}.}$$

Dargestellt als System hat ein neuronales Netz mit den Skalierungstransformationen die folgende Form.

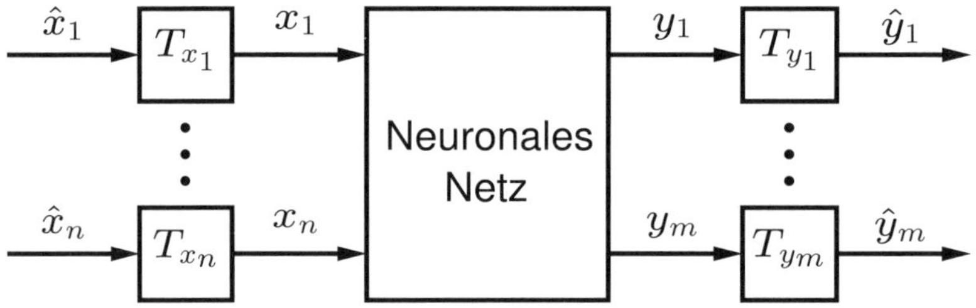

Im Weiteren wird davon ausgegangen, dass alle Signale und Daten in skalierter Form – also zwischen 0 und 1 – vorliegen.

Gelernt – man sagt auch trainiert – hat das Netz ebenfalls anhand skalierter Datenpaare der Anzahl s

$$(\underline{\tilde{x}}^{\nu}, \underline{\tilde{y}}^{\nu}) \qquad , \nu = 1, ..., s.$$

Lernen bedeutet, dass das neuronale Netz

- das durch die Lerndaten vorgegebene Verhalten möglichst gut reproduziert und
- darüber hinaus für Eingangsdaten $\underline{x}$, die keine Lerndaten sind, Ausgangsdaten $\underline{y}$ liefert, die ähnlich denen eines benachbarten Lerndatenpaares $(\underline{\tilde{x}}^{\nu}, \underline{\tilde{y}}^{\nu})$ sind.

Man kann sagen:

> Ein neuronales Netz lernt anhand von Beispielen ein generelles Verhalten.

Dieses generelle Verhalten wird durch die Funktion

$$\underline{y} = \underline{g}(\underline{x})$$

beschrieben. Unten ein Beispiel mit einem Ein- und einem Ausgang.

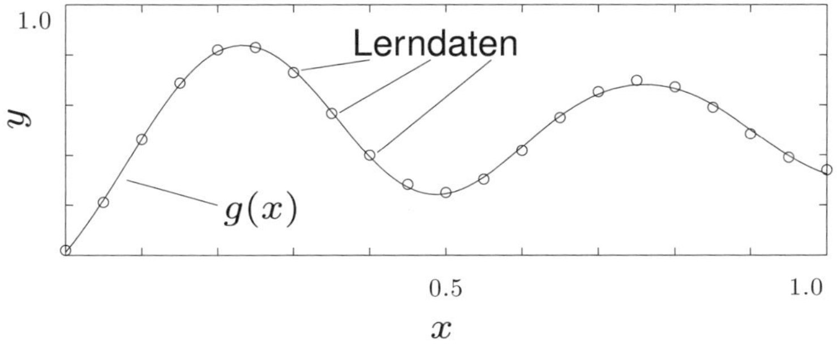

An einem einfachen Beispiel soll das Lernen illustriert werden. Betrachtet wird ein Netz mit linearen Neuronen, d. h. Neuronen mit linearer Aktivierungsfunktion

$$y = S(z) = z = \underline{w}^T \underline{x}.$$

Ein Eingang jedes Neurons bildet dabei seinen Bias, d. h. Schwellwert. Wie beschrieben liegt dieser Eingang auf $x = 1$.

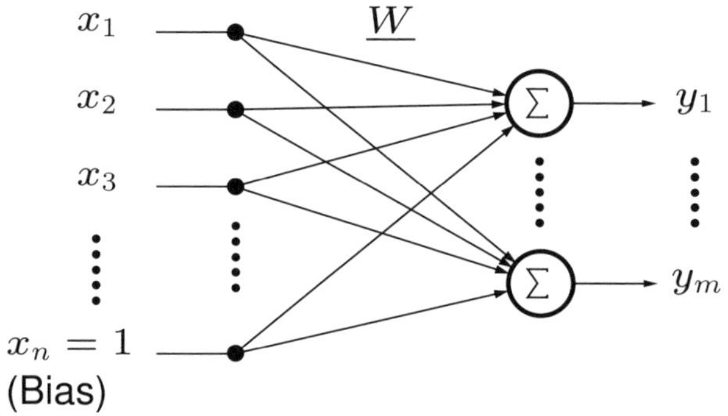

Das Eingangs-/Ausgangsverhalten des Netzes ist durch

$$\underline{y} = \underline{W}\,\underline{x} \qquad , \underline{W} \in I\!R^{m \times n}$$

beschrieben. Man beachte, dass bei linearen Netzen eine Neuronenschicht ausreichend ist. Denn weitere Schichten würden kein anderes Verhalten ermöglichen.

Es liegen nun s Lerndatenpaare $(\underline{\tilde{x}}^{\nu}, \underline{\tilde{y}}^{\nu})$ vor. Das Netz soll diese Lerndaten möglichst gut nachbilden. D.h. für Eingaben $\underline{\tilde{x}}^{\nu}$ soll das Netz Ausgaben

$$\underline{y}^{\nu} = \underline{W}\,\underline{\tilde{x}}^{\nu} \approx \underline{\tilde{y}}^{\nu}$$

produzieren, wobei die Summe der quadratischen Fehler

$$\epsilon = \frac{1}{s}\sum_{\nu=1}^{s}\sum_{j=1}^{m}(y_j^{\nu} - \tilde{y}_j^{\nu})^2 = \frac{1}{s}\sum_{\nu=1}^{s}\sum_{j=1}^{m}(\underline{w}_j{}^T\underline{\tilde{x}}^{\nu} - \tilde{y}_j^{\nu})^2 \quad (1)$$

Summe der Lerndaten Summe der Ausgänge

minimal werden soll. Entsprechend ist die Matrix $\underline{W}$ bzw. sind ihre Zeilenvektoren $\underline{w}_j{}^T$ zu bestimmen. Dazu führt man Matrizen mit den Lerndatenvektoren als Spalten ein:

$$\underline{X} = \left[\underline{\tilde{x}}^1, \ldots, \underline{\tilde{x}}^s\right] \quad \text{und} \quad \underline{Y} = \left[\underline{\tilde{y}}^1, \ldots, \underline{\tilde{y}}^s\right].$$

Für Gl. (1) gilt dann

$$\epsilon = \frac{1}{s}\sum_{j=1}^{m}(\underline{w}_j{}^T\underline{X} - \underline{Y}_j{}^T) \cdot (\underline{w}_j{}^T\underline{X} - \underline{Y}_j{}^T)^T.$$

j-te Zeile von $\underline{Y}$

Zur Minimierung von ϵ ist nach allen Elementen von $\underline{W}$ zu differenzieren, und die Ableitungen sind zu Null zu setzen.

Man erhält für $j = 1, .., m$ jeweils

$$\frac{\partial \epsilon}{\partial \underline{w}_j^T} = \frac{2}{s} \cdot (\underline{w}_j^T \underline{X} - \underline{Y}_j^T) \cdot \underline{X}^T = \underline{0}$$

und somit

$$\underline{w}_j^T \underline{X}\,\underline{X}^T - \underline{Y}_j^T\,\underline{X}^T = \underline{0}$$

und hieraus

$$\underline{w}_j^T = \underline{Y}_j^T\,\underline{X}^T (\underline{X}\,\underline{X}^T)^{-1}.$$

Vereinigt man noch alle m Zeilen $\underline{w}_j^T$ von $\underline{W}$, so ergibt sich

$$\boxed{\underline{W} = \underline{Y}\,\underline{X}^T (\underline{X}\,\underline{X}^T)^{-1}.}$$

Die Gewichtungsmatrix $\underline{W}$ des Netzes kann also in diesem Fall direkt aus den Lerndaten ermittelt werden. Das neuronale Netz lernt das Verhalten also in einem Schritt.

Die Matrix

$$\underline{X}^T (\underline{X}\,\underline{X}^T)^{-1}$$

ist die transponierte Matrix von

$$(\underline{X}^T)^+ = (\underline{X}\,\underline{X}^T)^{-1} \underline{X}.$$

$(\underline{X}^T)^+$ ist die Pseudoinverse von $\underline{X}^T$.

Wofür kann man ein lineares neuronales Netz gebrauchen?

Aufgrund des linearen Zusammenhangs zwischen Eingangsgrößen x_r und Ausgangsgrößen y_r ist der Anwendungsbereich stark eingeschränkt.

Eine Anwendung kann z. B. die Mustererkennung sein. Dazu ein einfaches Illustrationsbeispiel: Mittels zweier Stoffe A und B in einer Nährlösung kann man Mikroorganismen der Typen 1 und 2 züchten. Welcher Typ dabei dominant auftritt, hängt von der Konzentration der Stoffe A und B ab. Anhand zahlreicher Experimente hat man folgendes Diagramm gefunden.

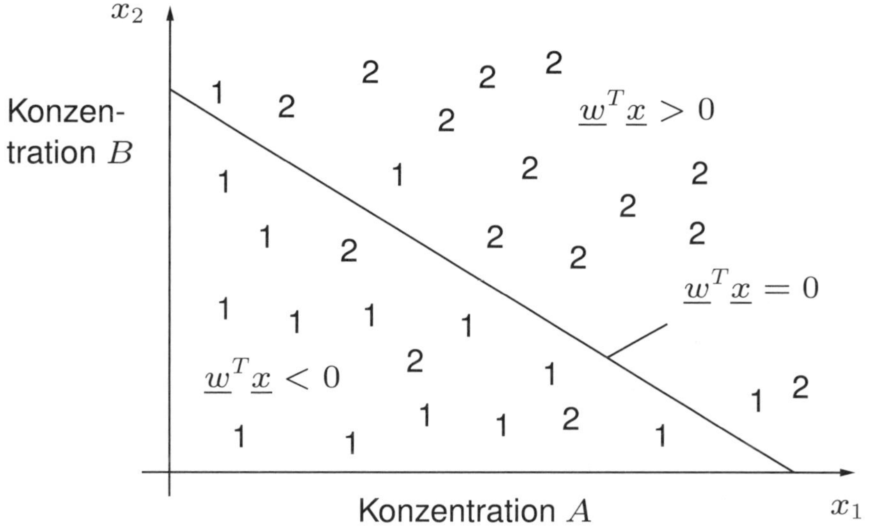

Die einzelnen Bereiche, in denen jeweils ein Typ dominant ist, lassen sich durch eine Hyperebene

$$\underline{w}^T \underline{x} = 0$$

separieren. Diese Hyperebene kann anhand der Beispielsätze

$$\left(\begin{bmatrix} x_1 \\ x_2 \end{bmatrix} , \text{Typ} \right),$$

wie beschrieben, bestimmt werden. Das neuronale Netz besteht dann, wie abgebildet, nur aus einem Neuron. Es kann vorhersagen, welcher Typ sich aufgrund von x_1 und x_2 einstellt.

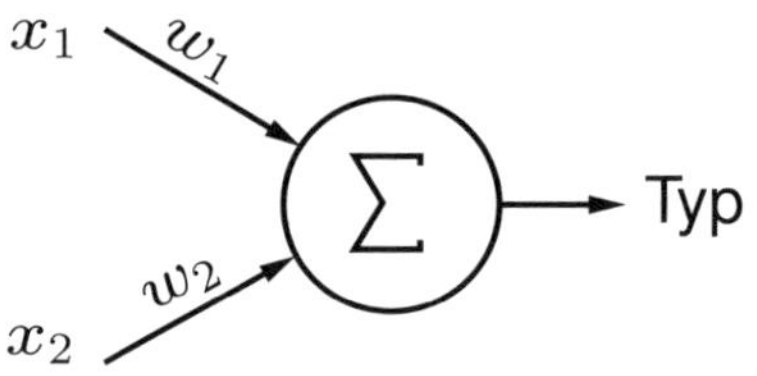

Sind die Typen oder Klassen nicht linear separierbar, so kann mittels linearer Netze keine Erkennung durchgeführt werden. Dazu rechts ein Beispiel. Eine Erkennung kann aber z. B. mittels eines MLPs erfolgen.

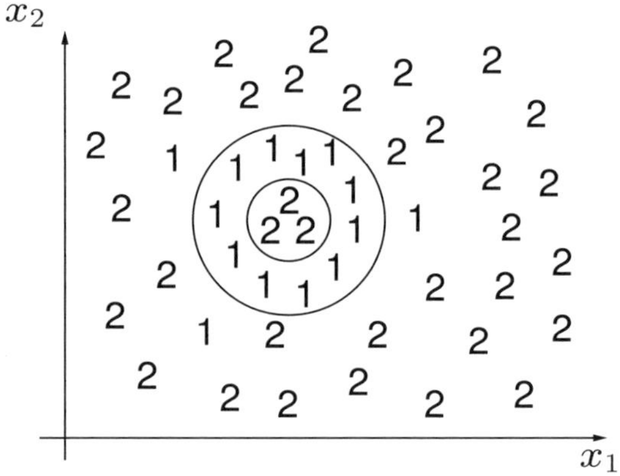

ABSCHNITT 2.3

Multilayer - Perzeptrons

Multilayer-Perzeptrons (MLP) bestehen – wie geschildert – aus mehreren Neuronenschichten, die jeweils mit der nachfolgenden Schicht vollständig vernetzt sind und sigmoidale Aktivierungsfunktionen besitzen. Jedes Neuron einer Schicht ist also mit jedem Neuron der Nachfolgeschicht verbunden. Am häufigsten sind MLPs mit zwei oder drei Schichten.

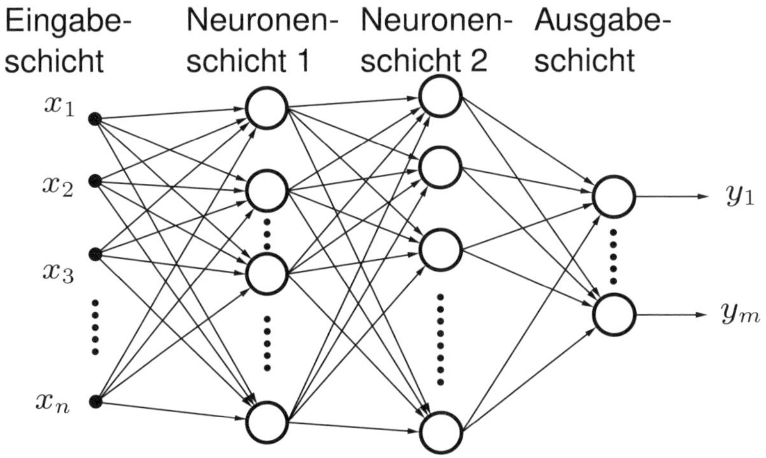

Das Bild zeigt ein MLP mit drei Schichten. Schichten zwischen der Eingabeschicht, die keine Neuronen enthält, und der Ausgabeschicht werden auch als „hidden layer“ oder „verdeckte Schichten“ bezeichnet.

Als Aktivierungsfunktionen S werden „S“ -förmige Funktionen, sigmoide Funktionen genannt, verwendet. Die Fermifunktion

$$S(z) = \frac{1}{1 + e^{-\frac{z}{a}}}$$

ist die häufigste, wobei im Allgemeinen $a = 1$ ist. In der Ausgabeschicht finden auch lineare Aktivierungsfunktionen Verwendung.

Wie trainiert bzw. lernt man ein MLP? Man sammelt zuerst s-Lerndatenpaare

$$(\underline{\tilde{x}}^{\nu}, \underline{\tilde{y}}^{\nu}) \qquad \nu = 1, \ldots, s,$$

die möglichst repräsentativ für das zu lernende Verhalten sind.

Bevor das Netz das durch die Lerndaten beschriebene Verhalten gelernt hat, besitzen die Gewichte $w_{r,j,l}$ beliebige Werte. Durch den Lernprozess werden die Gewichte $w_{r,j,l}$ so verändert, dass ein Lerndatum $\underline{\tilde{x}}_i$ zu einem durch das Netz gegebenen Wert

$$\underline{y}^{\nu} = \underline{g}(\underline{\tilde{x}}^{\nu}) \approx \underline{\tilde{y}}^{\nu}$$

führt.

Demgemäß ist es das Ziel des Lernverfahrens, den mittleren quadratischen Fehler

$$\epsilon = \frac{1}{2s} \sum_{\nu=1}^{s} \sum_{\mu=1}^{m} (y_{\mu}^{\nu} - \tilde{y}_{\mu}^{\nu})^2 \qquad (1)$$

über alle Lerndaten zu minimieren. Dabei ist der Faktor $\frac{1}{2}$ für die Lage des Minimums nicht maßgeblich. Er kürzt sich im Weiteren weg. Die Aufgabenstellung ist also ähnlich der schon bei linearen Netzen behandelten.

Im Prinzip sind auch andere Fehlermaße als das in Gl. (1) verwendbar.

Im Allgemeinen besitzt ϵ in Abhängigkeit von den zu optimierenden Gewichten $w_{r,j,l}$ viele Minima, von denen mehrere global sind. Ein globales Minimum kann aufgrund der Nichtlinearität des Netzes nicht analytisch bestimmt werden.

Man sucht ein globales Minimum daher iterativ mittels des Gradientenverfahrens:

$$\boxed{w_{r,j,l}(t) = w_{r,j,l}(t-1) - h \cdot \frac{\partial \epsilon}{\partial w_{r,j,l}}.} \tag{2}$$

↑	↑	↑	↑
neues Gewicht	altes Gewicht	Schrittweite	Element des Gradienten

Nicht sichergestellt ist, dass man ein globales Minimum so auch findet. Das Bild illustriert den Suchprozess für ein Gewicht.

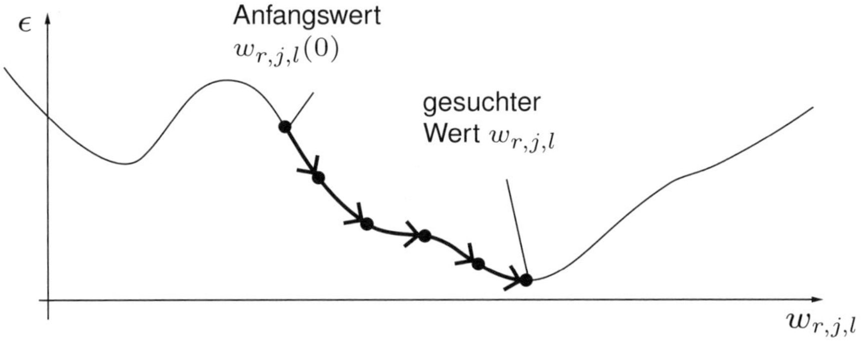

Selbstverständlich ist die Lerngleichung (2) auf alle Gewichte anzuwenden. Die Iteration ist so lange durchzuführen, bis alle $w_{r,j,l}(t)$ sich nicht mehr ändern oder ein vorgegebener Fehler ϵ_m unterschritten wird.

Den Lernvorgang selbst kann man auf zwei Arten durchführen:

1. Beim On-line-Lernen wird während eines Lernschrittes mit der Schrittweite h nur der Fehler bei einem Lerndatenpaar ν, also

$$\epsilon_\nu = \frac{1}{2}\sum_{\mu=1}^{m}(y_\mu^\nu - \tilde{y}_\mu^\nu)^2$$

   minimiert. Es gilt für die Ableitung in Gl. (2):

$$\frac{\partial \epsilon}{\partial w_{r,j,l}} = \frac{\partial \epsilon_\nu}{\partial w_{r,j,l}}.$$

   Beim nächsten Lernschritt wird dann ein anderes Lerndatenpaar ν verwendet.

2. Beim Off-line-Lernen werden während eines Lernschrittes mit der Schrittweite h alle Lerndaten berücksichtigt. Es gilt für die Ableitung:

$$\frac{\partial \epsilon}{\partial w_{r,j,l}} = \frac{\partial \left(\frac{1}{s} \sum\limits_{\nu=1}^{s} \epsilon_\nu \right)}{\partial w_{r,j,l}} = \frac{1}{s}\sum_{\nu=1}^{s} \frac{\partial \epsilon_\nu}{\partial w_{r,j,l}}.$$

   Die Gewichtsänderungen für alle Lerndaten werden aufsummiert. Dann erfolgt der nächste Lernschritt.

Das On-line-Lernen konvergiert in der Regel etwas schneller. Für die konkrete Anwendung der Lerngleichung muss die Ableitung $\frac{\partial \epsilon}{\partial w_{r,j,l}}$ bestimmt werden. Dies geschieht im Folgenden, ohne dass eine bestimmte Fehlerfunktion vorausgesetzt wird.

Man betrachtet ein einzelnes Neuron j in der r-ten Schicht eines MLP:

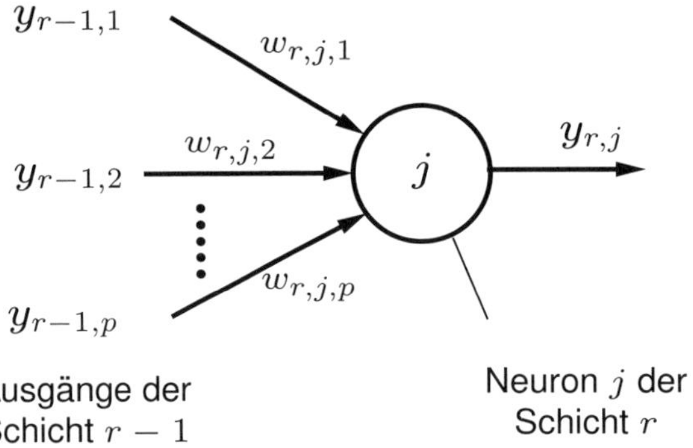

$$\begin{aligned} y_{r,j} &= f(z_{r,j}) \\ z_{r,j} &= \underline{w}_{r,j}^T \cdot \underline{y}_{r-1} \end{aligned}$$

Dann gilt

$$\begin{aligned} \frac{\partial \epsilon}{\partial w_{r,j,l}} &= \frac{\partial \epsilon}{\partial z_{r,j}} \cdot \frac{\partial z_{r,j}}{\partial w_{r,j,l}}, \\ &= \frac{\partial \epsilon}{\partial z_{r,j}} \cdot \frac{\partial \underline{w}_{r,j}^T \cdot \underline{y}_{r-1}}{\partial w_{r,j,l}}, \\ &= \frac{\partial \epsilon}{\partial z_{r,j}} \cdot y_{r-1,l}. \end{aligned}$$

Mit der Abkürzung

$$\boxed{\delta_{r,j} = \frac{\partial \epsilon}{\partial z_{r,j}}}$$

erhält man

$$\boxed{\frac{\partial \epsilon}{\partial w_{r,j,l}} = \delta_{r,j} \cdot y_{r-1,l}.}$$

Dieses Ergebnis ist allerdings noch nicht konkret nutzbar, denn $\delta_{r,j}$ ist noch nicht ermittelt worden. Mit der Kettenregel gilt

$$\begin{aligned}\delta_{r,j} = \frac{\partial \epsilon}{\partial z_{r,j}} &= \frac{\partial \epsilon}{\partial y_{r,j}} \cdot \frac{\partial y_{r,j}}{\partial z_{r,j}}, \\ &= \frac{\partial \epsilon}{\partial y_{r,j}} \cdot \frac{\partial f_r(z_{r,j})}{\partial z_{r,j}}.\end{aligned}$$

Mit

$$\frac{\partial f_r(z_{r,j})}{\partial z_{r,j}} = f_r'(z_{r,j})$$

gilt

$$\boxed{\delta_{r,j} = \frac{\partial \epsilon}{\partial y_{r,j}} \cdot f_r'(z_{r,j}).}$$

Nun sind zwei Fälle zu unterscheiden:

Fall 1: Schicht r ist die Ausgabeschicht k:

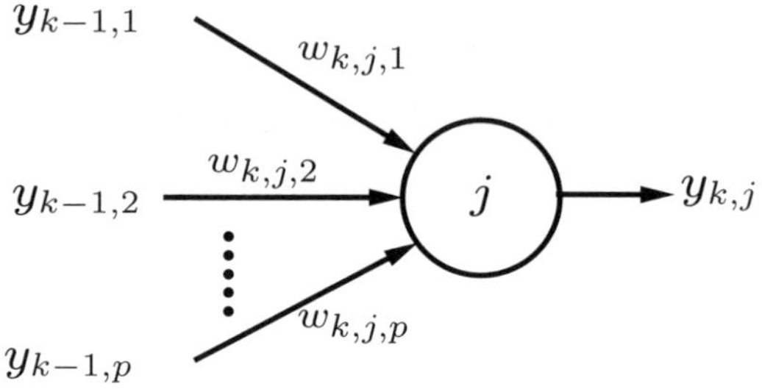

Da die Fehlerfunktion

$$\epsilon = \epsilon(\underline{y})$$

direkt von den y_j abhängt, kann

$$\frac{\partial \epsilon}{\partial y_{k,j}} = \frac{\partial \epsilon}{\partial y_j}$$

unmittelbar berechnet werden.

Also gilt:

$$\boxed{\begin{aligned} \frac{\partial \epsilon}{\partial w_{k,j,l}} &= \delta_{k,j} \cdot y_{k-1,l} \\ \delta_{k,j} &= \frac{\partial \epsilon(\underline{y})}{\partial y_j} \cdot f_k'(z_{k,j}). \end{aligned}}$$

Fall 2: Schicht r ist eine verdeckte Schicht. In diesem Fall kann

$$\delta_{r,j} = \frac{\partial \epsilon}{\partial y_{r,j}} \cdot f_r'(z_{r,j})$$

nicht direkt aus $\epsilon(\underline{y})$ ermittelt werden. Denn $\epsilon(\underline{y})$ ist direkt abhängig von den Ausgangswerten

$$y_{k,i} = y_i$$

der letzten Schicht k und nur mittelbar von den Ausgangswerten

$$y_{r,j}$$

der vorherigen Schichten. Das illustriert die Grafik:

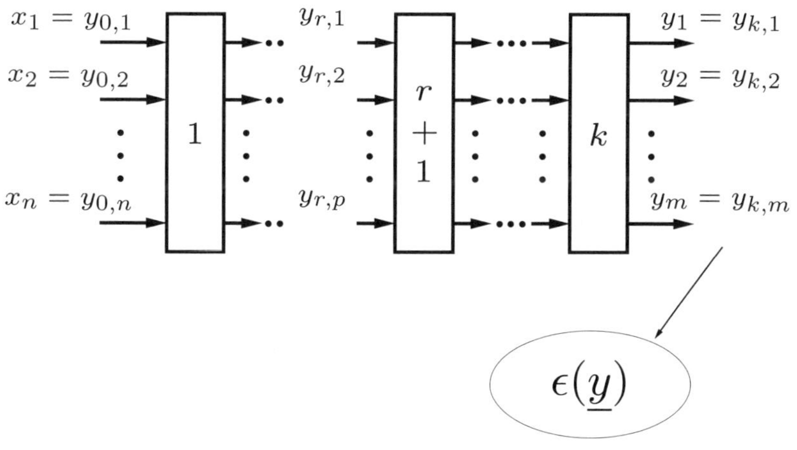

Um die Werte $\delta_{r,j}$ trotzdem zu berechnen, nutzt man die Kettenregel für Funktionen $f(\underline{x}(t))$ mit q Veränderlichen x_i:

$$\frac{\partial f(\underline{x}(t))}{\partial t} = \sum_{i=1}^{q} \frac{\partial f(\underline{x}(t))}{\partial x_i} \cdot \frac{\partial x_i(t)}{\partial t}.$$

Man erhält so

$$\frac{\partial \epsilon(\underline{z}_{r+1}(y_{r,j}))}{\partial y_{r,j}} = \sum_{i=1}^{q} \frac{\partial \epsilon}{\partial z_{r+1,i}} \cdot \frac{\partial z_{r+1,i}(y_{r,j})}{\partial y_{r,j}}.$$

Summe über alle q Neuronen der Schicht $r+1$

$\delta_{r+1,i}$

$$\frac{\partial \underline{w}_{r+1,i}^T \underline{y}_r}{\partial y_{r,j}} = w_{r+1,i,j}$$

Damit erhält man folgende Rekursionsformel

$$\boxed{\delta_{r,j} = \left(\sum_{i=1}^{q} \delta_{r+1,i} \cdot w_{r+1,i,j} \right) \cdot f_r'(z_{r,j}).}$$

Für die Ableitung der Fehlerfunktion ϵ nach einem Gewicht $w_{r,j,l}$ der verdeckten Schicht r gilt, wie schon berechnet:

$$\boxed{\frac{\partial \epsilon}{\partial w_{r,j,l}} = \delta_{r,j} \cdot y_{r-1,l}.}$$

Das Lernschema für ein mehrschichtiges MLP wird nochmals zusammengefasst angegeben:

Lernschema für MLPs

Die Lernregel lautet:

$$w_{r,j,l}(t) = w_{r,j,l}(t-1) - h \cdot \frac{\partial \epsilon}{\partial w_{r,j,l}}$$

mit

$$\frac{\partial \epsilon}{\partial w_{r,j,l}} = \delta_{r,j} \cdot y_{r-1,l}$$

und

$$\delta_{r,j} = \begin{cases} \frac{\partial \epsilon}{\partial y_j} \cdot f_k'(z_{k,j}) \\ \text{für die Ausgabeschicht } r = k \\ \\ \left(\sum_{i=1}^{q} \delta_{r+1,i} \cdot w_{r+1,i,j} \right) \cdot f_r'(z_{r,j}) \\ \text{für verdeckte Schichten } r \end{cases}$$

Für $\epsilon = \epsilon_\nu = \frac{1}{2} \sum_{\mu=1}^{m} (y_\mu^\nu - \tilde{y}_\mu^\nu)^2$ ist $\frac{\partial \epsilon}{\partial y_i} = y_i^\nu - \tilde{y}_i^\nu$. Wie wendet man obiges Lernschema konkret an? Dies geschieht in mehreren Schritten:

Schritt 1: Berechne alle Ausgangswerte $y_{r,i}$ der Schichten und alle Aktivierungswerte $z_{r,i} = \underline{w}_{r,i}^T \cdot \underline{y}_{r-1}$:

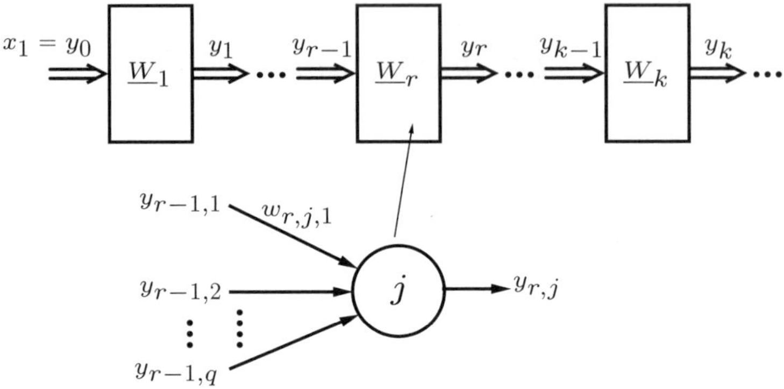

Schritt 2: Ermittle die Werte $\delta_{r,j}$ rekursiv von Schicht k bis Schicht 1:

$\delta_{1,j}$	$\leftarrow$	$\cdots$	$\leftarrow$	$\delta_{k-1,j}$	$\leftarrow$	$\delta_{k,j}$
Schicht 1				Schicht $k-1$		Schicht k

Schritt 3: Bestimme alle

$$\frac{\partial \epsilon}{\partial w_{r,j,l}} = \delta_{r,j} \cdot y_{r-1,l}.$$

Schritt 4: Berechne die neuen Gewichte

$$w_{r,j,l}(t) = w_{r,j,l}(t-1) - h \cdot \frac{\partial \epsilon}{\partial w_{r,j,l}}.$$

Typische Werte für h sind $h = 0.1 \cdots 0.9$.

Schritt 5: Vorgegebener Fehler erreicht?
Ja $\rightarrow$ Abbruch.
Nein $\rightarrow$ Zurück zu Schritt 1.

Aufgrund der rückwärtigen Berechnung der $\delta_{r,j}$ von Schicht zu Schicht bezeichnet man das Lernverfahren auch als

- Backpropagation.

Es gibt eine Reihe von Erweiterungen des Backpropagation-Verfahrens. Die zwei wichtigsten sind:

- Momentum-Term: Das Backpropagation-Verfahren neigt dazu, in engen Schluchten zu oszillieren oder in flachen Schluchten langsam zu konvergieren.

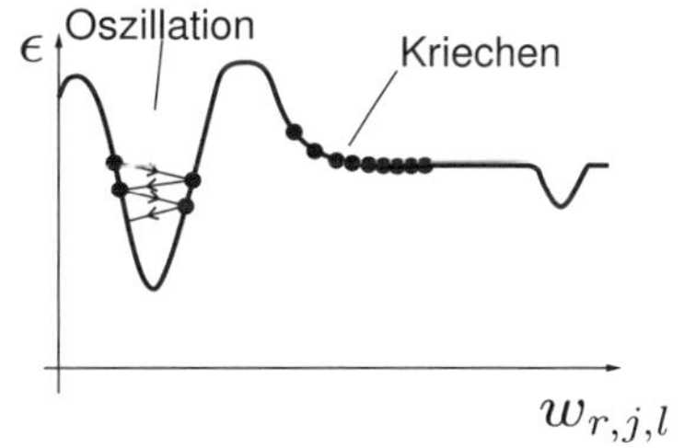

  Beides lässt sich mildern, indem man dem Gradiententerm einen Teil der alten Gewichtsänderung (Momentum-Term) hinzufügt:

$$w_{r,j,l}(t) = w_{r,j,l}(t-1) - h \cdot \frac{\partial \epsilon}{\partial w_{r,j,l}} + \alpha\{\underbrace{w_{r,j,l}(t-1) - w_{r,j,l}(t-2)}_{\text{vorige Gewichtsänderung}}\}.$$

  Typischer Wert für α ist 0.9.

- Schrittweitensteuerung: Es ist sinnvoll, die Schrittweite h der Topologie von ϵ anzupassen. Dafür gibt es verschiedene Verfahren.

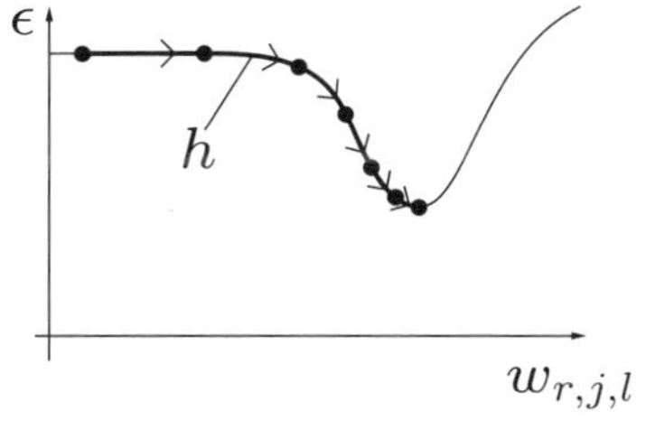

Eines der effektivsten Verfahren der Schrittweitensteuerung ist das SuperSAB. Hier wird jedes Gewicht über eine eigene Schrittweite geändert:

$$w_{r,j,l}(t) = w_{r,j,l}(t-1) - h_{r,j,l}(t-1) \cdot \frac{\partial \epsilon(t-1)}{\partial w_{r,j,l}}$$

mit

$$h_{r,j,l}(t-1) = \begin{cases} \eta^{+} \cdot \; h_{r,j,l}(t-2) & \text{für } a > 0 \\ \eta^{-} \cdot \; h_{r,j,l}(t-2) & \text{für } a < 0 \\ \quad h_{r,j,l}(t-2) & \text{sonst} \end{cases}$$

und

$$a = \frac{\partial \epsilon(t-1)}{\partial w_{r,j,l}} \cdot \frac{\partial \epsilon(t-2)}{\partial w_{r,j,l}}.$$

Die Arbeitsweise des Algorithmus ist einfach:

- Ist das Vorzeichen der Ableitung $\frac{\partial \epsilon}{\partial w_{r,j,l}}$ zwei Iterationsschritte lang gleich (vgl. a), so wird die Schrittweite um den Faktor η^{+} erhöht.
- Wechselt das Vorzeichen des Gradienten innerhalb zweier Iterationsschritte (vgl. a), so wird die Schrittweite um den Faktor η^{-} verringert.

Typische Werte sind $\eta^{+} = 1,05$ und $\eta^{-} = 0,5 \ldots 0,7$.

Aus dem Backpropagation-Verfahren sind einige verbesserte Lernverfahren abgeleitet worden, die teilweise einen wesentlich schnelleren Lernvorgang ermöglichen. Als besonders effizient hat sich dabei das

- *RPROP*-Verfahren (*Resilient Backpropagation*)

herausgestellt. Die höhere Effizienz des RPROP-Verfahrens gegenüber dem Backpropagation-Verfahren beruht auf folgender Tatsache: Im „unsensiblen Bereich" der Fermi-Funktion ist der Gradient sehr klein. Gelangt man nun während des Lernens in den sensiblen Bereich, so wird der Gradient plötzlich sehr groß und damit auch die Gewichtsänderung. Dann läuft man Gefahr, über das Ziel hinaus zu schießen, bevor die Schrittweitensteuerung die Schrittweite ausreichend verringert hat.

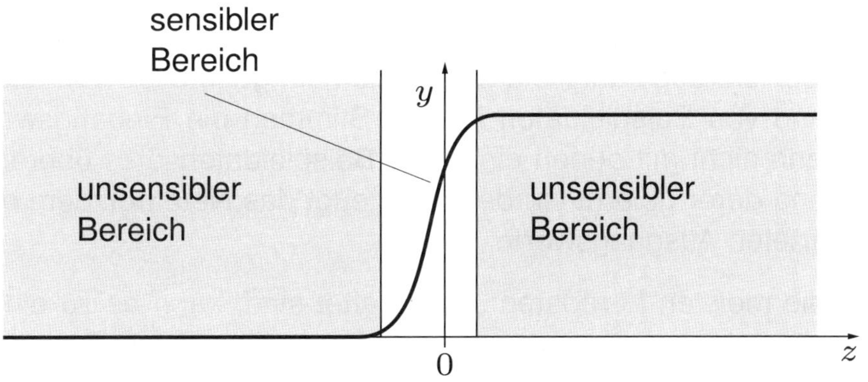

Dem lässt sich entgegenwirken. Und zwar benutzt man anstelle der Lernformel des Backpropagation-Verfahrens

$$w_{r,j,l}(t) = w_{r,j,l}(t-1) - h_{r,j,l}(t-1) \cdot \frac{\partial \epsilon(t-1)}{\partial w_{r,j,l}}$$

beim RPROP-Verfahren die Lernformel

$$\begin{aligned} w_{r,j,l}(t) &= w_{r,j,l}(t-1) - \\ &\qquad h_{r,j,l}(t-1) \cdot \text{sgn}\left(\frac{\partial \epsilon(t-1)}{\partial w_{r,j,l}}\right). \end{aligned}$$

Es wird also nur noch das Vorzeichen des Gradienten und nicht mehr der Gradient selbst benutzt, um die Gewichte zu verändern. Die Schrittweitensteuerung erfolgt beim RPROP-Verfahren mittels SuperSAB.

Die wichtigste Eigenschaft neuronaler Netze ist, wie gesagt, ihre Generalisierungsfähigkeit: Sie können ein generelles Verhalten anhand von Beispieldaten lernen. Stimmen die Eingangswerte dann nicht mit denen eines der Beispieldatensätze überein, anhand derer gelernt wurde, so erzeugt das Netz trotzdem die erwarteten Ausgangswerte.

Da die meisten Lerndaten störbehaftet sind, kann es zu einer Überanpassung oder Übergeneralisierung kommen. D.h., das Netz lernt die Störungen mit – es wird zu gut an die Lerndaten angepasst. Eingangsdaten führen dann nicht mehr zu den gewünschten Ausgangsdaten, das Generalisierungsverhalten des Netzes hat sich verschlechtert.

Um dies zu vermeiden, trennt man die Beispieldaten in Trainingsdaten und Validierungsdaten auf:

Anhand der Trainingsdaten wird gelernt. Mittels der Validierungsdaten wird zusätzlich überprüft, wie groß der Netzfehler der Validierungsdaten ist.

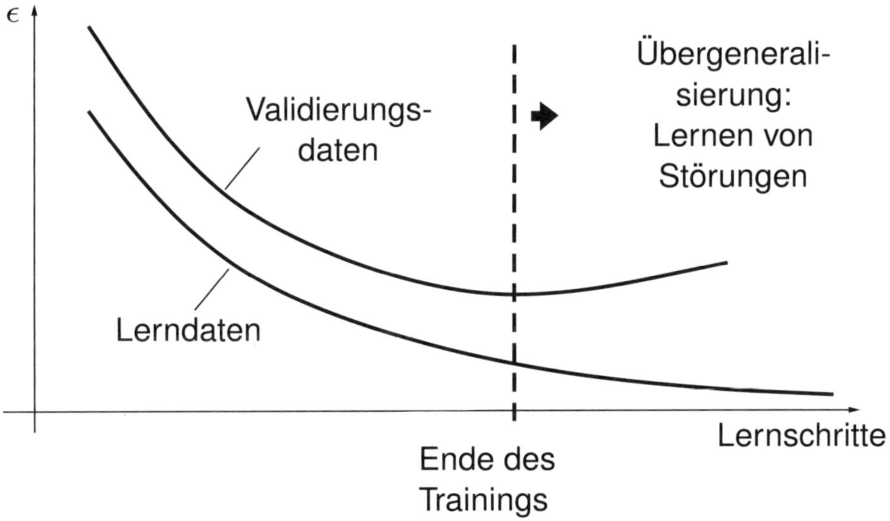

Durchschreitet der Fehler der Validierungsdaten ein Minimum - nimmt er also ab einem gewissen Zeitpunkt wieder zu - so bricht man das Training ab.

ABSCHNITT 2.4

Radiale-Basisfunktionen-Netze

Multilayer-Perzeptrons sind Modelle biologischer neuronaler Netze. Sie besitzen aufgrund ihrer sigmoidalen Aktivierungsfunktion eine Generalisierungsfähigkeit. D.h., sie produzieren auch für Eingangswerte, die weit von den Lernwerten entfernt liegen, Ausgangswerte.

Oftmals – z. B. bei der Approximation einer Funktion – ist das nicht erwünscht. In solchen Fällen möchte man lieber eine lokal begrenzte Aktivierungsfunktion verwenden. Nachfolgende Bilder illustrieren beide Fälle.

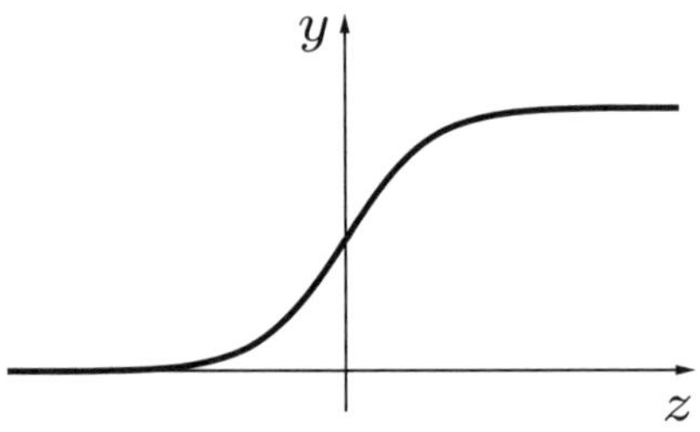

sigmoidale Funktion

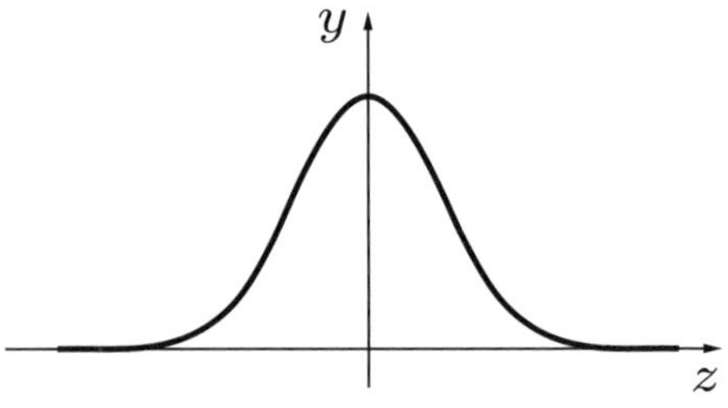

lokal begrenzte Funktion

Die am häufigsten verwendete lokal begrenzte Aktivierungsfunktion ist die Gauß-Funktion,

$$y = e^{\frac{-z^2}{2\sigma^2}} = e^{-\frac{||\underline{x}-\underline{c}||^2}{2\sigma^2}},$$

dabei ist $||\underline{x}|| = \sqrt{\sum_{i=1}^{n} {x_i}^2}$ die euklidische Norm.

Sie hat Kreise als Höhenlinien. $||\underline{x} - \underline{c}||$ beschreibt einen Kreis um den Punkt $\underline{c}$.

Man bezeichnet Netze mit lokal begrenzten Aktivierungsfunktionen, wie der Gauß-Funktion, als

- Radial-Basisfunktionen-Netze (RBF-Netze).

Der Gedanke, lokal begrenze Aktivierungsfunktionen zu nutzen, leitet sich auch aus einem biologischen Vorbild ab, nämlich den rezeptiven Feldern des visuellen Cortex, sowie aus der Tatsache, dass man ein Netz mit bestimmten Approximationseigenschaften haben möchte.[1] Durch die Verwendung solcher Aktivierungsfunktionen weisen RBF-Netze eine lokale Generalisierungsfähigkeit auf.

RBF-Netze bestehen aus der Eingabe-Schicht, einer Neuronen-Schicht mit radialen Basisfunktionen und einer Ausgabeschicht mit linearen Neuronen:

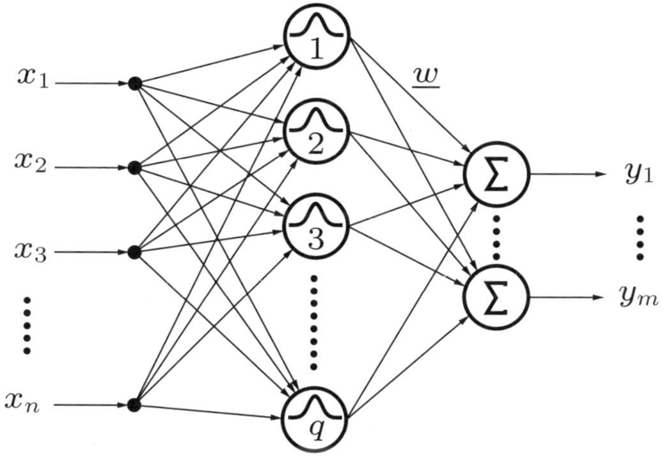

[1] Auch für RBF-Netze gilt der Satz im vorherigen Abschnitt über die Approximationsfähigkeit neuronaler Netze. D.h., mit einem RBF-Netz kann jede stetige Funktion auf einer kompakten Teilmenge der $\mathbb{R}^n$ beliebig genau approximiert werden.

Gewichtet sind nur die Eingänge der Ausgangsneuronen.

Die Eingangs-/ Ausgangsfunktionen, des Netzes sind

$$y_i = \sum_{j=1}^{q} w_{i,j} \cdot e^{-\frac{||\underline{x}-\underline{c}_j||^2}{2\sigma_j{}^2}}.$$

Im mehrdimensonalen Eingangsgrößenfall setzt sich die Ausgangsfunktion y_i also aus Hyper-Gauß-Glocken zusammen. Für die zwei Eingangsvariablen x_1 und x_2 ist unten ein Beispiel mit fünf Neuronen dargestellt.

3D-Darstellung

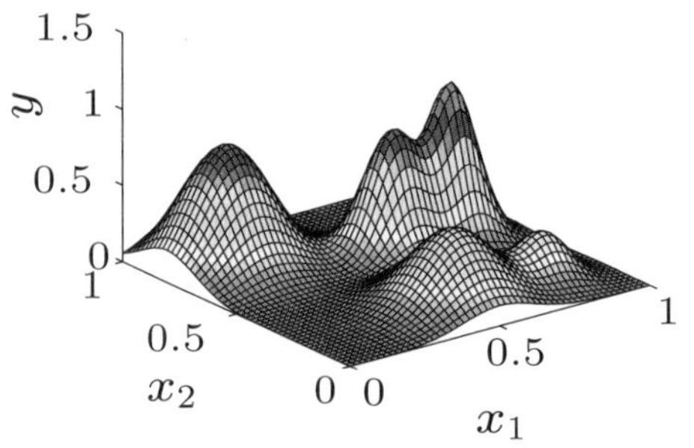

Kontur mit Höhenlinien

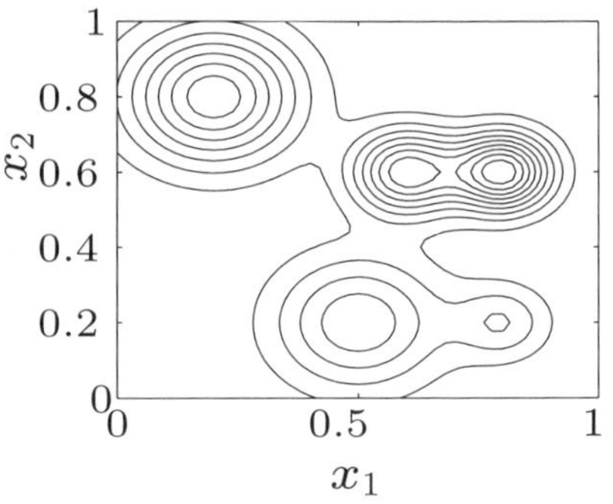

Es stellt sich nun die Frage:

Wie trainiert man ein RBF-Netz?

Man kann z.B. ein Gradientenverfahren ähnlich dem Backpropagation-Lernalgorithmus oder RPROP verwenden.

Die Parameter

$$w_{i,j} \text{ und } c_{j,k} \text{ und } \sigma_j$$

des Netzes lassen sich aber auch oft sinnvoll direkt aus den s Lerndatenpaaren

$$(\underline{\tilde{x}}_i, \underline{\tilde{y}}_i)$$

bestimmen.

Besonders sinnvoll ist das, wenn die Zahl q der Gauß-Neuronen der Zahl s der Lerndatenpaare entspricht. Dann wählt man für die s Zentren $\underline{c}_j$ der Gauß-Funktionen die Werte

$$\boxed{\underline{c}_j = \underline{\tilde{x}}_j.}$$

Das Bild illustriert dies.

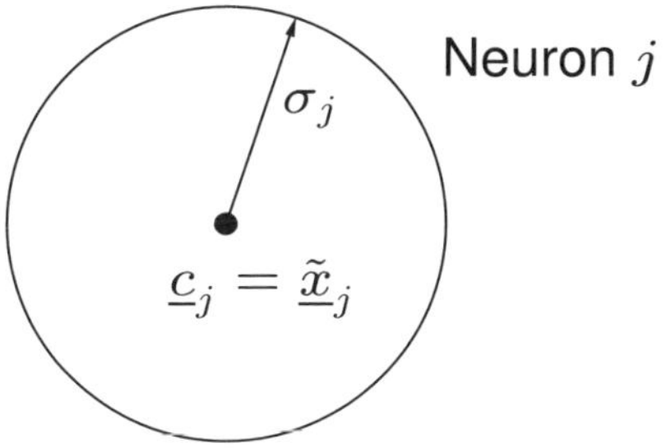

Sind mehr Lerndatenpaare als Zentren vorhanden, so muss man einen anderen Weg beschreiten.

In diesem Fall teilt man z. B. die Lerndaten in q Klassen oder Gruppen auf. Jede Klasse enthält dabei die Lerndaten, die sich am ähnlichsten sind. Ein Beispiel:

Klasse 1 : $(\underline{\tilde{x}}_1, \underline{\tilde{y}}_1)$, $(\underline{\tilde{x}}_3, \underline{\tilde{y}}_3)$, $(\underline{\tilde{x}}_{10}, \underline{\tilde{y}}_{10})$

Klasse 2 : $(\underline{\tilde{x}}_{12}, \underline{\tilde{y}}_{12})$, $(\underline{\tilde{x}}_2, \underline{\tilde{y}}_2)$, $(\underline{\tilde{x}}_8, \underline{\tilde{y}}_8)$, $(\underline{\tilde{x}}_{20}, \underline{\tilde{y}}_{20})$

⋮

Klasse q : $(\underline{\tilde{x}}_7, \underline{\tilde{y}}_7)$

$q \mathrel{\widehat{=}}$ Anzahl der Gauß-Neuronen

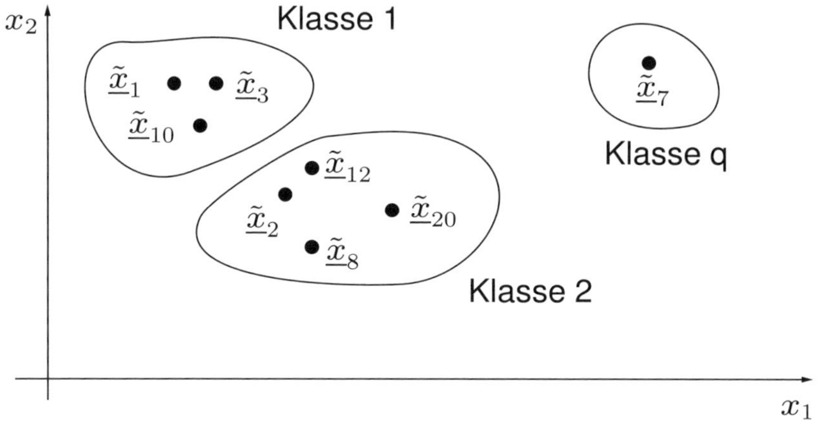

Man bestimmt nun anhand jeder Klasse jeweils einen Vektor $\underline{c}_j$. Am einfachsten geschieht dies, indem man die Mittelwerte

$$\underline{c}_j = \frac{1}{p} \sum_{i=1}^{p} \underline{\tilde{x}}_i$$

der p Datenwerte $\underline{\tilde{x}}_i$ einer Klasse wählt.

Die Radien σ_j wählt man im einfachsten Fall alle gleich zu

$$\boxed{\sigma_j = \frac{d}{\sqrt{2q}},}$$

wobei d der maximale Abstand der Zentren $\underline{c}_j$ ist:

$$d = \max_{i,j<s} |\underline{c}_i - \underline{c}_j|.$$

Das Bild illustriert diese Wahl.

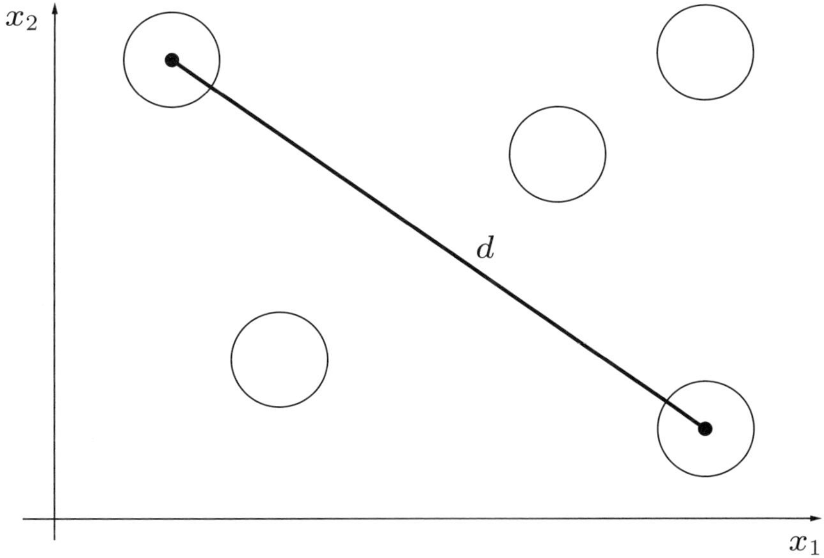

Es sind noch die Gewichte $w_{i,j}$ der Ausgabeschicht zu ermitteln. Für diesen Zweck betrachtet man die Schicht der Gauß-Neuronen und die lineare Schicht getrennt voneinander:

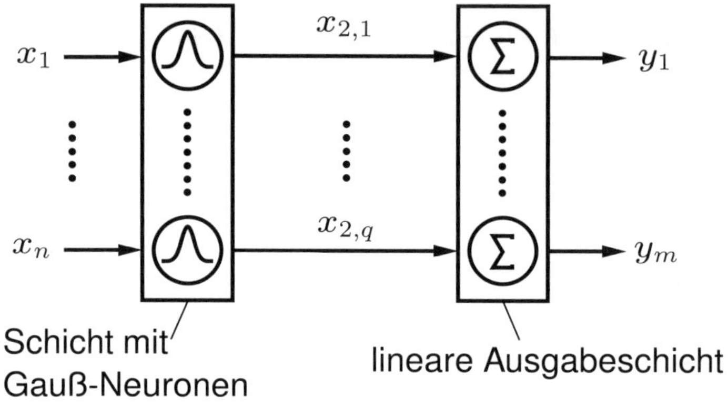

Eingangsvektor der linearen Ausgabeschicht ist $\underline{x}_2$. Aufgrund von

$$y_i = \sum_{j=1}^{q} w_{i,j} \cdot e^{-\frac{||\underline{x}-\underline{c}_j||^2}{2\sigma_j}}$$

gilt

$$\underline{x}_2 = \begin{bmatrix} e^{-\frac{||\underline{x}-\underline{c}_1||^2}{2\sigma_1^2}} \\ \vdots \\ e^{-\frac{||\underline{x}-\underline{c}_q||^2}{2\sigma_q^2}} \end{bmatrix} .$$

Da die Parameter $\underline{c}_j$ und σ_j bekannt sind, lässt sich x_2 für jeden Lerndatensatz $(\underline{\tilde{x}}^\nu, \underline{\tilde{y}}^\nu)$ errechnen:

$$(\underline{\tilde{x}}^\nu, \underline{\tilde{y}}^\nu) \rightarrow \underline{x}_2^\nu.$$

Es ist also nur noch das lineare Netz mit dem Eingangsvektor $\underline{x}_2^\nu$ und den zugehörigen Ausgangsvektoren $\underline{y}^\nu$ für den Lernvorgang zu betrachten:

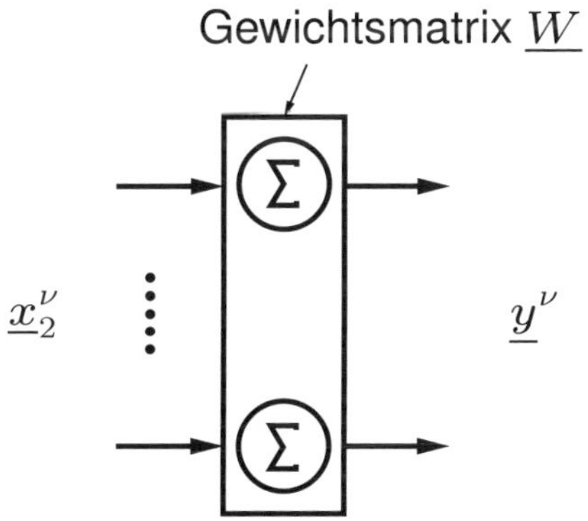

$\underline{W}$ soll so bestimmt werden, dass der quadratische Fehler

ν-tes Lerndatenpaar

$$\epsilon = \sum_{\nu=1}^{s} \sum_{j=1}^{m} (\tilde{y}_j^\nu - \underline{w}_j{}^T \underline{x}_2^\nu)^2$$

j-ter Ausgang

über alle m Ausgänge und s Lerndaten minimiert wird.

Diese Aufgabe wurde bereits im Abschnitt „Grundlagen neuronaler Netze“ gelöst. Es gilt

$$\boxed{\underline{W} = \underline{Y}\,\underline{X}^T \left(\underline{X}\,\underline{X}^T\right)^{-1}}$$

mit den Matrizen

$$\underline{X} = \left[\tilde{\underline{x}}_2^1, \ldots, \tilde{\underline{x}}_2^s\right] \quad \text{und} \quad \underline{Y} = \left[\tilde{\underline{y}}^1, \ldots, \tilde{\underline{y}}^s\right].$$

$\underline{X}$ enthält spaltenweise die aus den Lerndaten $\tilde{\underline{x}}^\nu$ ermittelten Eingabevektoren $\underline{x}_2{}^\nu$ der Ausgabeschicht. $\underline{Y}$ setzt sich spaltenweise aus den Ausgangswerten $\tilde{\underline{y}}^\nu$ der Lerndaten zusammen.

Bei obiger Bestimmung der Parameter des RBF-Netzes werden die Parameter in einem Schritt direkt errechnet.

Das Verfahren liefert nicht immer befriedigende Ergebnisse, da

1. die Wahl der Zentren $\underline{c}_j$ und
2. gleiche Radien σ_j

die Eigenschaften des Netzes beschränken.

In solchen Fällen muss man dann doch ein Lernverfahren wie Backpropagation oder RPROP verwenden. Sinnvoll kann man dabei die mittels des oben geschilderten Verfahrens bestimmten Parameter als Startwerte nutzen.

Wie im Fall des MLP wird als Fehlermaß im Allgemeinen der quadratische Fehler

$$\epsilon_\nu = \frac{1}{2}\sum_{\mu=1}^{m}(y_\mu^\nu - \tilde{y}_\mu^\nu)^2$$

bzw. der mittlere quadratische Fehler über alle s Lerndatenpaare und Ausgänge

$$\epsilon = \frac{1}{s}\sum_{\nu=1}^{s}\epsilon_\nu$$

betrachtet. Dabei ist

$$y_\mu^\nu = \sum_{j=1}^{q} w_{\mu,j} \cdot e^{-\frac{||\underline{\tilde{x}}^\nu - \underline{c}_j||^2}{2\sigma_j^2}}$$

der μ-te Ausgangswert des Netzes für die Eingabe $\underline{\tilde{x}}^\nu$.

Wie im Fall des MLP soll auch hier in negative Richtung des Gradienten bzw. seiner Einzelkomponenten

$$\frac{\partial\epsilon}{\partial w_{i,j}}, \frac{\partial\epsilon}{\partial\sigma_j}, \frac{\partial\epsilon}{\partial c_{j,k}}$$

eine Parameteränderung erfolgen.

Die Lerngleichungen lauten also

$$w_{i,j}(t) = w_{i,j}(t-1) - h \cdot \frac{\partial \epsilon}{\partial w_{i,j}},$$

$$c_{j,k}(t) = c_{j,k}(t-1) - h \cdot \frac{\partial \epsilon}{\partial c_{j,k}},$$

$$\sigma_j(t) = \sigma_j(t-1) - h \cdot \frac{\partial \epsilon}{\partial \sigma_j}.$$

Zur Anwendung der Lerngleichungen sind die partiellen Ableitungen

$$\frac{\partial \epsilon}{\partial w_{i,j}}, \frac{\partial \epsilon}{\partial \sigma_j} \text{ und } \frac{\partial \epsilon}{\partial c_{j,k}}$$

zu bestimmen.

Dies geschieht wie im Fall des MLP ohne eine bestimmte Fehlerfunktion ϵ vorauszusetzen. (Im Allgemeinen verwendet man den schon genannten quadratischen Fehler.)

Zuerst wird

$$\frac{\partial \epsilon}{\partial w_{i,j}}$$

ermittelt. Dazu betrachtet man das nachfolgende Bild.

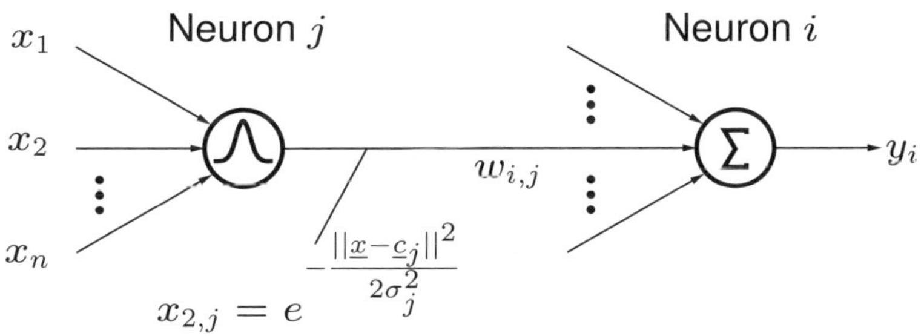

Es gilt

$$\frac{\partial \epsilon}{\partial w_{i,j}} = \frac{\partial \epsilon}{\partial y_i} \cdot \underbrace{\frac{\partial y_i}{\partial w_{i,j}}}_{\frac{\partial \underline{w}_i^T \, \underline{x}_2}{\partial w_{i,j}} = x_{2,j}}$$

und somit

$$\boxed{\frac{\partial \epsilon}{\partial w_{i,j}} = \frac{\partial \epsilon}{\partial y_i} \cdot x_{2,j}.}$$

Der nächste Wert, der bestimmt wird, ist

$$\frac{\partial \epsilon}{\partial c_{j,k}}.$$

Dabei muss man beachten, dass das Gauß-Neuron j mit dem Zentrum $\underline{c}_j$ auf alle Ausgangsneuronen wirkt:

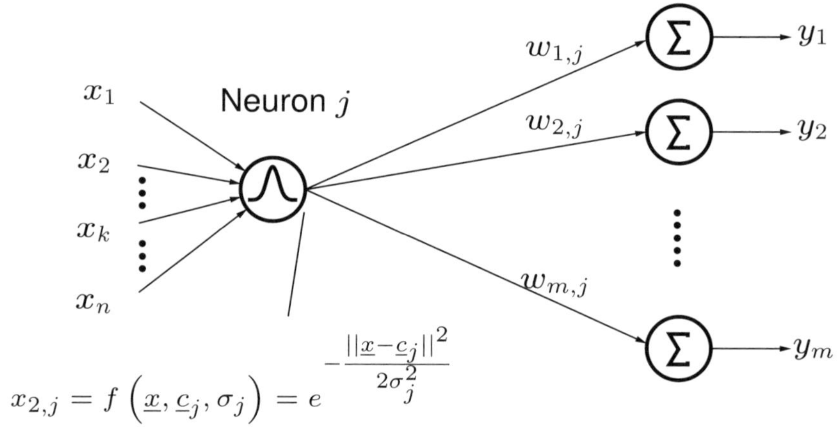

Es gilt mit der Kettenregel für Funktionen mehrerer Veränderlicher

$$\frac{\partial \epsilon(\underline{y}(x_{2,j}(c_{j,k})))}{\partial c_{j,k}} = \sum_{l=1}^{m} \frac{\partial \epsilon}{\partial y_l} \cdot \frac{\partial y_l}{\partial x_{2,j}} \cdot \frac{\partial x_{2,j}}{\partial c_{j,k}}.$$

$$\frac{\partial \underline{w}_l^{\,T} \, \underline{x}_2}{\partial x_{2,j}} = w_{l,j} \qquad \frac{\partial f(\underline{x}, \underline{c}_j, \sigma_j)}{\partial c_{j,k}} = f_{c_{j,k}}(\underline{x}, \underline{c}_j, \sigma_j)$$

Somit erhält man

$$\boxed{\frac{\partial \epsilon}{\partial c_{j,k}} = \sum_{l=1}^{m} \frac{\partial \epsilon}{\partial y_l} \cdot w_{l,j} \cdot f_{c_{j,k}}(\underline{x}, \underline{c}_j, \sigma_j).}$$

Man kann noch

$$\begin{aligned}
f_{c_{j,k}}(\underline{x}, \underline{c}_j, \sigma_j) &= \frac{\partial\, e^{-\frac{||\underline{x}-\underline{c}_j||^2}{2\sigma_j{}^2}}}{\partial c_{j,k}} \\
&= \frac{x_k - c_{j,k}}{\sigma_j{}^2} \cdot e^{-\frac{||\underline{x}-\underline{c}_j||^2}{2\sigma_j{}^2}} \\
&= \frac{x_k - c_{j,k}}{\sigma_j{}^2} \cdot x_{2,j}
\end{aligned}$$

errechnen.

Als letzte partielle Ableitung muss

$$\frac{\partial \epsilon}{\partial \sigma_j}$$

ermittelt werden. Dies geschieht ganz analog zum Fall

$$\frac{\partial \epsilon}{\partial c_{j,k}}.$$

Dazu nochmals das letzte Bild:

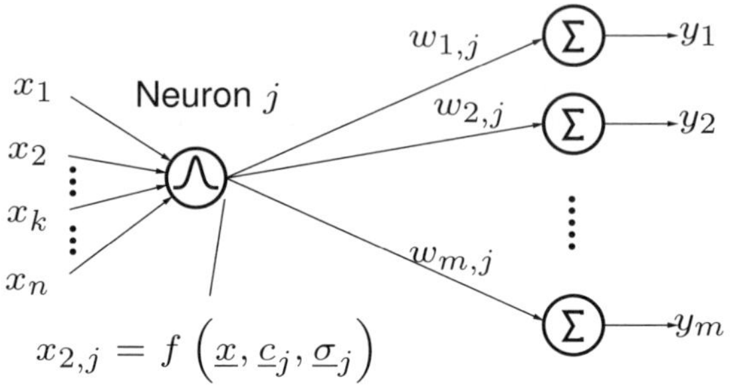

Es gilt

$$\frac{\partial \epsilon}{\partial \sigma_j} = \sum_{l=1}^{m} \frac{\partial \epsilon}{\partial y_l} \cdot \frac{\partial y_l}{\partial x_{2,j}} \cdot \frac{\partial x_{2,j}}{\partial \sigma_j}.$$

$$\frac{\partial y_l}{\partial x_{2,j}} = w_{l,j} \qquad \frac{\partial x_{2,j}}{\partial \sigma_j} = \frac{\partial f(\underline{x}, \underline{c}_j, \sigma_j)}{\partial \sigma_j} = f_{\sigma_j}(\underline{x}, \underline{c}_j, \sigma_j)$$

Man erhält

$$\boxed{\frac{\partial \epsilon}{\partial \sigma_j} = \sum_{l=1}^{m} \frac{\partial \epsilon}{\partial y_l} \cdot w_{l,j} \cdot f_{\sigma_j}(\underline{x}, \underline{c}_j, \sigma_j)} \qquad \text{mit}$$

$$f_{\sigma_j} = \frac{\partial e^{-\frac{||\underline{x}-\underline{c}_j||^2}{2{\sigma_j}^2}}}{\partial \sigma_j} = \frac{||\underline{x} - \underline{c}_j||^2}{{\sigma_j}^3} \cdot e^{-\frac{||\underline{x}-\underline{c}_j||^2}{2{\sigma_j}^2}}.$$

Lernschema für RBF-Netze

Die Lernregeln lauten:

$$w_{i,j}(t) = w_{i,j}(t-1) - h \cdot \frac{\partial \epsilon}{\partial w_{i,j}},$$

$$c_{j,k}(t) = c_{j,k}(t-1) - h \cdot \frac{\partial \epsilon}{\partial c_{j,k}},$$

$$\sigma_j(t) = \sigma_j(t-1) - h \cdot \frac{\partial \epsilon}{\partial \sigma_j},$$

mit

$$\frac{\partial \epsilon}{\partial w_{i,j}} = \frac{\partial \epsilon}{\partial y_i} \cdot x_{2,j},$$

$$\frac{\partial \epsilon}{\partial c_{j,k}} = \sum_{l=1}^{m} \frac{\partial \epsilon}{\partial y_l} \cdot w_{l,j} \cdot f_{c_{j,k}}(\underline{x}, \underline{c}_j, \sigma_j),$$

$$\frac{\partial \epsilon}{\partial \sigma_j} = \sum_{l=1}^{m} \frac{\partial \epsilon}{\partial y_l} \cdot w_{l,j} \cdot f_{\sigma_j}(\underline{x}, \underline{c}_j, \sigma_j).$$

Auch bei diesem Lernschema können Schrittweitensteuerung und Momentum-Regel verwendet werden. Insbesondere ist auch das RPROP-Verfahren anwendbar.

Das bisher betrachtete Gauß-Neuron mit

$$y = e^{-\frac{||\underline{x}-\underline{c}||^2}{2\sigma^2}} = e^{-\frac{(\underline{x}-\underline{c})^T (\underline{x}-\underline{c})}{2\sigma^2}}$$

beschreibt kreisförmige Höhenlinien. Möchte man auch ellipsoide Höhenlinien mit beliebiger Orientierung der Ellipsenachsen, so muss man den Kreis beschreibenden Term

$$(\underline{x} - \underline{c})^T (\underline{x} - \underline{c})$$

zu

$$(\underline{x} - \underline{c})^T \underline{\Sigma}(\underline{x} - \underline{c})$$

mit

$$\underline{\Sigma} = \frac{1}{2} \begin{bmatrix} {\sigma_{11}}^{-2} & \cdots & {\sigma_{1n}}^{-2} \\ \vdots & & \vdots \\ {\sigma_{n1}}^{-2} & \cdots & {\sigma_{nn}}^{-2} \end{bmatrix}$$

erweitern.

Man erhält

$$y = e^{-(\underline{x}-\underline{c})^T \underline{\Sigma} (\underline{x}-\underline{c})} = e^{-||\underline{M}(\underline{x}-\underline{c})||^2},$$

wobei $\underline{M}^T \underline{M} = \underline{\Sigma}$ gilt.

Die Gleichungen des Gradienten-Verfahrens sind dann entsprechend anzupassen.

RBF-Netze mit linearen Ausgangsneuronen erzeugen lokale Gauß-Glocken, wie im nachstehenden Beispiel für ein Netz mit drei Neuronen und einem Ein- und Ausgang illustriert.

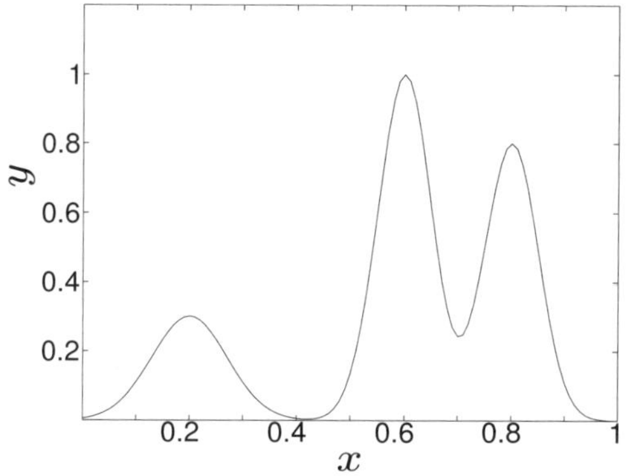

Für bestimmte Anwendungen – wie die Mustererkennung – sind solche lokal getrennten Gauß-Glocken günstig, da man mit ihnen Ereignisse z. B. $x = 0,6$ und $x = 0,7$ deutlich durch den Ausgabewert unterscheiden kann. In anderen Fällen wünscht man sich allerdings einen glatteren Verlauf zwischen den Maxima der Gauß-Glocken - z. B. bei Interpolations- und Approximationsaufgaben. Das nächste Bild zeigt einen solchen Verlauf.

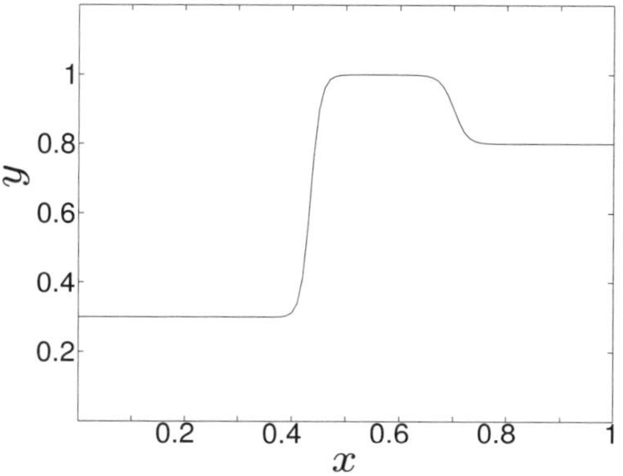

Den letztgezeigten Verlauf erhält man, wenn man kein lineares Ausgabeneuron verwendet, sondern die Ausgabe normiert:

$$y_i = \frac{\sum_{j=1}^{q} w_{i,j}\, e^{-(\underline{x}-\underline{c}_j)^T\, \underline{\Sigma}_j\, (\underline{x}-\underline{c}_j)}}{\sum_{j=1}^{q} e^{-(\underline{x}-\underline{c}_j)^T\, \underline{\Sigma}_j\, (\underline{x}-\underline{c}_j)}}$$

Normierungsterm

Das Netz hat dann die folgende Form, wobei – der Übersichtlichkeit halber – nur ein Ausgang betrachtet wird:

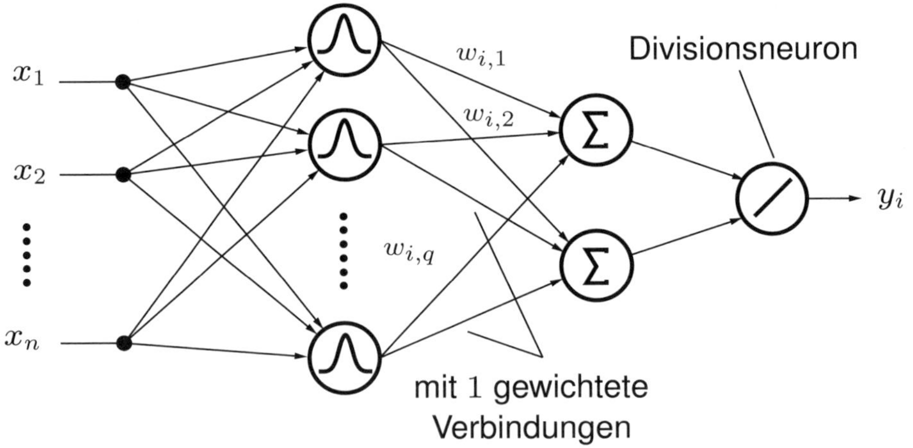

ABSCHNITT 2.5

Mustererkennung

Die Mustererkennung ist eines – wenn nicht sogar das – Haupteinsatzgebiet künstlicher neuronaler Netze. Der Mustererkennungsprozess besteht dabei, wie schon im Abschnitt „Mustererkennung mit Fuzzy-Logik“ beschrieben, aus Messung, Vorverarbeitung, Merkmalsextraktion und Klassifizierung:

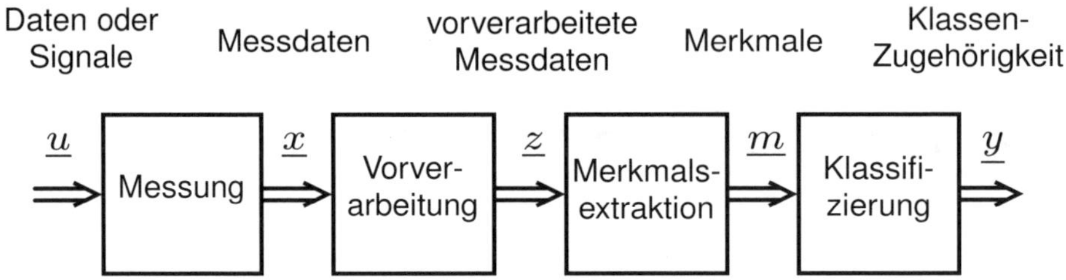

Neuronale Netze werden im Allgemeinen nur für die Klassifizierung benutzt. Beispiele hierfür sind die

- Spracherkennung,
- Mustererkennung bei der Abfallsortierung,
- Gesichtserkennung,
- Erkennung von Verbrennungsaussetzern bei Motoren,
- Erkennung und Bewertung der Altpapierqualität in Papierfabriken,
- Fehlererkennung in elektrischen Netzen,
- Erkennung von Unterschriften.

Beim Entwurf einer Klassifizierung steht man u.a. vor der Frage:

Welcher Netztyp soll für die Mustererkennung verwendet werden?

Die Antwort ist abhängig von der Lage der Cluster – genauer von der Art und Weise wie die Cluster separierbar sind. Im Falle eines MLP bilden die Höhenlinien der Ausgangswerte Geraden im $\mathbb{R}^n$, denn es gilt:

$$y = \frac{1}{1 + e^{-z}} \qquad \text{mit } z = \underline{w}^T \underline{x}.$$

Die Höhenlinien, die ein Gauß-Neuron in einem RBF-Netz produziert, haben die Form von Ellipsen mit dem Mittelpunkt c:

$$y = e^{-z^2} \qquad \text{mit } z = \sqrt{(\underline{x} - \underline{c})^T \, \underline{\Sigma} \, (\underline{x} - \underline{c})}.$$

Je nach Clusterverteilung ist daher entweder das MLP oder das RBF-Netz günstiger. Die Bilder auf der nächsten Seite illustrieren das an zwei Beispielen.

Im Beispiel 1 ist eine Klassifizierung mit nur zwei Neuronen eines MLPs möglich. Bei Verwendung eines RBF-Netzes würde man mehr Neuronen benötigen.

Im Beispiel 2 ist die Situation genau umgekehrt.

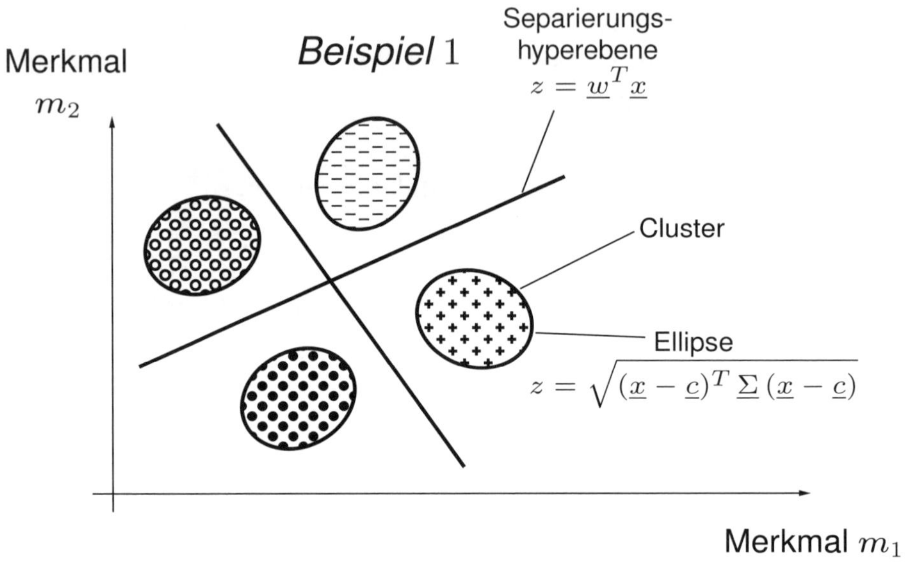
Beispiel 1
Merkmal m_2
Separierungs-hyperebene $z = \underline{w}^T \underline{x}$
Cluster
Ellipse $z = \sqrt{(\underline{x} - \underline{c})^T \, \underline{\Sigma} \, (\underline{x} - \underline{c})}$
Merkmal m_1

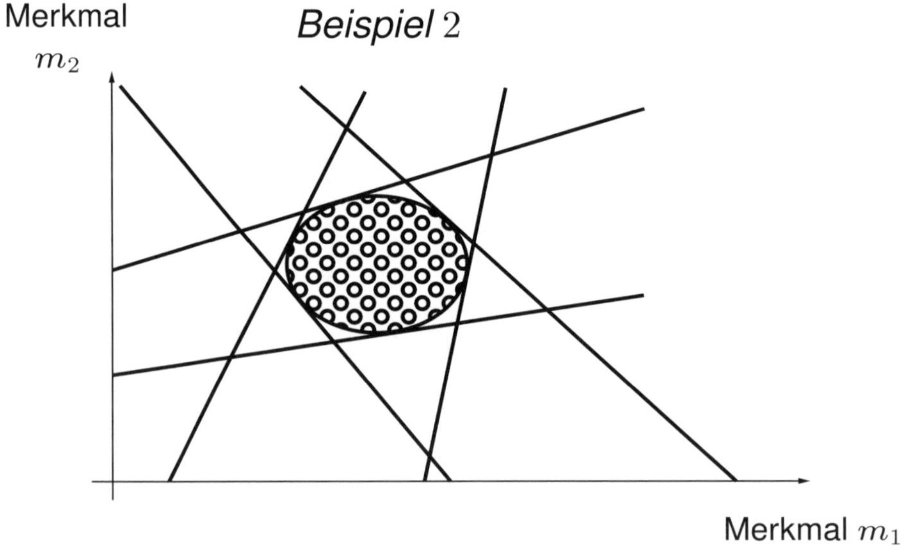
Beispiel 2
Merkmal m_2
Merkmal m_1

In der Praxis wird man die Art und die Lage der Cluster nicht immer kennen. Dann ist man darauf angewiesen auszuprobieren, welcher Netztyp der geeignetere ist. Ausprobieren muss man oftmals auch, welche

- Anzahl von versteckten Schichten und
- Anzahl von Neuronen pro Schicht

erforderlich sind.

Als Beispiel für eine Mustererkennung mit neuronalen Netzen wird die

- Suche von Lecks in Druckbehältern

betrachtet[1]. Solche Druckbehälter können

- chemische Reaktoren
- nukleare Reaktoren
- Pipelines
- etc.

sein. Die Erkennung von Lecks mit neuronalen Netzen hat sich insbesondere bei komplexen, zerklüfteten Oberflächenstrukturen als leistungsfähig erwiesen.

[1] Hessel, G.; Schmitt, W. und Weiss, F.-P.: A Neural-Network Approach for Acoustic Leak Monitoring in Pressurized Plants with Complicated Topologies. Control Eng. Practice 1996, Vol. 4, Nr. 9, S. 1271-1276.

Hier wird der Reaktorbehälterkopf VVER-440 des ehemaligen Kernkraftwerks Greifswald betrachtet. Er ist unten abgebildet.

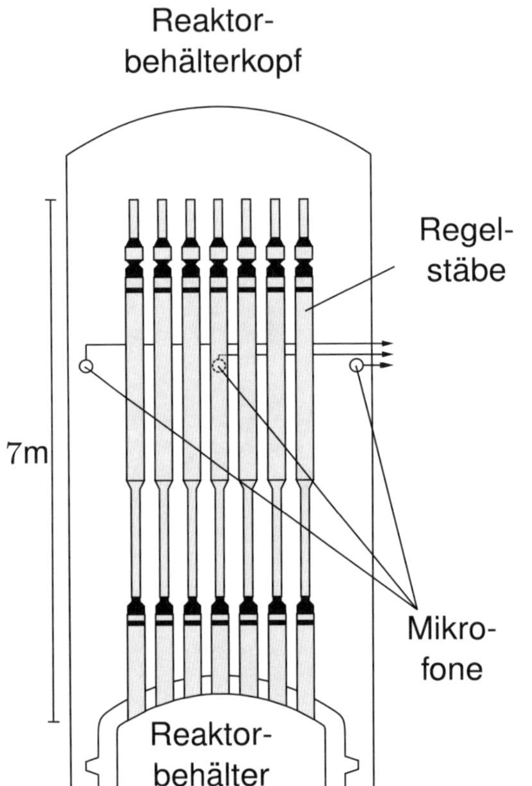

Der Reaktorkopfbehälter enthält die 37 Regelstäbe des Reaktors, die dazu dienen die Vervielfachungsrate der Neutronen, die die Kettenreaktion aufrechterhalten, auf den Wert 1 einzustellen. Die zugehörigen röhrenförmigen Behälter, in denen die Regelstäbe angeordnet sind, verfügen über ca. 100 Flansche. Diese Flansche sind prinzipiell leckgefährdet. Tritt ein solches Leck auf, so entweicht Dampf aus dem Primärkreislauf. Dieser Dampfaustritt ist mit einem entsprechenden Geräusch verbunden.

Ziel ist es nun, diese Geräuschquelle und damit das Leck mittels 12 Mikrofonen zu orten.

Aus jedem Mikrofonsignal s_i wird als für die Leckbestimmung wesentliches Merkmal die Standardabweichung über einem bestimmten Zeitraum hinweg extrahiert:

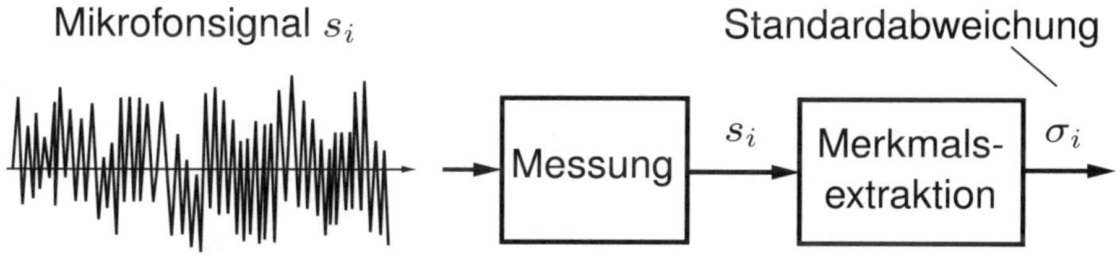

Die 12 Standardabweichungen σ_i der Mikrofonsignale bilden die Eingangswerte der Klassifizierung, die mittels eines MLP mit einer verdeckten Schicht durchgeführt wird. Das Netz hat zwei Ausgangsneuronen. Der eine Ausgangswert bestimmt die x-Position des Lecks, der andere die y-Position. Hierbei bezieht sich das xy-Koordinatensystem auf die Draufsicht des Reaktorbehälterkopfs, wie nachfolgendes Bild zeigt .

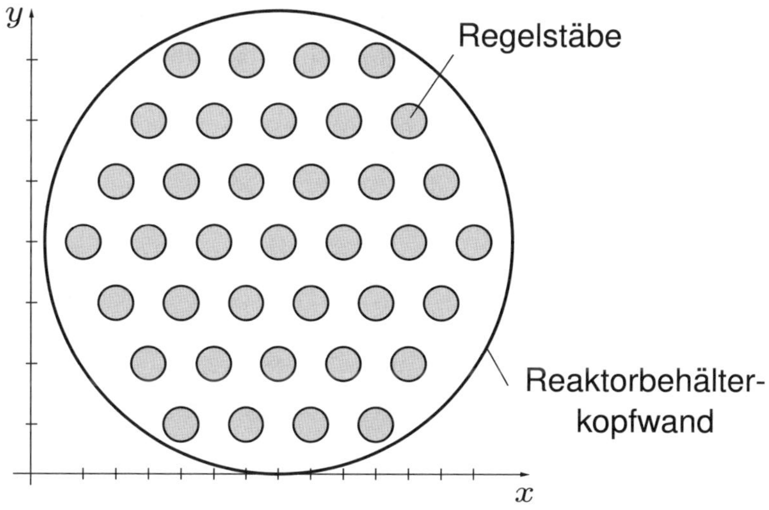

Die verdeckte Schicht des MLPs besitzt 20 Neuronen, wie es die nachfolgende Abbildung zeigt.

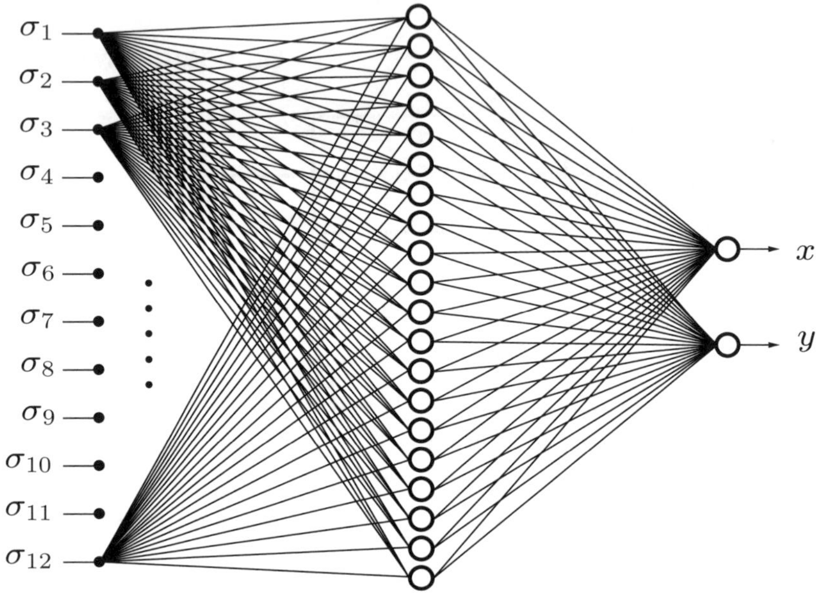

Aktivierungsfunktion ist sowohl in der versteckten Schicht als auch in der Ausgangsschicht der Tangens hyperbolicus:

$$
\begin{aligned}
f(z) &= \tanh(z) \\
&= \frac{e^z - e^{-z}}{e^z + e^{-z}}
\end{aligned}
$$

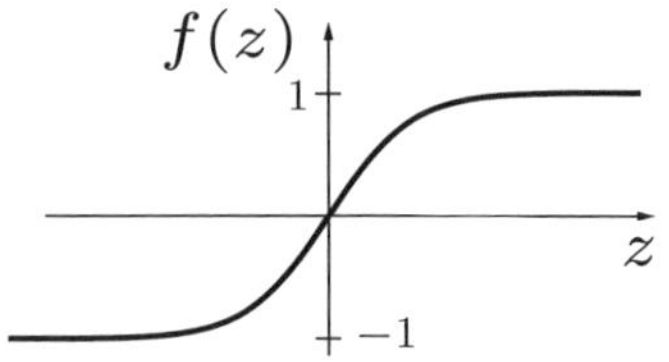

Die Lerndaten wurden erzeugt, indem man mittels eines mobilen Geräuschgenerators Lecks an bestimmten Positionen simulierte. Das so trainierte MLP erreichte eine hohe Leckerkennungs- und Leckortungsrate.

ABSCHNITT 2.6

Identifikation dynamischer Systeme

Bei der Modellierung und Identifikation dynamischer Systeme

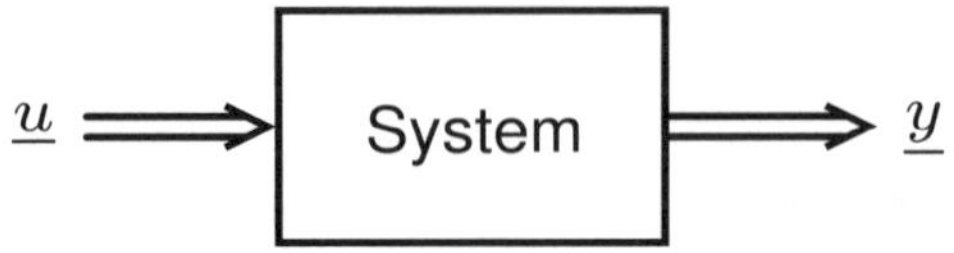

steht man vor zwei Aufgaben:

- der Bestimmung einer geeigneten Systemstruktur,
- der Bestimmung der Systemparameter.

Im Fall eines linearen Systems ist die Systemstruktur z. B. durch eine Übertragungsfunktion

$$G(s) = K \cdot \frac{(s+n_1)...(s+n_m)}{(s+p_1)...(s+p_n)}$$

gegeben. Die Systemparameter sind

$n_1, ..., n_m$ und $p_1, ..., p_n$ sowie K.

Bei nichtlinearen Systemen ist die Struktur durch die Systemordnung und die auftretenden Funktionen bzw. Funktionale bestimmt. Die Parameter sind die in diesen Funktionen und Funktionalen auftretenden Systemkonstanten. Ein Beispiel ist

$$\begin{aligned} \dot{x}_1 &= e^{-\frac{x_1+x_2}{a_1}} \cdot x_1 \\ \dot{x}_2 &= a_2 x_1 \cdot x_2 \\ y &= x_1 . \end{aligned}$$

Für die praktische Durchführung einer Modellbildung sind drei wichtige Fälle zu unterscheiden:

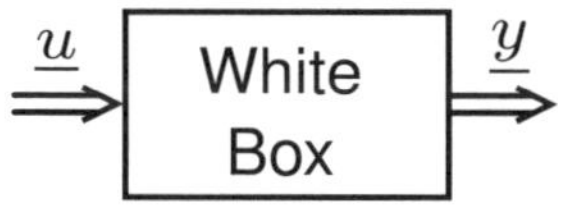

Bei „White-box models" sind sowohl die Systemstruktur als auch die Systemparameter exakt bekannt. Z.B. aufgrund einer physikalischen Modellbildung. (Beispiele: mechanische und elektrotechnische Systeme).

Bei „Grey-box models" sind Teile des Prozesses analytisch modellierbar. Über andere Teile des Prozesses besitzt man außer gemessenen Ein-/ Ausgangsdaten keine Kenntnis. (Beispiel: biotechnologische Prozesse).

Bei „Black-box models" ist für den betrachteten Prozess kein analytisch bestimmbares Modell oder Teilmodell verfügbar. Man verfügt lediglich über gemessene Ein-/ Ausgangsdaten. (Beispiele: meteorologische Prozesse, volkswirtschaftliche Prozesse).

„Grey-box models“ können in „black-box models“ und „white-box models“ zerlegt werden. Z.B. in die folgende Form:

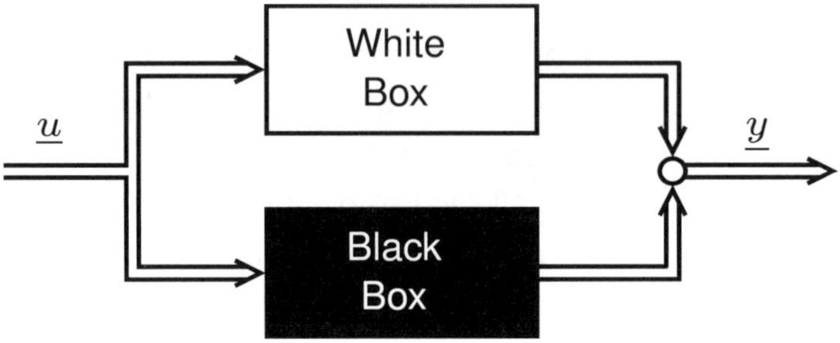

Die Erstellung eines „white-box models“ geschieht auf der Basis einer physikalischen Modellbildung. Die Erstellung eines „black-box model“ gestaltet sich schwieriger, da man keine physikalischen Kenntnisse über den Prozess besitzt, sondern lediglich über Messdatensätze

$$(\underline{u}_i, \underline{y}_i)$$

bzw. Messdatenverläufe

$$\Big(\underline{u}(i), \underline{y}(i)\Big)$$

verfügt. Es gibt nun Verfahren, mit denen man anhand der Messdaten ein „black-box model“ gewinnen kann.

Bei all diesen Identifikationsverfahren ist zuerst die Struktur des Modells festzulegen. Dies setzt eigentlich doch ein gewisses Wissen über den zu modellierenden Prozess voraus. Ist auch dieses nicht vorhanden, so ist man bei der Wahl der Struktur auf blindes Ausprobieren angewiesen.

Für den Fall eines linearen Modells, setzt man

$$y(k) = \sum_{i=1}^{n} a_i \cdot y(k-i) + \sum_{i=0}^{m} b_i \cdot u(k-i)$$
$$k = 0, 1, 2, 3...,$$

wobei hier der Einfachheit halber nur SISO-Systeme betrachtet werden. Bei MIMO-Systemen ist die Vorgehensweise ähnlich.

Im obigem Modell ist angenommen, dass die Ausgangsvariable $y(k)$ von n vorausgegangenen Ausgangswerten $y(k-i)$ und $m+1$ Eingangsgrößen $u(k-i)$ abhängt. Drei mögliche Fälle sind zu unterscheiden:

1. $a_i \neq 0, b_i \neq 0 \;\Rightarrow$ IIR-Modell oder ARX-Modell
   (infinite impulse response)
   (autoregressive with exogenous input)
2. $a_i \neq 0, b_i = 0 \;\Rightarrow$ AR-Modell
   (autoregressive)
3. $a_i = 0, b_i \neq 0 \;\Rightarrow$ FIR-Modell
   (finite impulse response)

Mittels eines geeigneten Identifikationsverfahrens (siehe Literaturverzeichnis) werden für obige linearen Modelle anhand der Messdaten die Parameter bestimmt.

Ist der Prozess nichtlinear, so muss man einen nichtlinearen Modellansatz wählen:

$$
\begin{aligned}
y(k) &= f\{y(k-1), ..., y(k-n), \\
&\qquad u(k), u(k-1), ..., u(k-m)\} \\
&\quad k = 1, 2, ...
\end{aligned}
$$

Wie beim linearen Modellansatz sind drei Fälle zu unterscheiden:

1. NIIR- oder NARX-Modell:
   (nonlinear infinite impulse response)
   (nonlinear autoregressive with exogenous input)

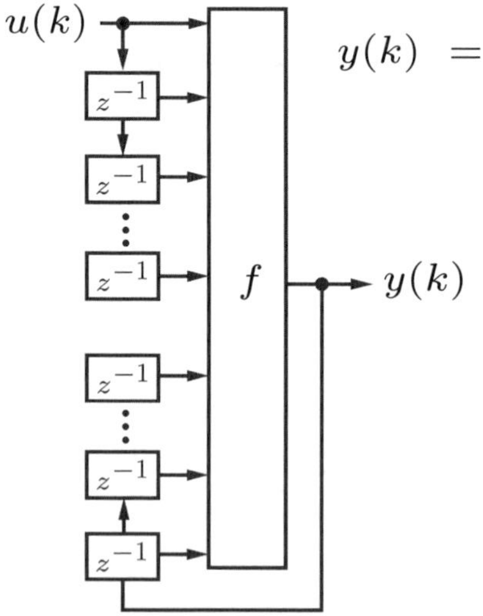

$$
\begin{aligned}
y(k) &= f\{y(k-1), ..., y(k-n), \\
&\qquad u(k), ..., u(k-m)\} \\
&\quad k = 1, 2, ...
\end{aligned}
$$

2. NAR-Modell:
   (nonlinear autoregressive)

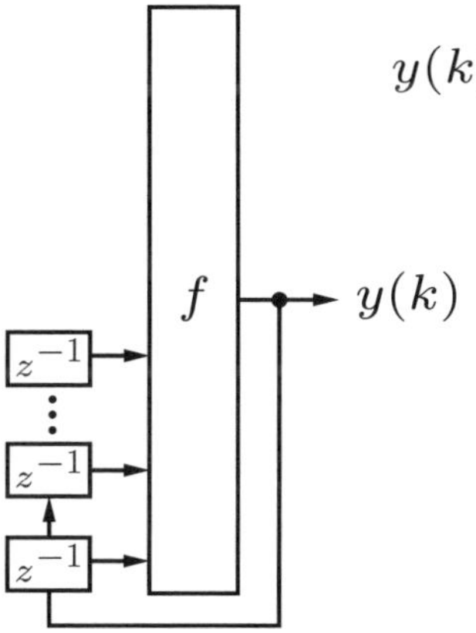

$$y(k) = f\{y(k-1), ..., y(k-n)\}$$
$$k = 1, 2, ...$$

3. NFIR-Modell:
   (nonlinear finite impulse response)

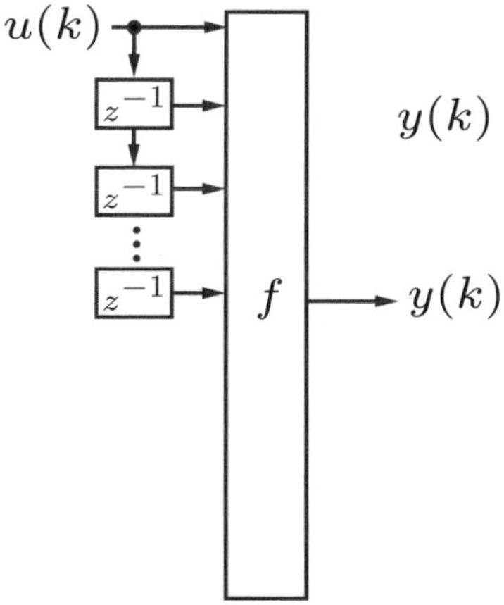

$$y(k) = f\{u(k), ..., u(k-m)\}$$
$$k = 1, 2, ...$$

Nach Auswahl des für die jeweilige nichtlineare Identifizierungsaufgabe passenden Modells (NIIR, NAR, NFIR) und der Ordnungen n und m ist die Funktion f zu ermitteln.

Zu diesem Zweck verwendet man geeignete Interpolationsfunktionen, deren Parameter aus den Datensätzen bestimmt werden.

Unter anderem eignen sich auch neuronale Netze – z. B. MLPs oder RBF-Netze – zur Nachbildung der Funktion f:

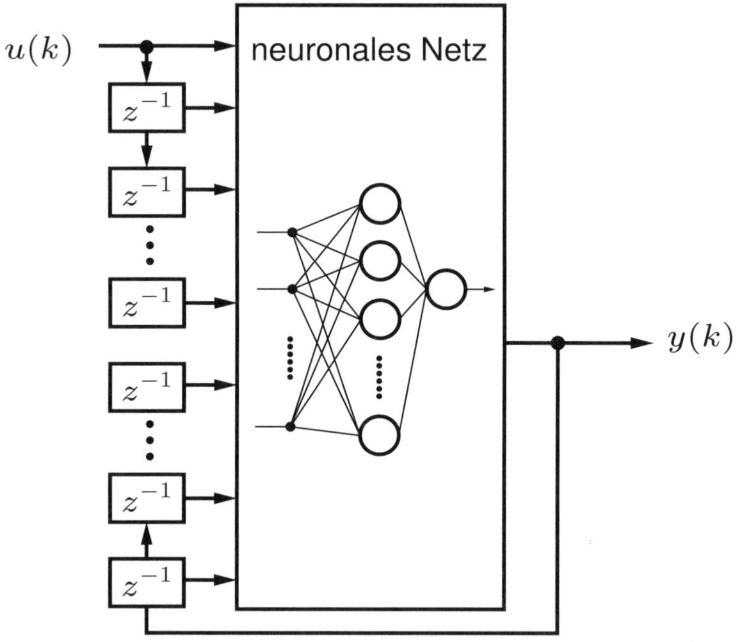

Welchen Netztyp man für die jeweils vorliegende Identifikationsaufgabe verwendet, hängt von dem zu identifizierenden System ab. In der Regel ist man auf ein Ausprobieren angewiesen. Dies gilt auch für die Anzahl der $n + m$ Eingänge und die Anzahl p der Neuronen in der versteckten Schicht. Diesbezüglich lassen sich allerdings grobe Faustregeln angeben.

Regel 1: Die Anzahl m der zurückliegenden Eingangswerte ist gleich der Anzahl n der rückgekoppelten Ausgänge in Falle eines NARX-Modells:

$$\boxed{m = n}$$

Regel 2: Sei die Abtastzeit T gemäß dem Abstasttheorem von Shannon gewählt. D.h. alle Eigenbewegungen des Systems werden rekonstruierbar erfasst. T_B sei die Beruhigungszeit des Systems, also die Zeit in der alle Eigenbewegungen abgeklungen sind (siehe Bild). Dann wählt man:

$$\boxed{n \approx \frac{T_B}{T}}$$

Dadurch ist sichergestellt, dass alle relevanten Werte $y(k-i)$ berücksichtigt sind.

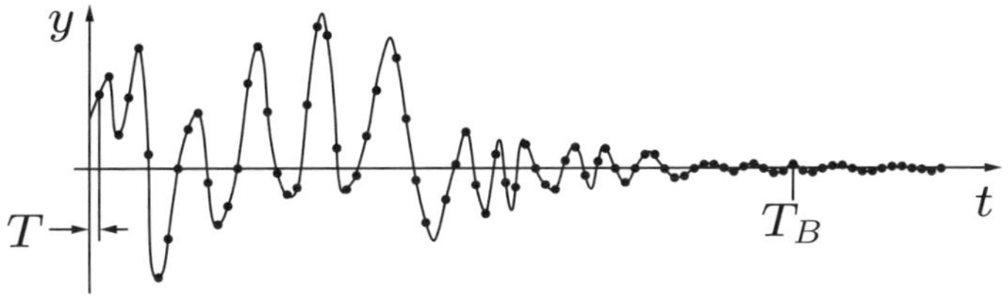

Regel 3: Die Anzahl p der Neuronen in der versteckten Schicht ist abhängig von der Komplexität des Systems. Je größer sie ist, desto größer muss p sein. Prinzipiell gilt bei l Trainingsdaten $p < l$ und wenn möglich sogar:

$$\boxed{p \ll l}$$

Nach der Festlegung des Netztyps und der Netzstruktur wird das Netz anhand der Messdaten trainiert, wobei eine Auftrennung in Lerndaten und Validierungsdaten erfolgen muss.

Das Training kann mittels Backpropagation, RPROP oder einem anderem Verfahren erfolgen. Nach dem Training muss das Ergebnis auf seine Tauglichkeit überprüft werden. In der Regel ist dann die Netzstruktur mit dem Ziel einer Verbesserung (oder auch Verkleinerung) des Netzes zu ändern. Diese Schritte sind so oft zu wiederholen, bis man mit dem Ergebnis zufrieden ist:

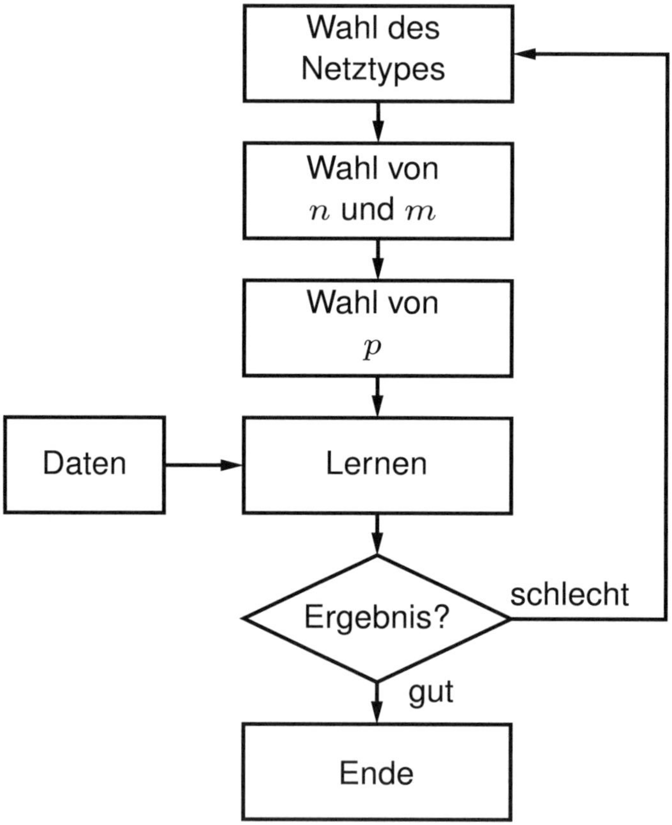

Als Beispiel für die Identifikation eines nichtlinearen dynamischen Systems mittels eines NARX-Modells mit MLP wird ein Rührkesselreaktor betrachtet[1].

In den dargestellten Reaktor wird fortwährend ein Stoff A eingebracht.

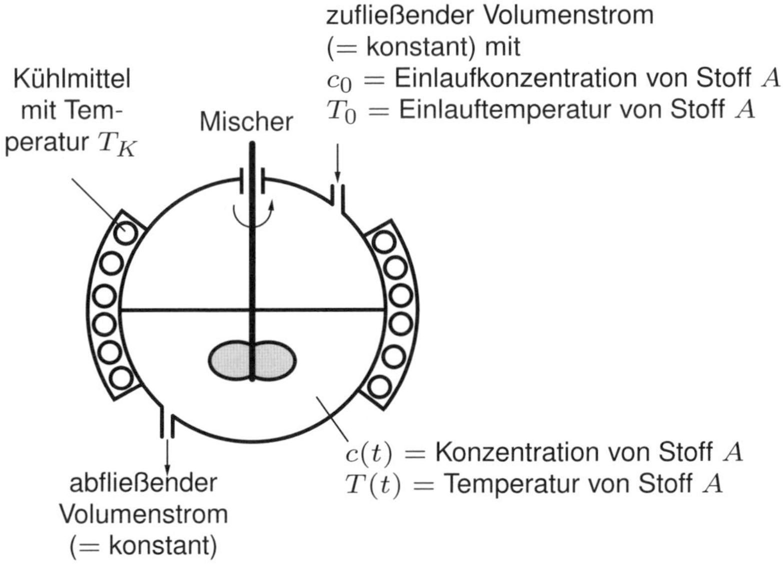

Dieser Stoff wird im Reaktor katalytisch zerlegt, wobei Energie frei wird. Zur Kühlung wird daher in der Außenwandung ein Kühlmittel mit der einstellbaren Temperatur T_K verwendet.

[1] Schultz, J.: „Eine Strategie zur Gewinnung Neuronaler Modelle für nichtlineare, dynamische Systeme.“ VDI-Bericht Nr. 1282, 1996, S. 733-742.

Über T_K lässt sich die Zerlegung des Stoffes A beeinflussen. Im Reaktor hat er die Konzentration c und die Temperatur T.

Für den Reaktor lässt sich mit dem Zustandsvektor

$$\underline{x} = \begin{bmatrix} c \\ T \end{bmatrix} \qquad \text{und} \qquad u = T_K$$

auf Basis der Material- und Enthalpiebilanz das folgende „white-box model“ aufstellen:

$$\dot{\underline{x}} = \begin{bmatrix} -0.957 & a_{12}(\underline{x}) \\ -0.323 & a_{22}(\underline{x}) \end{bmatrix} \underline{x} + \begin{bmatrix} 0 \\ 1.548 \end{bmatrix} u$$

mit

$$a_{12}(\underline{x}) = \begin{cases} b_1(\underline{x})(e^{b(x_2)} - 6.568 \cdot 10^{-15}) & , x_2 \neq 0 \\ 21.449(0.279 - x_1) & , x_2 = 0 \end{cases}$$

$$a_{22}(\underline{x}) = 0.468 a_{12}(\underline{x}) - 1.815$$

$$b_1(\underline{x}) = \frac{1.05 \cdot 10^{14}(0.279 - x_1)}{x_2}$$

$$b(x_2) = \frac{-34.289}{1.05 + x_2}.$$

Es soll nun mittels eines MLP ein diskretes NARX-Modell bestimmt werden. Als Ansatz wird

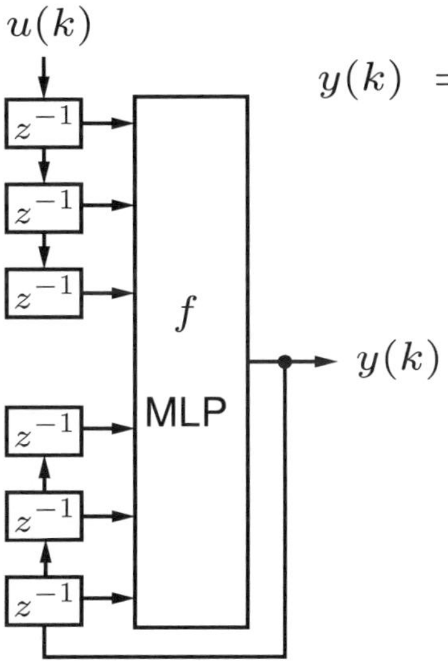

$$\begin{aligned} y(k) &= f\{y(k-1), y(k-2), y(k-3), \\ &\quad u(k-1), u(k-2), u(k-3)\} \end{aligned}$$

gewählt. Eingangsgröße ist

$$u = T_K$$

und Ausgangsgröße

$$y = x_2 = T.$$

Für das MLP werden

- 2 versteckte Schichten mit
- je 6 Neuronen

gewählt.

Aus praktischer Sicht ist die Modellierung mittels eines neuronalen Netzes natürlich nicht sinnvoll, da man über ein physikalisches Prozessmodell verfügt. Dieses Beispiel ermöglicht aber einen Vergleich zwischen physikalischem und neuronalem Modell und somit eine Bewertung der Genauigkeit des letzteren.

Trainiert wird das Netz anhand von 1255 Messdaten über ca. 1100 Lernschritte. Die nachfolgenden Bilder zeigen den Verlauf der Reaktortemperatur T beider Modelle und ihre Differenz.

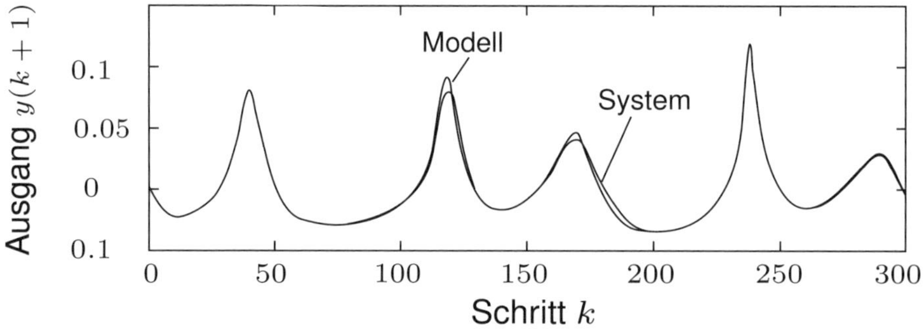

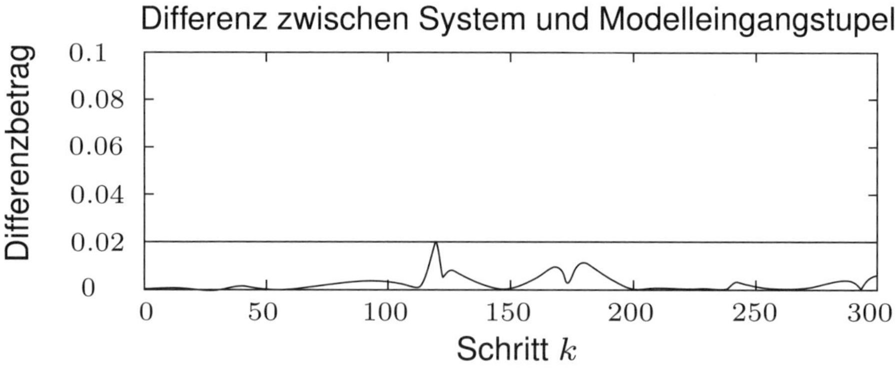

ABSCHNITT 2.7

Regelungen mit neuronalen Netzen

Neuronale Netze können – geeignet trainiert – zum Aufbau von Regelungen verwendet werden. Wie im Fall von Fuzzy-Control bilden sie dabei statische nichtlineare Kennfeldregler.

Bei der „direkten neuronalen Regelung“ bildet das neuronale Netz den Regler, so wie es nachstehendes Bild illustriert:

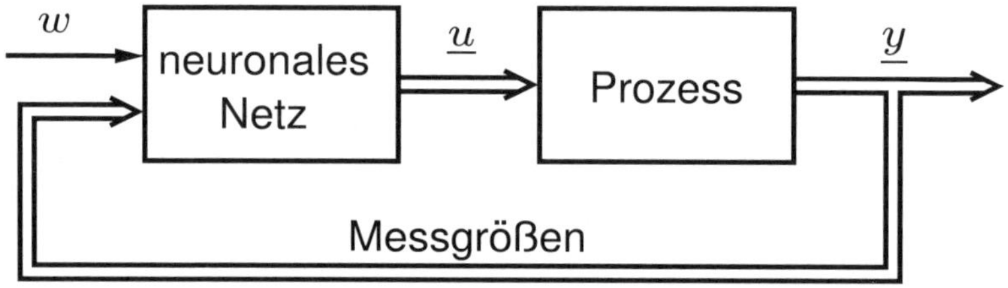

Aus regelungstechnischer Sicht ist eine solche neuronale Regelung nicht unproblematisch. Denn

- die Stabilität ist nicht oder nur schwer nachweisbar,
- das Training des Netzes ist aufwendig und komplex und
- die Arbeitsweise des Netzes ist nicht transparent.

Sinnvoll sind solche Regelungen daher im Allgemeinen nur bei komplexen Regelungsaufgaben, die klassisch nicht befriedigend oder nur mit sehr hohem Aufwand lösbar sind.

Ein Beispiel für eine solche Regelung ist die kamerageführte automatische Lenkung eines PKWs. Das Bild zeigt das Prinzip.

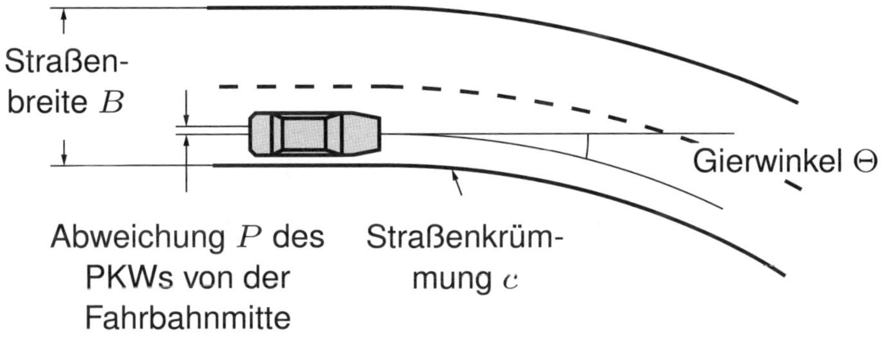

Ziel ist es, das Fahrzeug ohne Lenkeingriff des Fahrers auf der Fahrbahnmitte zu halten. Zu diesem Zweck werden über eine CCD-Kamera und eine nachgeschaltete Bildverarbeitung die Größen B, P, Θ und c bestimmt und ein neuronales Netz ermittelt aus ihnen die erforderliche Lenkgeschwindigkeit $\dot{\varphi}$. Das nachfolgende Bild illustriert die Regelung.

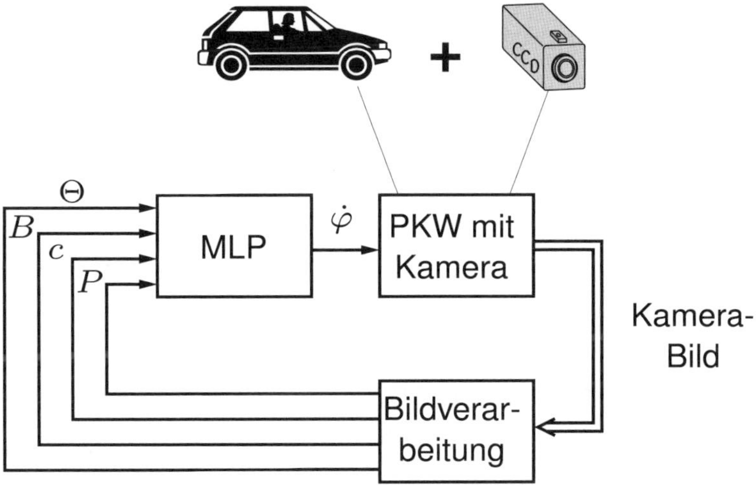

Neuronale Netze können auch genutzt werden, um einen konventionellen Regler zu ergänzen. Beispielsweise um ein Kennfeld oder ein inverses Kennfeld nachzubilden:

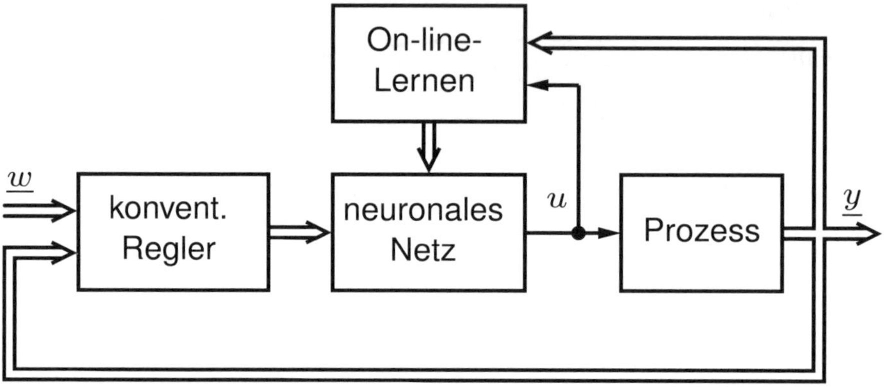

Dabei kann das neuronale Netz auch on-line, d. h. während des Prozessbetriebes nachtrainiert werden, um Prozessänderungen durch eine passende Veränderung des Netzes zu begegnen.

Das On-line-Training des Netzes ist allerdings aus folgenden Gründen nicht unproblematisch:

- Es ist nur schwer zu überwachen, wie sich der Regelkreis nach einer Änderung des Netzes verhält. Schlimmstenfalls wird er instabil.
- Es ist nicht immer sichergestellt, ob sich eine Verbesserung ergibt.

Daher ändert man die Netzgewichte im allgemeinen nur innerhalb bestimmter Grenzen, die eine Abschätzung des Regelkreisverhaltens erlauben.

Eine Reihe weiterer Anwendungen neuronaler Netze in Regelungen ist möglich. Insbesondere immer da, wo nur unstrukturiertes Wissen oder Teilwissen im Form von Datensätzen vorliegt. Ein wichtiges Beispiel ist die Ergänzung eines konventionellen Reglers durch ein neuronales Netz wie unten gezeigt.

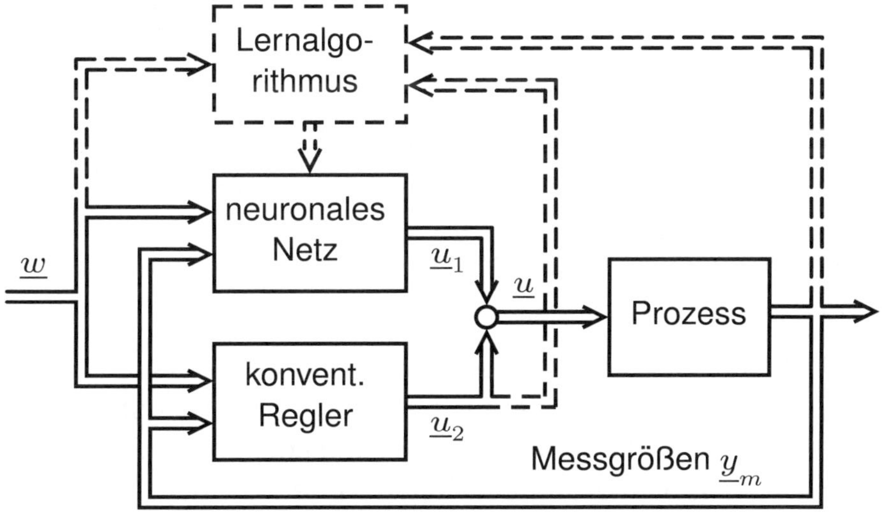

Der konventionelle Regler mit

$$\underline{u}_2 = \underline{g}(\underline{x}, \underline{w})$$

bildet den Basisregler, mit dem der Prozess auch ohne die neuronale Komponente stabil geregelt würde. Man kann ihn z. B. auf Basis eines linearen oder linearisierten Modells als linearen Zustandsregler

$$\underline{u}_2 = \underline{w} - \underline{K}\,\underline{x}$$

auslegen.

Das neuronale Netz ergänzt diesen Basisregler durch sein trainierbares Verhalten

$$\underline{u}_1 = \underline{f}(\underline{x}, \underline{w}),$$

so dass

$$\underline{u} = \underline{g}(\underline{x}, \underline{w}) + \underline{f}(\underline{x}, \underline{w})$$

gilt.

Stellt also der konventionelle Regler eine Basis-Regelgüte sicher, so dient das neuronale Netz zur weiteren Verbesserung der Regelgüte. Trainiert man das Netz dabei geeignet, so lässt sich die Regelgüte durch den Lernprozess mit der Zeit verbessern.

Prädestiniert ist diese Art der Regelung für Regelstrecken, die man nicht exakt modellieren kann. Ein Näherungsmodell ist aber erstellbar, anhand dessen man den konventionellen Regler entwirft. Die Optimierung der Regelung erfolgt mittels des trainierbaren Netzes.

Als Beispiel für eine Regelung dieser Art wird die Regelung eines Telemanipulators[1] aus der Minimal Invasiven Chirurgie betrachtet.

[1] Englert, M.; de Klerd, R. und Trapp, R.: Lageregelung eines nichtlinearen elastisch gekoppelten Zweimassensystems mittels neuronalem Netz. at 11/97, S. 537-546.

Die Regelstrecke ist ein Manipulator, der aus fünf Gelenken besteht, die miteinander verkoppelt sind. Bewegt wird nur das erste Gelenk. Die anderen Gelenke bewegen sich zwangsgeführt mit. Die Kopfachse $\tilde{z}$ kann so um bis zu 150° geneigt werden.

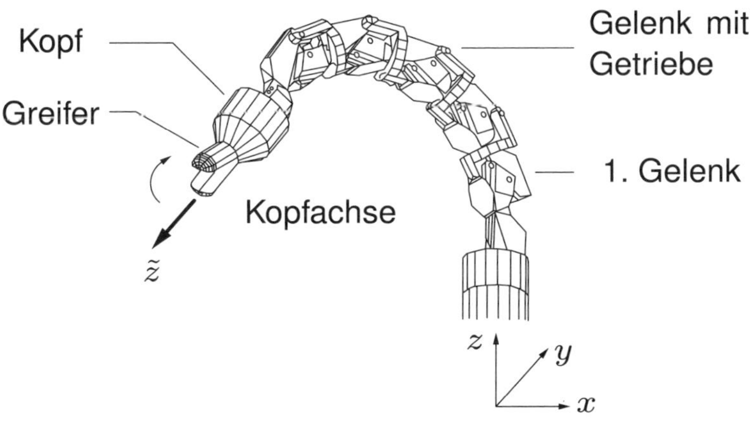

Die Bewegungssteuerung des ersten Gelenks erfolgt mittels Zug- bzw. Druckstangen. Näherungsweise kann man sich den Gelenkmechanismus als gekoppeltes Zweimassensystem vorstellen, bei dem der Antrieb des ersten Gelenkes über eine Torsionsfeder mit dem Kopf verbunden ist.

Nachfolgendes Bild zeigt ein mechanisches Ersatzmodell:

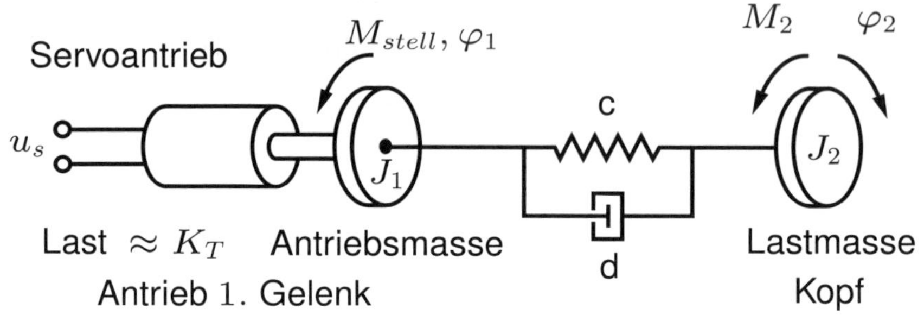

J_1 und J_2 sind die Trägheitsmomente von Antrieb und Last. Die Winkel φ_1 und φ_2 bilden die Winkel des 1. Gelenks und des Kopfes mit der z-Achse des festen Koordinatensystems:

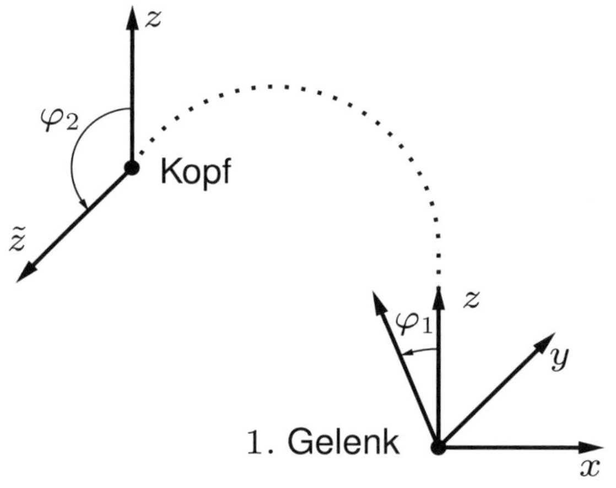

Im mechanischen Idealfall ist das Ersatzmodell durch ein lineares System modellierbar:

$$\underline{\dot{x}} = \begin{bmatrix} -\frac{d}{J_1} & -\frac{c}{J_1} & \frac{d}{J_1} & \frac{c}{J_1} \\ 1 & 0 & 0 & 0 \\ \frac{d}{J_2} & \frac{c}{J_2} & -\frac{d}{J_2} & -\frac{c}{J_2} \\ 0 & 0 & 1 & 0 \end{bmatrix} \underline{x} + \begin{bmatrix} \frac{K}{J_1} & 0 \\ 0 & 0 \\ 0 & -\frac{1}{J_2} \\ 0 & 0 \end{bmatrix} \underline{u}$$

mit

$$\underline{x} = [\dot{\varphi}_1 \; \varphi_1 \; \dot{\varphi}_2 \; \varphi_2]^T \text{ und } \underline{u} = [u_s \; M_2]^T \, .$$

Das entsprechende Schaltbild ist:

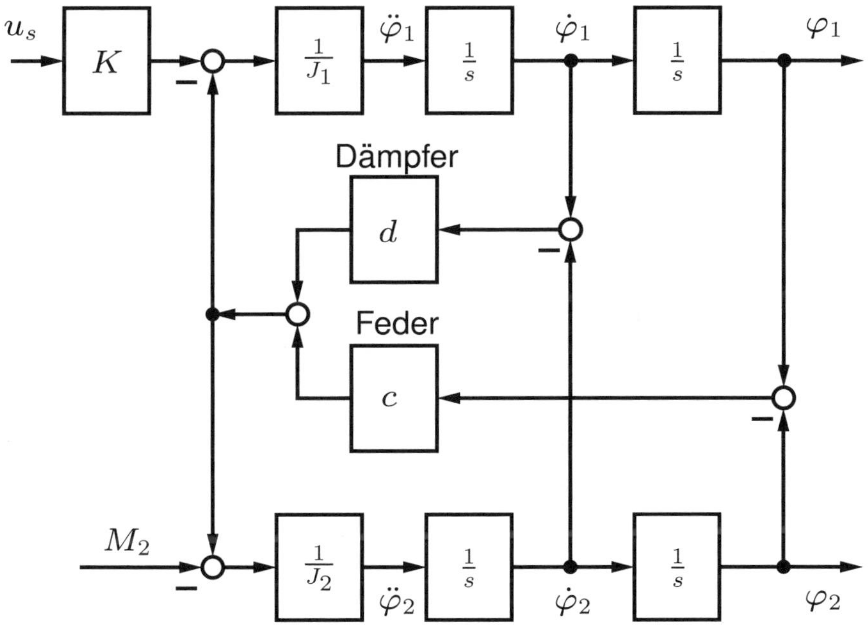

Hierbei sind parasitäre, aber nicht vernachlässigbare Nichtlinearitäten noch nicht berücksichtigt:

- Lose in den Gelenkgetrieben, d. h. Lose in der Kopplung zwischen den Massen im Ersatzmodell,
- Haftreibung,
- Coulombsche (trockene) Reibung,
- viskose Reibung.

Mittels des linearen Ersatzmodells wird nun ein linearer Regler

$$e = V \cdot \varphi_{1,soll} - [k_1 k_2] \begin{bmatrix} \varphi_1 \\ \dot{\varphi}_1 \end{bmatrix} \tag{1}$$

auf Basis der messbaren Zustandsgrößen $x_1 = \varphi_1$ und $x_2 = \dot{\varphi}_1$ entworfen.

Ein parallel geschaltetes neuronales Netz ergänzt den Regler und wird on-line trainiert. Das Training erfolgt, indem die Stellgröße – respektive die Regelabweichung e – des linearen Reglers Gl. (1) als zu minimierender Gütewert genutzt wird. Die Regelung wird so mit zunehmender Trainingszeit immer besser werden.

Dabei wird

$$e = V \cdot \varphi_{1,soll} - (k_1 \cdot \varphi_1 + k_2 \cdot \dot{\varphi}_1)$$

als verallgemeinerte Regelabweichung minimiert. Nachfolgendes Bild zeigt die Struktur des Regelkreises.

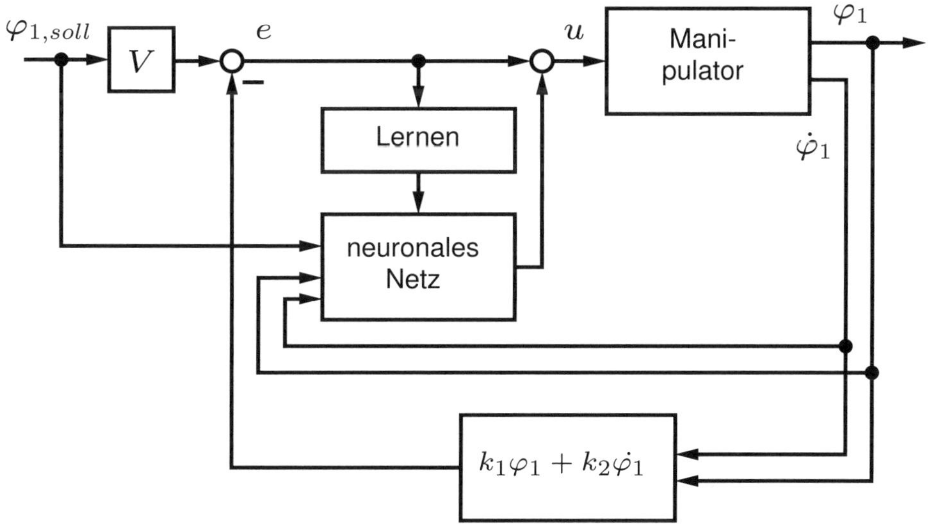

Als neuronales Netz wird ein

- MLP mit
- 3 Eingangsneuronen,
- 1 versteckte Schicht mit 15 Neuronen und
- 1 Ausgangsneuron

verwendet. Das Training erfolgt mit dem Backpropagation-Algorithmus.

Nachfolgende Simulationen zeigen die durch das neuronale Netz erzielten Verbesserungen:

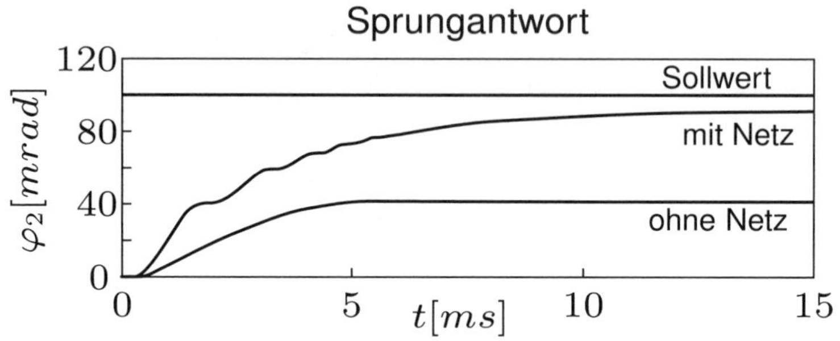

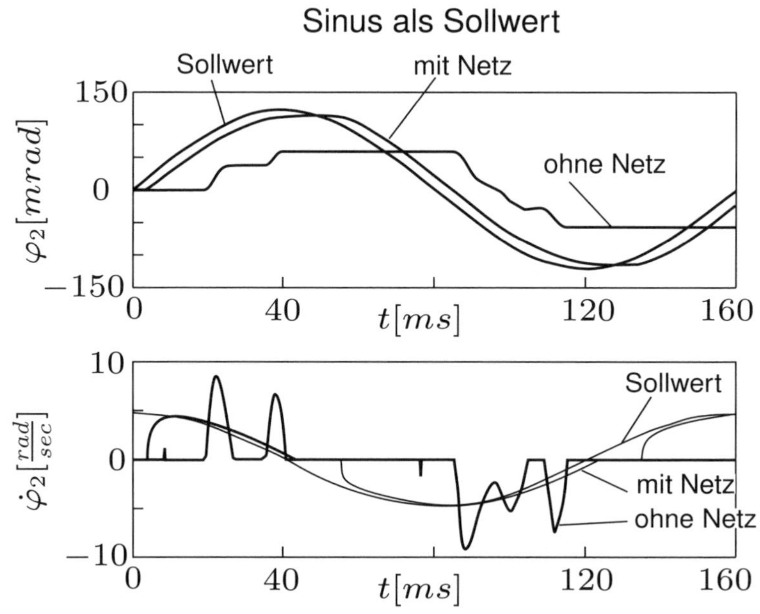

Die Fähigkeit der Regelung, sich selbst zu optimieren – sich der Regelstrecke anzupassen –, impliziert auch ein adaptives Verhalten. Ändern sich die Streckenparameter, so wird das neuronale Netz die Regelung entsprechend anpassen.

ABSCHNITT 2.8

Interpolation und Approximation

Neuronale Netze stellen, wie bereits beschrieben, universelle Approximatoren bzw. Interpolationsoperatoren dar, mit denen es möglich ist, nichtlineare Zusammenhänge

$$y = f(\underline{x})$$

nachzubilden. Es gibt weitere Möglichkeiten zur Interpolation bzw. Approximation funktionaler Zusammenhänge, z. B.

- algebraische Polynome,
- kubische Splines oder die
- verallgemeinerte Mittelwertbildung.

Daher stellt sich die Frage, ob und inwieweit diese Methoden mit Neuronalen Netzen verwandt sind. Es ist zwischen Interpolationsaufgaben und Approximationsaufgaben zu unterscheiden.

Die Interpolation legt eine (möglichst glatte) Kurve exakt durch eine Anzahl von (meist wenigen) Stützpunkten. Die Approximation dagegen findet eine Ausgleichskurve durch die Umgebung von (meist vielen) Stützstellen, so dass die Summe aller Abstände der Stützstellen von der Kurve möglichst klein ist. Nachfolgende Bilder illustrieren beide Situationen.

Interpolation

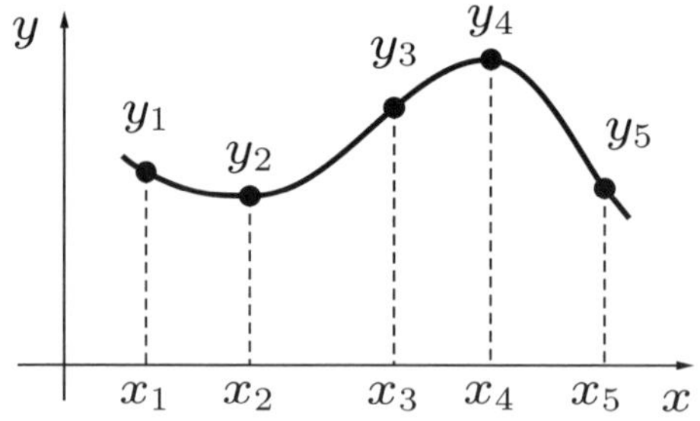

Approximation

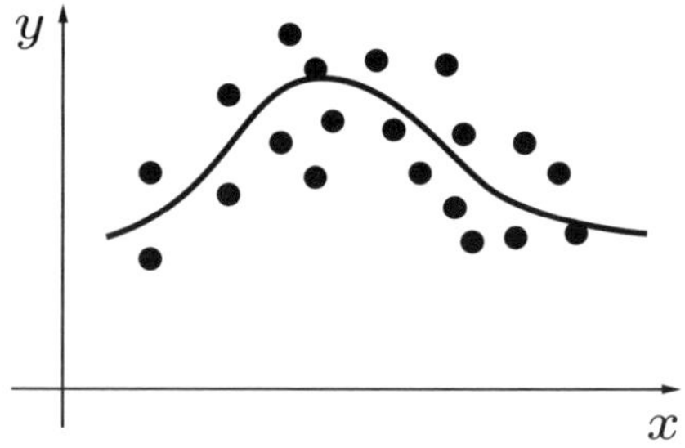

Eine der gebräuchlichsten Methoden der nichtlinearen Interpolation und Approximation bilden Polynomansätze:

$$
\begin{aligned}
y(\underline{x}) &= a_0 + \sum_{i=1}^{n} a_i x_i + \sum_{i,j=1}^{n} a_{ij} x_i x_j \\
&\quad + \sum_{i,j,k=1}^{n} a_{ijk} x_i x_j x_k + \ldots
\end{aligned}
$$

Die Koeffizienten a_i, a_{ij}, a_{ijk}, ... können mittels verschiedener Methoden bestimmt werden.

Es gibt nun einen interessanten Zusammenhang zwischen Multilayer-Perzeptrons und solchen mehrdimensionalen Polynomen. Um ihn aufzudecken, betrachtet man ein MLP mit einer verdeckten Schicht mit Fermi-Aktivierungsfunktionen und einem linearen Ausgabeneuron:

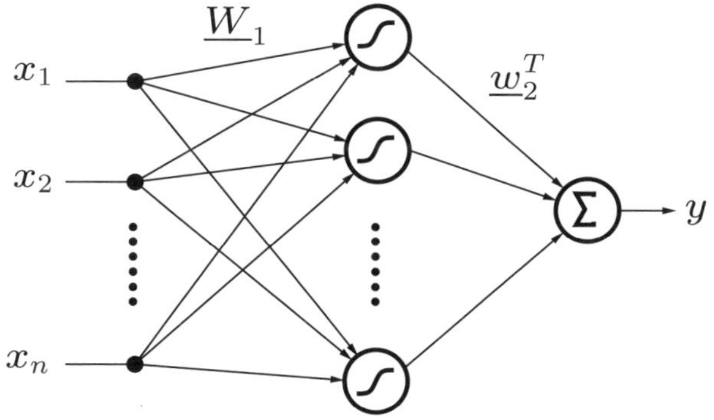

Für das Eingangs-/Ausgangsverhalten gilt

$$\hat{y} = \underline{w}_2^T \cdot \underline{f}(\underline{W}_1 \cdot \underline{x} + \underbrace{\underline{b}}_{\text{Bias}}) = \underline{w}_2^T \begin{bmatrix} \frac{1}{1+e^{-\underline{w}_{1,1}^T \cdot \underline{x} + b_1}} \\ \vdots \\ \frac{1}{1+e^{-\underline{w}_{1,p}^T \cdot \underline{x} + b_p}} \end{bmatrix} . \quad (1)$$

Man entwickelt die Aktivierungsfunktion nun in eine Taylorreihe:

$$\frac{1}{1+e^{-z_i}} = \frac{1}{2} + \frac{1}{4} z_i - \frac{1}{48} z_i^3 + \frac{1}{480} z_i^5 + \ldots$$

Setzt man diese Reihe in Gleichung (1) ein, so gilt:

$$\begin{aligned} \hat{y} &= w_{2,1} \cdot \big(\tfrac{1}{2} + \tfrac{1}{4}(w_{1,11}x_1 + \ldots + w_{1,1n}x_n + b_1) \\ &\quad - \tfrac{1}{48}(w_{1,11}x_1 + \cdots + w_{1,1n}x_n + b_1)^3 + \cdots \big) + \cdots \\ &= a_0 + \sum_{i=1}^{n} a_i x_i + \sum_{i,j=1}^{n} a_{ij} x_i x_j \\ &\quad + \sum_{i,j,k=1}^{n} a_{ijk} x_i x_j x_k + \ldots \end{aligned}$$

Als Ergebnis erhält man also folgenden Sachverhalt:

> Der funktionale Zusammenhang $y = f(\underline{x})$ eines MLPs mit einer versteckten Schicht mit Fermi-Neuronen und einem linearen Ausgangsneuron entspricht einer unendlichen Polynomreihe.

Auch für RBF-Netze lässt sich eine Verbindung zu einer klassischen Interpolations - bzw. Approximationsmethode herleiten. Und zwar zu der

- Methode der verallgemeinerten Mittelwertbildung.

Ausgangspunkt dieser Methode ist für die r Stützpunkte

$$(\underline{x}_i, \underline{y}_i)$$

der (hier eindimensionale) arithmetische Mittelwert

$$\overline{y} = \frac{y_1 + y_2 + \ldots + y_r}{r}.$$

Er bildet eine Ausgleichsgerade bzw. Hyperfläche durch die Stützstellen, die parallel zur x-Achse bzw. $\underline{x}$-Hyperfläche liegt. Das Bild illustriert dies für den eindimensionalen Fall.

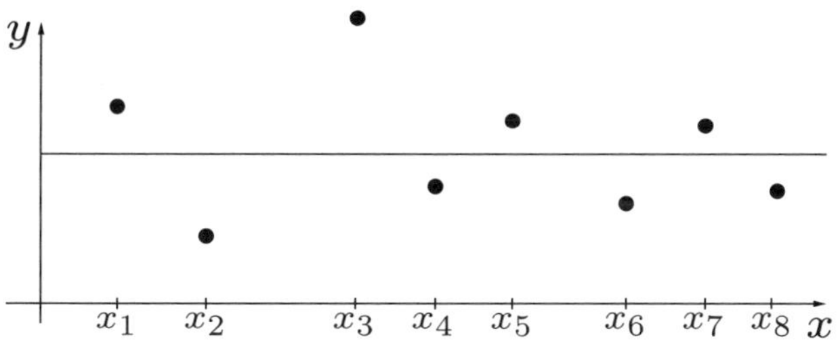

Diese Approximation ist allerdings sehr schlecht. Sie lässt sich jedoch auf einfache Weise verbessern, wenn man anstelle des arithmetischen Mittelwertes den gewichteten Mittelwert verwendet.

Im gewichteten Mittelwert

$$y = \frac{d_1 y_1 + d_2 y_2 + \ldots + d_r y_r}{d_1 + d_2 + \ldots + d_r} = \frac{\sum\limits_{i=1}^{r} d_i y_i}{\sum\limits_{i=1}^{r} d_i} \tag{1}$$

werden nun die Gewichte d_i von$(\underline{x} - \underline{x}_i)$ abhängig gemacht:

$$d_i = d_i(\underline{x} - \underline{x}_i).$$

Dies geschieht so, dass

$$d_i(\underline{x}_j - \underline{x}_i) \approx 0 \qquad \text{für alle} \quad i \neq j \qquad \text{und}$$

$$d_i(\underline{x}_i - \underline{x}_i) = 1$$

gilt. Dann ist nämlich die Gleichung (1) gerade zu

$$y \approx \frac{d_i \cdot y_i}{d_i} = y_i \qquad \text{für} \quad \underline{x} = \underline{x}_i$$

reduziert. Die Approximationsfunktion (1) geht mit diesen Gewichten d_i jeweils näherungsweise durch die Stützstellen.

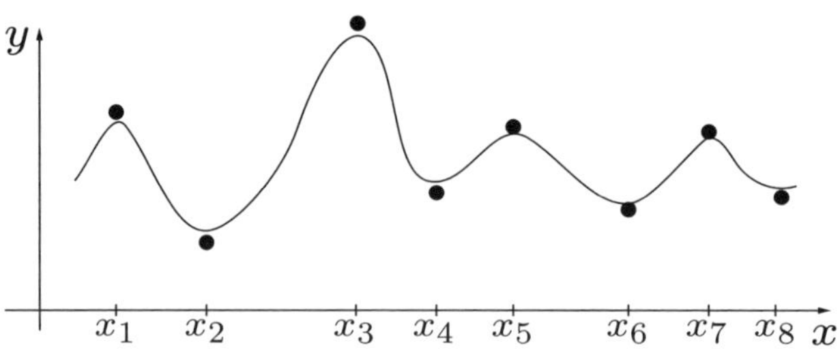

Für die Realisierung der Forderungen

$$d_i(\underline{x}_j - \underline{x}_i) \;\approx\; 0 \qquad \text{für alle} \quad i \neq j \qquad \text{und}$$

$$d_i(\underline{x}_i - \underline{x}_i) \;=\; 1$$

gibt es verschiedene Möglichkeiten. Beispielsweise die verschobene Gauß-Funktion

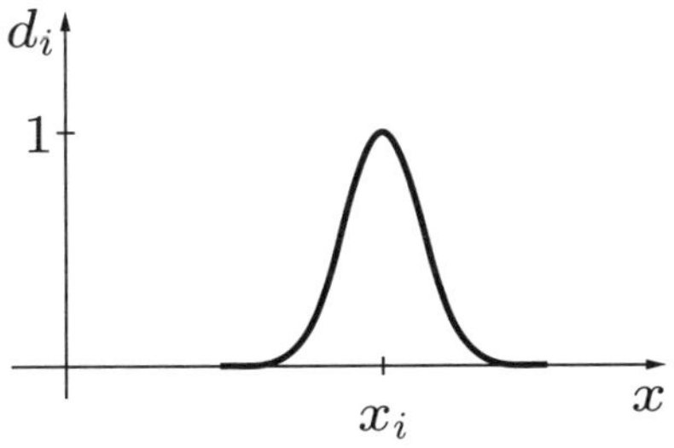

$$d_i \;=\; e^{-\frac{||\underline{x}-\underline{x}_i||^2}{2\sigma_i^2}} .$$

Die Gauß-Glocke selektiert in der verallgemeinerten Mittelwertbildung für $\underline{x} = \underline{x}_i$ den jeweiligen y_i-Wert. Der Wert von σ_i bestimmt, ob eine Interpolation oder eine Approximation vorliegt.

Für große Werte σ_i hat das Ergebnis mehr approximierenden, für kleine Werte σ_i mehr interpolierenden Charakter. Setzt man die Koeffizienten $d_i = e^{-\frac{||\underline{x}-\underline{x}_i||^2}{2\sigma_i^2}}$ in die Mittelwertgleichung

$$y = \frac{\sum\limits_{i=1}^{r} d_i y_i}{\sum\limits_{i=1}^{r} d_i}$$

ein, so gilt

$$y(\underline{x}) = \frac{\sum\limits_{i=1}^{r} y_i e^{-\frac{||\underline{x}-\underline{c}_i||^2}{2\sigma_i^2}}}{\sum\limits_{i=1}^{r} e^{-\frac{||\underline{x}-\underline{c}_i||^2}{2\sigma_i^2}}}.$$

Ein solcher Zusammenhang lässt sich auch über ein normiertes RBF-Netz realisieren:

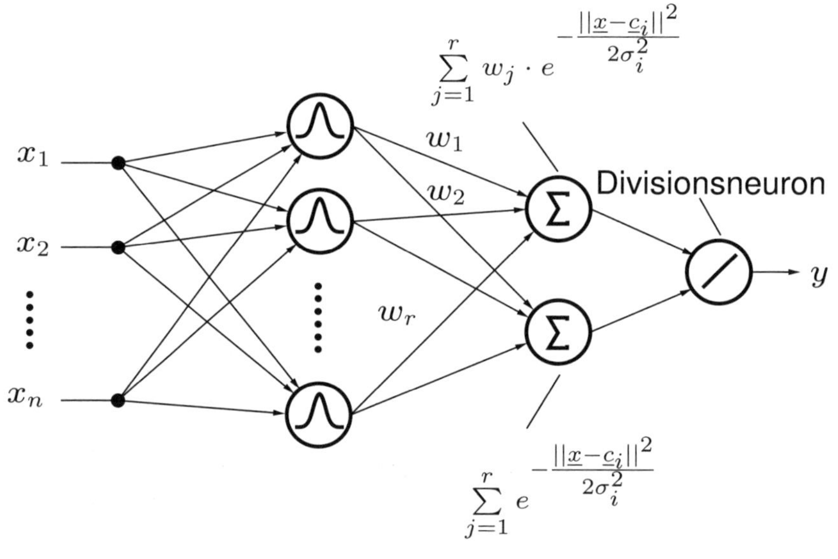

Ein normiertes RBF-Netz und die Approximationsfunktion der verallgemeinerten Mittelwertbildung sind also in ihrer Struktur identisch.

An dieser Stelle kann eine Querverbindung zur Fuzzy-Logik gezogen werden. Es lässt sich zeigen, dass auch mit einem Fuzzy-System dieselbe Struktur in der Ein-/Ausgabefunktion

$$y = f(\underline{x})$$

erzeugbar ist, wie sie die Approximationsfunktion der verallgemeinerten Mittelwertbildung besitzt. Dies ist gerade dann der Fall, wenn man

- als Zugehörigkeitsfunktionen für die Eingangsgrößen Gauß-Funktionen $\mu_{ij}(x_i) = e^{-\frac{(x_i - c_{i,j})^2}{2\sigma^2}}$,
- das algebraische Produkt und die algebraische Summe als Und- und Oder-Operatoren,
- Akkumulation mit der normalen Summe
- als Zugehörigkeitsfunktionen für die Ausgangsgröße Singletons und
- als Defuzzifizierungsmethode COA

wählt.

Des Weiteren soll jeweils

- nur eine Regel auf ein Singleton an der Position y_{sk}

wirken.

Für die einzelnen Elemente dieses Fuzzy-Systems gilt dann:

Fuzzifizierung:
$$\mu_{ij}(x_i) = e^{-\frac{(x_i - c_{i,j})^2}{2\sigma^2}}.$$

Aggregation:
$$\begin{aligned}\mu_{agg,k}(\underline{x}) &= \prod_{i=1}^{n} e^{-\frac{(x_i - c_{i,j})^2}{2\sigma^2}} \\ &= e^{-\sum\limits_{i=1}^{n} \frac{(x_i - c_{i,j})^2}{2\sigma^2}} \\ &= e^{-\frac{\|\underline{x} - \underline{c}_k\|^2}{2\sigma^2}}.\end{aligned}$$

Implikation:
$$\mu_k(\underline{x}) = \mu_{agg,k}(\underline{x})$$
(gilt immer bei Singletons).

Akkumulation:
$$\begin{aligned}\mu_{res}(\underline{x}) &= \mu_{res,1}(\underline{x}) + \mu_{res,2}(\underline{x}) \\ &\quad + \ldots + \mu_{res,m}(\underline{x}) \\ \mu_{res,k}(\underline{x}) &= \mu_k(\underline{x}) = \mu_{agg,k}(\underline{x})\end{aligned}$$
(weil nur eine Regel auf Singleton l wirkt).

Defuzzifizierung:
$$y(\underline{x}) = \frac{\sum\limits_{k=1}^{r} y_{sk} \cdot \mu_{res,k}(\underline{x})}{\sum\limits_{k=1}^{r} \mu_{res,k}(\underline{x})}.$$

Setzt man das Ergebnis der Aggregation in die COA-Gleichung der Defuzzifizierung ein, so gilt:

$$y(\underline{x}) = \frac{\sum\limits_{k=1}^{r} y_{sk} \cdot e^{-\frac{||\underline{x}-\underline{c}_k||^2}{2\sigma^2}}}{\sum\limits_{k=1}^{r} e^{-\frac{||\underline{x}-\underline{c}_k||^2}{2\sigma^2}}}.$$

Dieses Ergebnis ist – wenn man in der Gleichung der Verallgemeinerten Mittelwertbildung alle $\sigma_i = \sigma$ wählt – identisch mit der Approximationsgleichung der Verallgemeinerten Mittelwertbildung. Fuzzy-Systeme können also auch zur Approximation von funktionalen Zusammenhängen $y = f(\underline{x})$ verwendet werden. Das obige Ergebnis hat aber noch einen wichtigen Aspekt. Offensichtlich sind die funktionalen Zusammenhänge der Verallgemeinerten Mittelwertbildung eines normierten RBF-Netzes und des obigen Fuzzy-Systems für $\sigma_i = \sigma$ gleich. D.h., es gilt:

f($\underline{x}$) der verallgemeinerten Mittelwertbildung	=	f($\underline{x}$) des normierten RBF-Netzes	=	f($\underline{x}$) des Fuzzy-Systems mit obiger Struktur

Hier stellt sich die Frage:

Gibt es einen prinzipiellen Zusammenhang zwischen neuronalen Netzen und Fuzzy-Systemen?

Im nächsten Kapitel wird diese Frage beantwortet.

KAPITEL

3

Neuro - Fuzzy

ABSCHNITT 3.1

Optimieren von Fuzzy-Systemen

Zwischen RBF-Netzen und Fuzzy-Systemen besteht – wie bereits im letzten Abschnitt des vorherigen Kapitels festgestellt – eine Verwandtschaft. Und zwar wurde dort gezeigt, das normierte RBF-Netze und spezielle Fuzzy-Systeme eine identische Struktur besitzen:

Fuzzy-Systeme und neuronale Netze können also ineinander umgewandelt werden (vorausgesetzt ihre Strukturen stimmen überein). Diese Äquivalenz und ihre Nutzung nennt man

- Neuro-Fuzzy.

Wie kann Neuro-Fuzzy genutzt werden?

Verfügt man z. B. über Wissen, das in „Wenn ... dann" - Regeln beschreibbar ist und den zu betrachtenden Vorgang grob wiedergibt, so kann ein Fuzzy-System erstellt werden. Wie gesagt wird dieses Fuzzy-System den Vorgang nur in grober Näherung beschreiben.

Verfügt man nun auch über Ein-/Ausgangs-Datenpaare des Vorganges $(\underline{x}_i, y_i)$, so kann das Fuzzy-System in ein neuronales Netz verwandelt und anhand der Daten optimiert werden. Nach der Optimierung kann es in ein Fuzzy-System zurückverwandelt werden: Man hat genauere Regeln gewonnen.

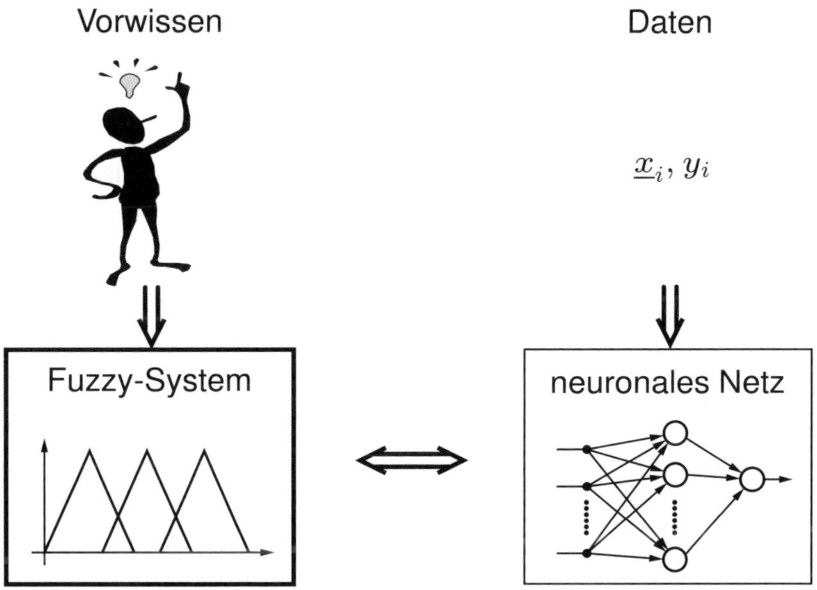

Nicht alle Arten von neuronalen Netzen und Fuzzy-Systemen eignen sich für Neuro-Fuzzy, d. h. für die gegenseitige Ineinanderumrechenbarkeit.

Im Prinzip könnte man die im Abschnitt „Interpolation und Approximation" beschriebenen normierten RBF-Netze und das spezielle Fuzzy-System benutzen. Das dort verwendete spezielle Fuzzy-System ist in seiner Struktur allerdings eingeschränkt. Man verwendet daher die folgende erweiterte Struktur:

Fuzzifizierung: Gauß-Zugehörigkeitsfunktionen

$$\mu_{ij}(x_i) = e^{-\frac{(x_i - c_{ij})^2}{2\sigma_{ij}^2}} .$$

Aggregation: Fuzzy-Und-Operator.

Implikation: entfällt, da Singletons als Ausgangszugehörigkeitsfunktionen verwendet werden.

Akkumulation: Fuzzy-Oder-Operator.

Defuzzifizierung: COA mit Singletons als Ausgangszugehörigkeitsfunktionen.

Um obiges Fuzzy-System als neuronales Netz darzustellen, werden seine Teilsysteme als Neuronen interpretiert.

Zuerst wird die Fuzzifizierung betrachtet: Jeder Eingangsvariablen x_i sind r linguistische Werte und entsprechend viele Zugehörigkeitsfunktionen zugeteilt. Entsprechend lässt sich die Fuzzifizierung durch ein Teilnetz mit Gauß-Neuronen darstellen:

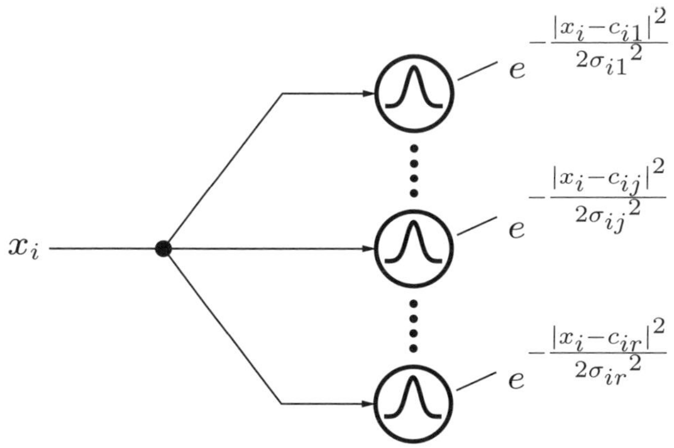

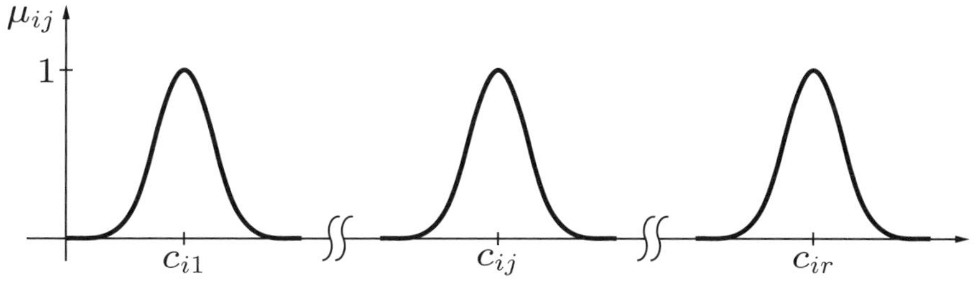

Die Aggregation ist die Und-Verknüpfung der Prämisse. In die Prämisse einer Regel fließt jeweils eine Zugehörigkeitsfunktion von jeder Variablen x_i ein. Es gibt prinzipiell

$$N = \prod_{i=1}^{n} r(i)$$

Regeln, wobei $r(i)$ die Anzahl der Zugehörigkeitsfunktionen pro Variable x_i ist. Es gibt also in der Aggregation auch N Prämissen mit N Und-Operatoren. Diese werden als Und-Neuronen dargestellt.

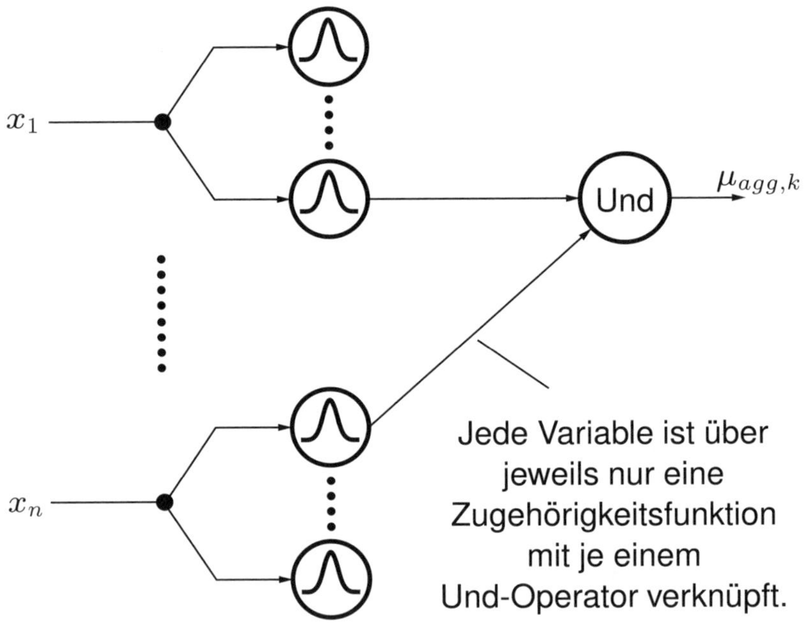

Die Implikation entfällt, d.h. das Implikationsergebnis ist mit dem Aggregationsergebnis identisch, aufgrund der Wahl von Singletons als Ausgangszugehörigkeitsfunktionen. Die Akkumulation überlagert all die Prämissenergebnisse $\mu_{agg,k}$, die auf einen Singleton wirken. Dies geschieht über den Oder-Operator. Insgesamt sind entsprechend der m Singletons auch m Oder-Operatoren vorhanden. Mit den Und-Operatoren sind sie gemäß dem „dann"-Teil der Regeln zu vernetzen. Die Vernetzung ist also von der Regelbasis abhängig:

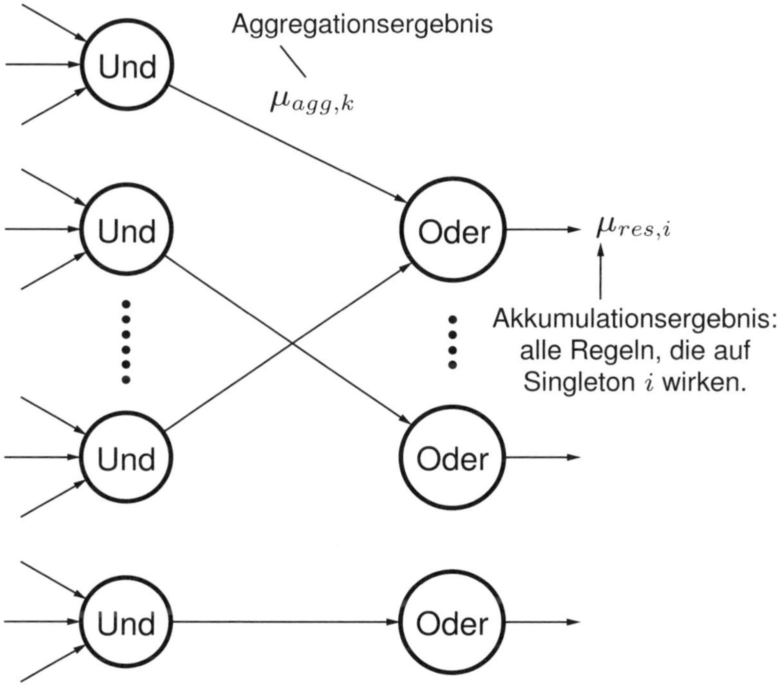

Als letztes Teilsystem ist die Defuzzifizierung mittels der COA-Methode zu betrachten. Sie wird mittels einer gewichteten Summe realisiert:

$$y = \frac{\sum_{i=1}^{m} y_{si}\mu_{res,i}}{\sum_{i=1}^{m} \mu_{res,i}}.$$

Entsprechend ergibt sich folgende Struktur:

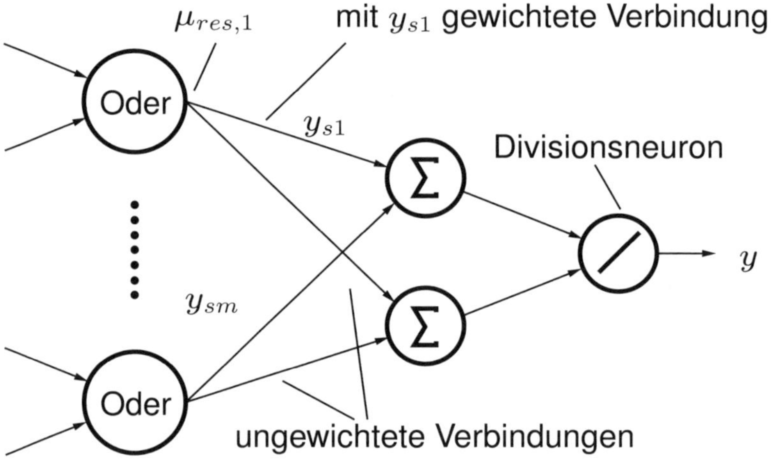

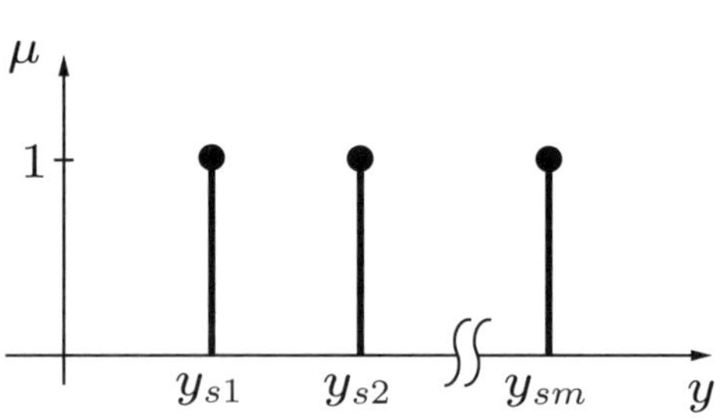

Mit den obigen Teilstrukturen kann das Netz auch in seiner Gesamtheit dargestellt werden:

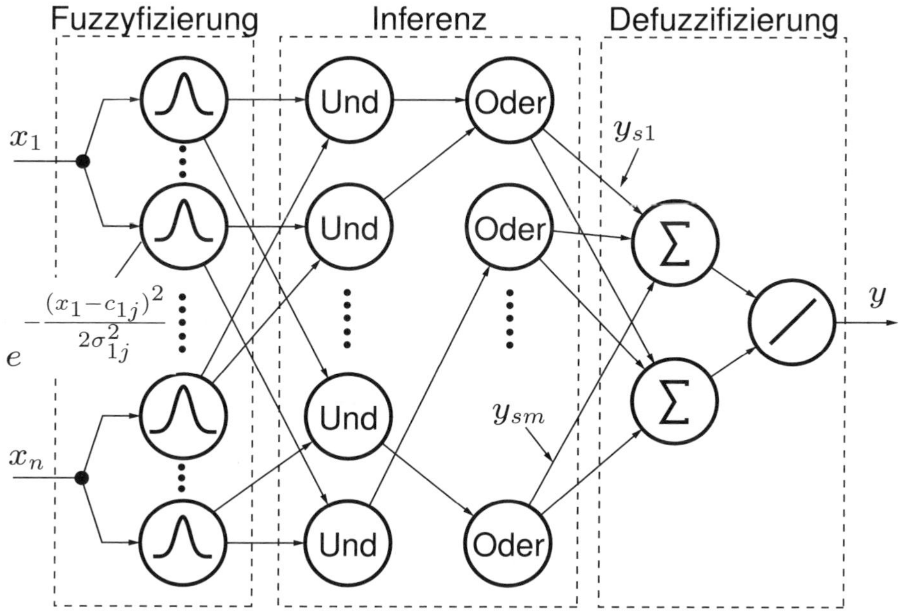

Wählt man in obiger Netzstruktur für die Und- bzw. Oder-Verknüpfung stetig differenzierbare Funktionen wie das

- algebraische Produkt (Und) und die
- algebraische Summe (Oder),

so ist die Netzfunktion $y = f(\underline{x})$ stetig differenzierbar.

Dann können das Backpropagation-Verfahren oder RPROP angewendet werden, um das Netz und damit auch das Fuzzy-System zu trainieren, d. h. zu optimieren. Gelernt werden dabei die Parameter c_{ij} und σ_{ij} der Zugehörigkeitsfunktionen

$$\mu_{ij}(x_i) = e^{-\frac{(x_i - c_{ij})^2}{2\sigma_{ij}^2}}$$

beziehungsweise die Position der Singletons

$$y_{si} \qquad , i = 1, \ldots, m.$$

Nicht lernbar sind in obiger Struktur die Regeln. Diese muss man aufgrund von Vorwissen kennen. Diese Struktur eignet sich also besonders dafür, ein aufgrund von Vorwissen entworfenes Netz anhand von Daten nachzuoptimieren.

Für die obige Neuro-Fuzzy-Struktur wird im Weiteren folgendes Illustrationsbeispiel betrachtet.

Mittels eines Fuzzy-Systems möchte man in Abhängigkeit von den Koordinaten x_1 und x_2 eine Halbkugel beschreiben:

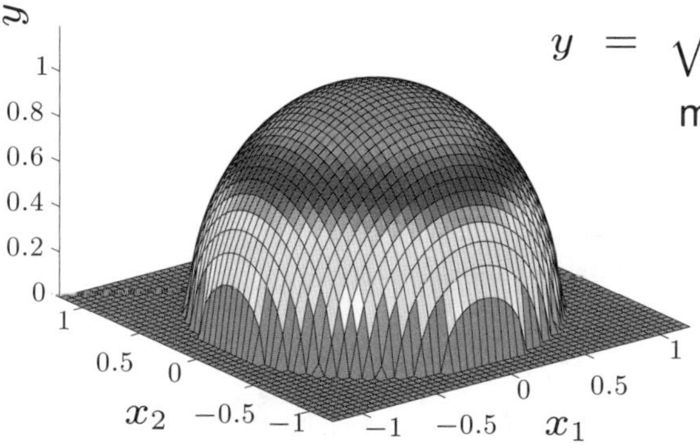

$$y = \sqrt{1 - x_1^2 - x_2^2}$$

mit $x_1^2 + x_2^2 \leq 1$

Mit dem beschriebenen Fuzzy-System kann diese Halbkugel aufgrund der menschlichen Kenntnis über ihre Form näherungsweise über sieben linguistische Werte pro Eingangsvariable x_i und fünf Ausgangs-Singletons nachgebildet werden.

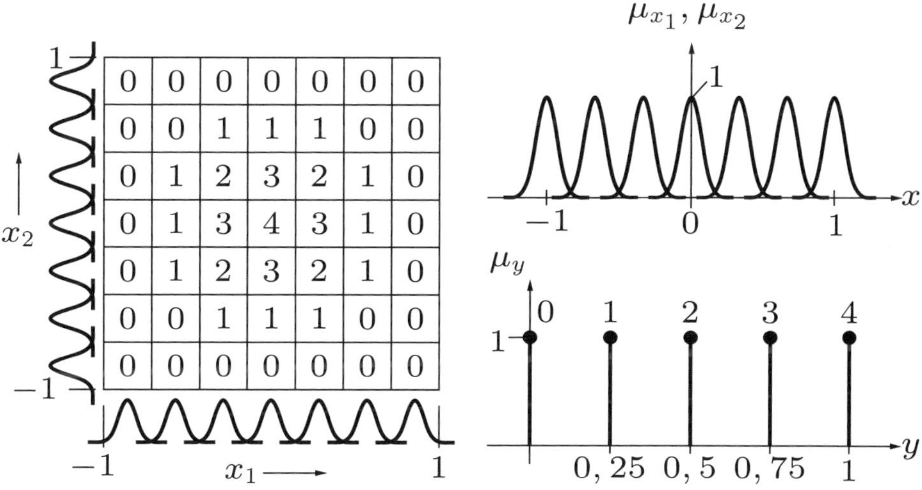

0	0	0	0	0	0	0
0	0	1	1	1	0	0
0	1	2	3	2	1	0
0	1	3	4	3	1	0
0	1	2	3	2	1	0
0	0	1	1	1	0	0
0	0	0	0	0	0	0

Die beiden nachfolgenden Bilder zeigen die approximierte Halbkugel und den Approximationsfehler.

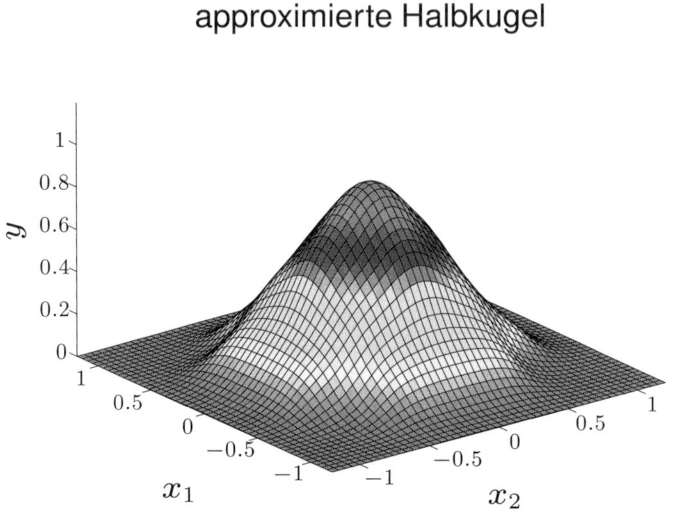

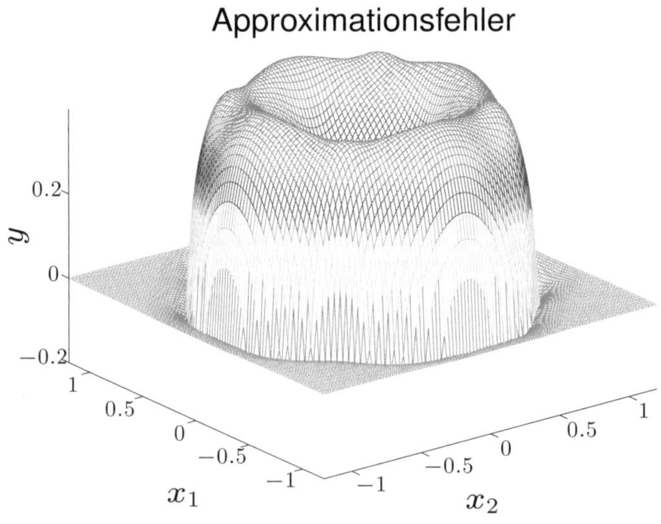

Man trainiert obiges Fuzzy-System nun, indem man es als neuronales Netz auffasst und einen Lerndatensatz verwendet, der die Halbkugel hinreichend genau repräsentiert. Nachfolgend sind die Lerndatenmatrizen $\underline{X}$ und $\underline{Y}$ angegeben. Dabei enthalten die Spalten jeweils zueinander zugehörige Lerndatenpaare

$$\left[\begin{pmatrix} x_1 \\ x_2 \end{pmatrix}, y\right].$$

Hier die Matrizen mit den Lerndaten:

x_1	x_2	y	x_1	x_2	y	x_1	x_2	y
−1.20	−1.20	0	−0.40	0	0.92	0.40	1.20	0
−1.20	−0.80	0	−0.40	0.40	0.83	0.80	−1.20	0
−1.20	−0.40	0	−0.40	0.80	0.45	0.80	−0.80	0
−1.20	0	0	−0.40	1.20	0	0.80	−0.40	0.45
−1.20	0.40	0	0	−1.20	0	0.80	0	0.60
−1.20	0.80	0	0	−0.80	0.60	0.80	0.40	0.45
−1.20	1.20	0	0	−0.40	0.92	0.80	0.80	0
−0.80	−1.20	0	0	0	1.00	0.80	1.20	0
−0.80	−0.80	0	0	0.40	0.92	1.20	−1.20	0
−0.80	−0.40	0.45	0	0.80	0.60	1.20	−0.80	0
−0.80	0	0.6	0	1.20	0	1.20	−0.40	0
−0.80	0.40	0.45	0.40	−1.20	0	1.20	0	0
−0.80	0.80	0	0.40	−0.80	0.45	1.20	0.40	0
−0.80	1.20	0	0.40	−0.40	0.83	1.20	0.80	0
−0.40	−1.20	0	0.40	0	0.92	1.20	1.20	0
−0.40	−0.80	0.45	0.40	0.40	0.83			
−0.40	−0.40	0.83	0.40	0.80	0.45			

Die beiden nachfolgenden Bilder zeigen das Verhalten des trainierten Neuro-Fuzzy-Systems und den Approximationsfehler.

approximierte Halbkugel nach dem Training

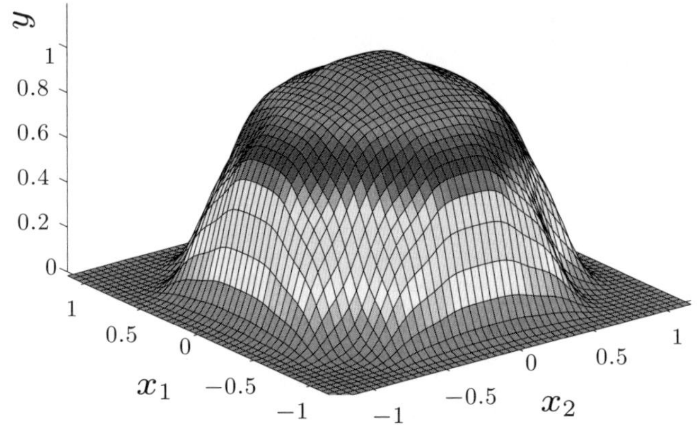

Approximationsfehler

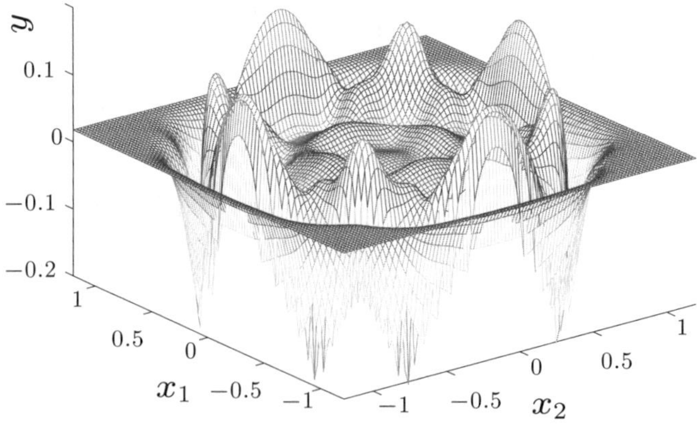

Trainiert wurden in obigen Fuzzy-System nur die Zugehörigkeitsfunktionen nicht die Regeln. Die Bilder zeigen die aufgrund des Vorwissen entworfenen Zugehörigkeitsfunktionen und die gelernten.

ursprüngliche Zugehörigkeitsfunktionen μ_{x_1,x_2} und μ_y	gelernte Zugehörigkeitsfunktionen μ_{x_1,x_2} und μ_y
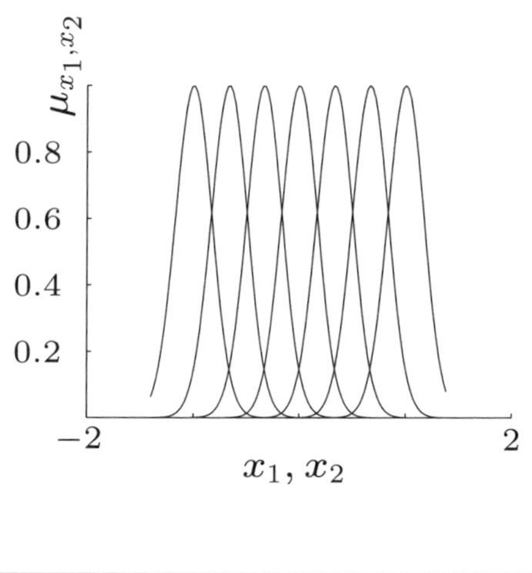	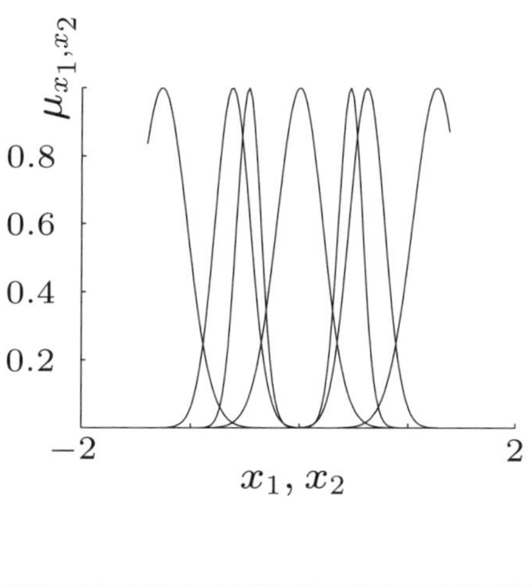
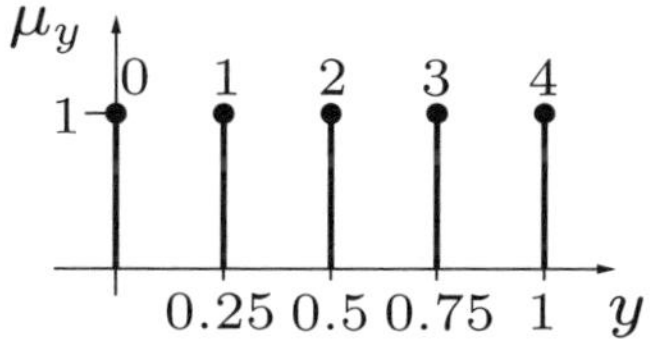	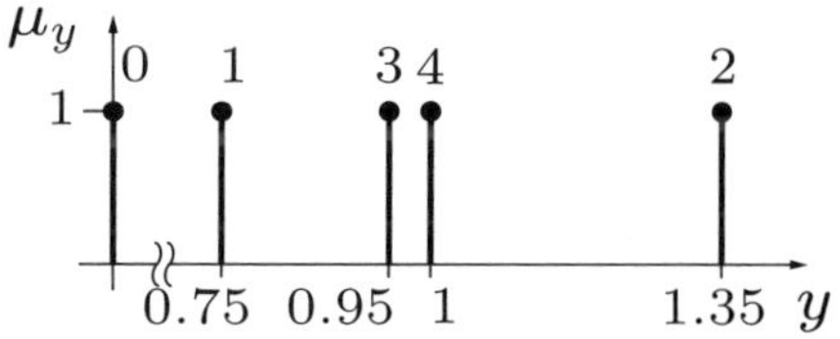

ABSCHNITT 3.2

Aus Daten Regeln gewinnen

Die Äquivalenz von geeigneten Fuzzy-Systemen und neuronalen Netzen eröffnet außer der im vorherigen Abschnitt betrachteten, eine weitere Möglichkeit der Nutzung. Oftmals verfügt man nur über eine Sammlung von Ein-/ Ausgabedaten $(\underline{x}_i, y_i)$. Man trainiert mit diesen Daten ein neuronales Netz, das in ein Fuzzy-System verwandelt werden kann. Anhand des so gewonnenen Fuzzy-Systems – genauer anhand seiner Regelbasis – sind dann die Daten bzw. ist das durch sie beschriebene Verhalten interpretierbar:

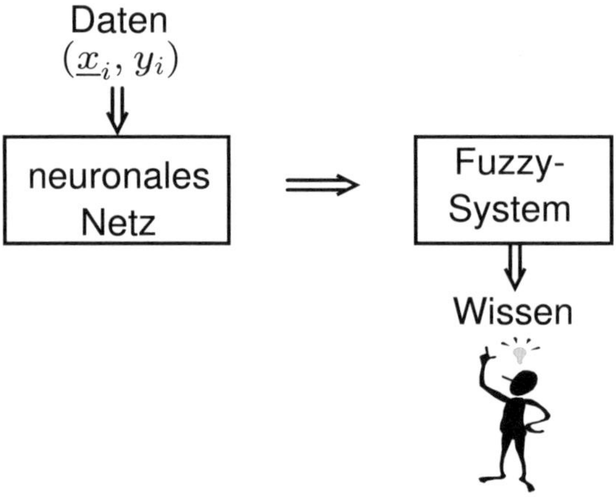

Man generiert mit obiger Neuro-Fuzzy-Methode also Wissen im Form von aus Daten gewonnenen Regeln. Mit dem Neuro-Fuzzy-System aus vorigem Abschnitt kann man die Zugehörigkeitsfunktion lernen.

Möchte man auch die Regeln erlernen, so muss man eine andere Struktur des Fuzzy-Systems wählen: Man wählt wieder als Eingangszugehörigkeitsfunktionen Gauß-Glocken und als Ausgangszugehörigkeitsfunktionen Singletons.

Jede Regel wirkt nun auf nur einen (eigenen) Singleton. Existieren für jede der n Eingangsvariablen x_i gerade $r(i)$ linguistische Werte also $r(i)$ Zugehörigkeitsfunktionen, so ist

$$N = \prod_{i=1}^{n} r(i)$$

die Anzahl der Regeln, wenn alle möglichen Kombinationen der linguistischen Werte betrachtet werden. Unten ein Beispiel für $n = 2$ und $r(1) = r(2) = 5$.

		x_1				
		LW_{11}	LW_{12}	LW_{13}	LW_{14}	LW_{15}
	LW_{21}	y_{s1}	y_{s6}	y_{s11}	y_{s16}	y_{s21}
	LW_{22}	y_{s2}	y_{s7}	y_{s12}	y_{s17}	y_{s22}
x_2	LW_{23}	y_{s3}	y_{s8}	y_{s13}	y_{s18}	y_{s23}
	LW_{24}	y_{s4}	y_{s9}	y_{s14}	y_{s19}	y_{s24}
	LW_{25}	y_{s5}	y_{s10}	y_{s15}	y_{s20}	y_{s25}

Wie beschrieben besitzt hier jede Regel i einen eigenen Singleton an der Position y_{si}.

Da man die Singletonpositionen y_{si} lernen kann, kann man auch die Regeln lernen.

Dabei kann es durch den Lernvorgang natürlich dazu kommen, dass sich bestimmte Singletonpositionen y_{si} angleichen. Beispielsweise

$$y_{s1} \approx y_{s2} \approx y_{s6} \approx y_{s7}.$$

Diese kann man, nach dem Lernen, durch eine gemeinsame Singletonposition – z. B. y_{s1} – ersetzen. Dann wirken wieder verschiedene Regeln auf einen Singleton. Auf diese Weise kann man die Anzahl der Singletons nach dem Lernvorgang reduzieren. Vorher ist dies nicht möglich, da man nicht weiß, welche Regeln zu annähernd gleichen Singletons führen.

Die zu diesem Fuzzy-System gehörende Netzstruktur hat folgende Form. Die Fuzzifizierung erfolgt wieder über Gauß-Funktionen:

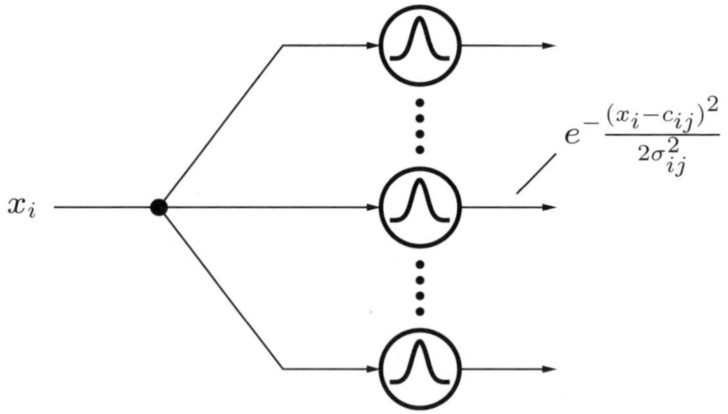

Da alle möglichen Regelprämissen betrachtet werden, existieren N Und-Verknüpfungen, d. h. Und-Neuronen. Jedes dieser Und-Neuronen besitzt Verknüpfungen zu je einem Gaußneuron aller Eingangsvariablen x_i:

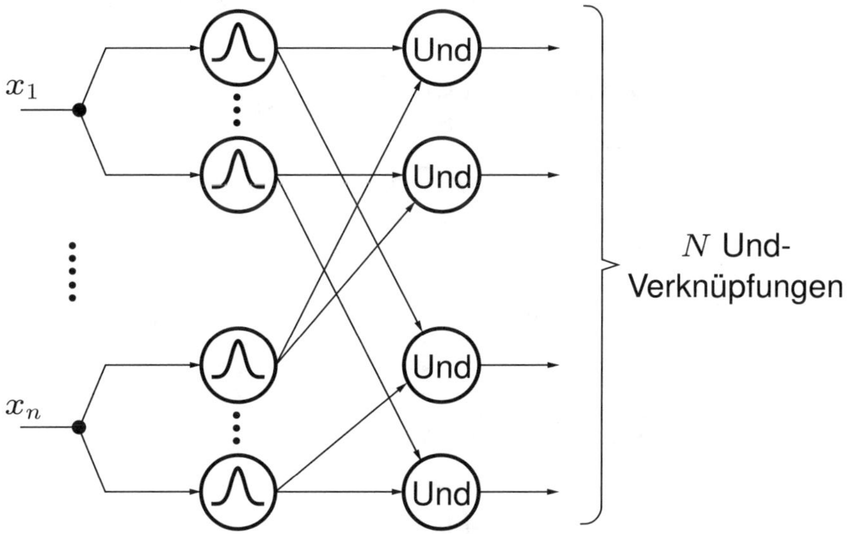

Eine Und-Verknüpfung spiegelt die Prämisse einer der N Regeln wieder:

Wenn $x_1 = LW_{1,j}$ und ... und $x_n = LW_{n,j}$, dann ...

Die N Ergebnisse der Prämissen wirken nun über die Singletonpositionen y_{si} auf die Summenneuronen der COA-Defuzzifizierung. Dabei sind die Singletonpositionen y_{si} die Gewichte dieser Neuronen:

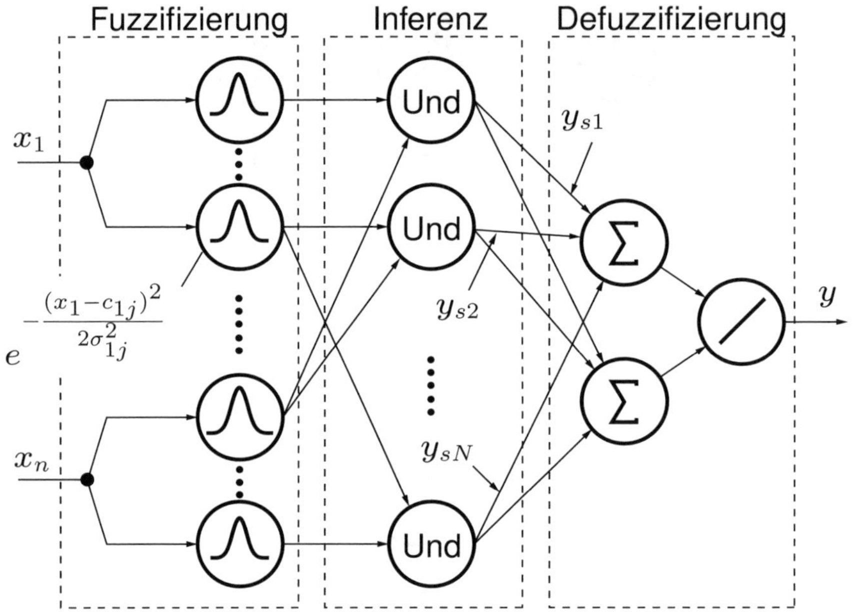

Verwendet man als Und-Operator das algebraische Produkt, so werden in der Und-Verknüpfung jeweils n-Gauß-Neuronen-Ergebnisse multipliziert:

$$\prod_{i=1}^{n} e^{-\frac{(x_i-c_{ij})^2}{2\sigma_{ij}^2}} = e^{-\sum_{i=1}^{n}\frac{(x_i-c_{ij})^2}{2\sigma_{ij}^2}}$$

$$= e^{-(\underline{x}-\underline{c})^T\underline{\Sigma}(\underline{x}-\underline{c})}.$$

Trainiert werden kann dieses Netz mit den im Abschnitt „RBF-Netze“ beschriebenen Algorithmen. Dabei werden die Parameter

- c_{ij} und σ_{ij} der Gauß-Neuronen bzw. Gauß-Zugehörigkeitsfunktionen und
- y_{si}, also die Singletonpositionen

trainiert.

Nach dem Lernvorgang kann man dann dicht beieinanderliegende Singletons – siehe Bild – noch zusammenfassen.

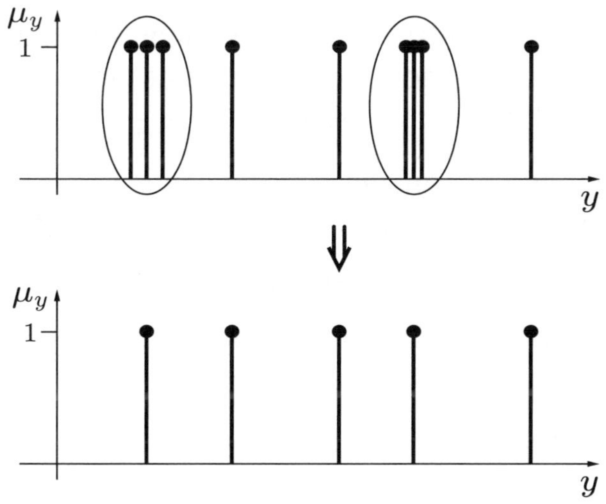

Beim Entwurf des obigen Netzes sind zwei aufeinanderfolgende Schritte erforderlich:

- Wahl der Eingangs- und Ausgangsvariablen, der linguistischen Werte und der Start-Zugehörigkeitsfunktionen.
- Trainieren von Regeln (Positionen der Singletons) und Eingangs-Zugehörigkeitsfunktionen.

Nach diesen zwei Schritten kann dann die beschriebene Reduktion der Singletons bzw. Regeln vorgenommen werden.

Beim ersten der beiden obigen Schritte steht man vor allem vor der Aufgabe, die Anzahl der linguistischen Werte einer jeden Eingangvariablen zu wählen. Dabei ist folgendes zu beachten:

- Zu klein darf die Anzahl $r(i)$ der linguistischen Werte pro Variable x_i nicht sein, sonst kann das Netz das zu lernende Verhalten nicht nachbilden.
- Zu groß darf die Anzahl $r(i)$ der linguistischen Werte aber auch nicht sein, da die Anzahl der Regeln (Singletons) – $N = \prod_{i=1}^{n} r(i)$ – von ihnen abhängen. (Bei $N = 5 \cdot 5 \cdot 5 \cdot 5$ sind das bereits 625 Singletons.)

Im Weiteren wird ein einfaches Beispiel betrachtet, das die obige Vorgehensweise veranschaulicht.

Untersucht wird ein System mit zwei Eingängen und einem Ausgang, von dem man weiß, dass es keine Dynamik besitzt:

Das Verhalten des Systems ist lediglich anhand einer Reihe von Messdaten beschrieben. Diese sind wieder in Matrizen $\underline{X}, \underline{Y}$ zusammengefasst. Die Spalten beschreiben dabei jeweils ein Messpaar

$$\left[\begin{pmatrix} x_1 \\ x_2 \end{pmatrix}, y\right] .$$

Insgesamt sind 121 Messungen durchgeführt worden. Die Messergebnisse sind in nachfolgender Tabelle aufgelistet.

x_1	x_2	y
−1.20	−1.20	0
−1.20	−0.96	0
−1.20	−0.72	0
−1.20	−0.48	0.005
−1.20	−0.24	0.065
−1.20	0	0.5
−1.20	0.24	0.934
−1.20	0.48	0.995
−1.20	0.72	0.999
−1.20	0.96	1.000
−1.20	1.20	1.000
−0.96	−1.20	0
−0.96	−0.96	0
−0.96	−0.72	0
−0.96	−0.48	0.005
−0.96	−0.24	0.065
−0.96	0	0.500
−0.96	0.24	0.935
−0.96	0.48	0.995
−0.96	0.72	0.999
−0.96	0.96	1.000
−0.96	1.20	1.000
−0.72	−1.20	0
−0.72	−0.96	0.001
−0.72	−0.72	0.001
−0.72	−0.48	0.005
−0.72	−0.24	0.065
−0.72	0	0.5000
−0.72	0.24	0.935
−0.72	0.48	0.995
−0.72	0.72	0.999
−0.72	0.96	0.999
−0.72	1.20	0.1
−0.48	−1.20	0.005

x_1	x_2	y
−0.48	−0.96	0.005
−0.48	−0.72	0.005
−0.48	−0.48	0.001
−0.48	−0.24	0.069
−0.48	0	0.500
−0.48	0.24	0.931
−0.48	0.48	0.99
−0.48	0.72	0.995
−0.48	0.96	0.995
−0.48	1.20	0.995
−0.24	−1.20	0.065
−0.24	−0.96	0.065
−0.24	−0.72	0.065
−0.24	−0.48	0.069
−0.24	−0.24	0.122
−0.24	0	0.500
−0.24	0.24	0.879
−0.24	0.48	0.931
−0.24	0.72	0.935
−0.24	0.96	0.935
−0.24	1.20	0.935
0	−1.20	0.500
0	−0.96	0.500
0	−0.72	0.500
0	−0.48	0.500
0	−0.24	0.500
0	0	0.500
0	0.24	0.500
0	0.48	0.500
0	0.72	0.500
0	0.96	0.500
0	1.20	0.500
0.24	−1.20	0.935
0.24	−0.96	0.935

x_1	x_2	y
0.24	−0.72	0.934
0.24	−0.48	0.931
0.24	−0.24	0.879
0.24	0	0.500
0.24	0.24	0.122
0.24	0.48	0.067
0.24	0.72	0.065
0.24	0.96	0.065
0.24	1.20	0.065
0.48	−1.20	0.995
0.48	−0.96	0.995
0.48	−0.72	0.995
0.48	−0.48	0.99
0.48	−0.24	0.931
0.48	0	0.500
0.48	0.24	0.069
0.48	0.48	0.01
0.48	0.72	0.005
0.48	0.96	0.005
0.48	1.20	0.005
0.72	−1.20	0.999
⋮	⋮	⋮
0.72	1.20	0
0.96	−1.20	1
⋮	⋮	⋮
0.96	1.20	0
1.20	−1.20	1
⋮	⋮	⋮
1.20	1.20	0

Nach dem Training erhält man folgendes Fuzzy-System, das eine Fuzzy Exklusiv-Oder-Operation realisiert:

Zugehörigkeitsfunktionen für x_1

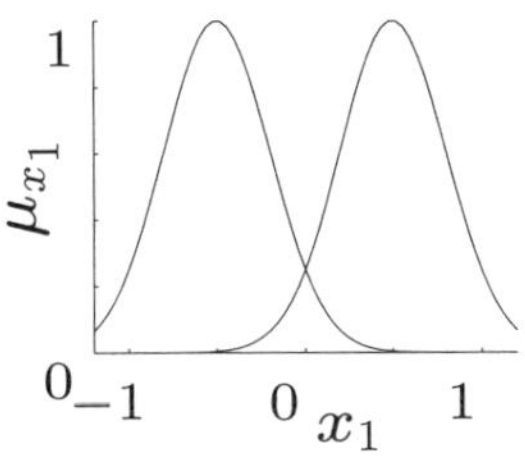

Zugehörigkeitsfunktionen für x_2

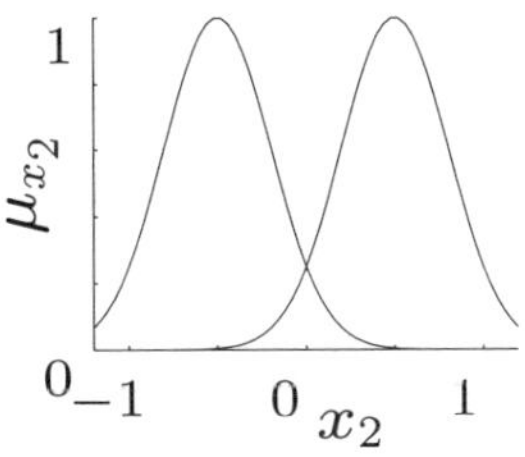

Singletonposition

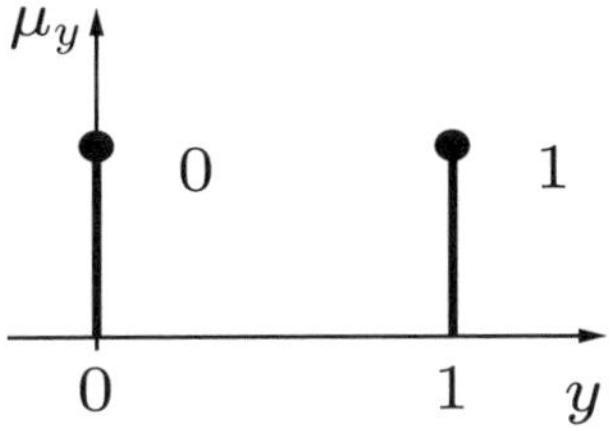

Regelsatz

x_2 \ x_1: y	negativ	positiv
negativ	0	1
positiv	1	0

Kennfeld des Fuzzy-Systems nach dem Training:

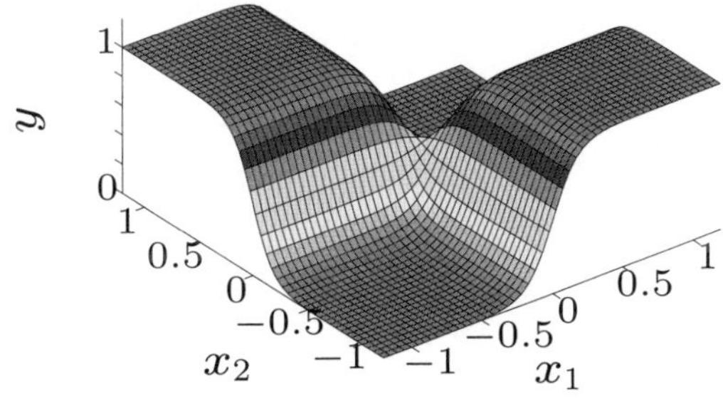

KAPITEL

4

Evolutionäre Algorithmen

ABSCHNITT 4.1

Einführung und Historie

Die von Charles Darwin (1809 – 1882) entwickelte Evolutionstheorie erklärt die Genese von Lebewesen, d. h. Pflanzen, Tieren und Menschen, als Optimierungsprozess, der möglichst gut an ihre Umwelt angepasste Lebewesen hervorbringt. Dieser Prozess basiert auf den folgenden drei Grundelementen:

- Reproduktion

  Zeugung von Nachkommen. Die aktuelle Generation reproduziert sich.

- Mutation

  Mutationen sind zufällige, meist geringe Veränderungen am Erbgut eines Lebewesens und damit auch seiner materiellen Ausprägung.

- Selektion

  In der Umwelt überleben diejenigen Lebewesen am häufigsten und am längsten, die an ihre Umwelt am besten angepasst sind. Es erfolgt also eine Selektion der Bestangepassten, die sich vermehrt reproduzieren können, z. B. weil sie einen minimalen Energieverbrauch besitzen.

Als Beispiel für diesen Prozess wird der Birkenspanner betrachtet. Diese Mottenart ist normalerweise weißlich mit schwarzen Flecken. Diese Färbung dient als Tarnung, da der Birkenspanner sich vorzugsweise auf Birkenstämmen ausruht und so von Vögeln, zu deren Beutetieren er gehört, schwerer erkannt werden kann. Neben dem dominanten weißlichen Typus gibt es auch dunklere Varianten bis hin zum schwarz gefärbten Typ:

Um 1850 herum bestand die Population des Birkenspanners in England zu 98% aus dem weißen Typ. Aufgrund der dann einsetzenden Industrialisierung und der dadurch bedingten Umweltverschmutzung schwärzten sich die Birken. Als Folge dominierte 1950 der schwarze Typ mit 98%. Nach dem Einsetzen von Maßnahmen zur Luftreinhaltung wurden die Birken wieder heller, und der hellere Mottentyp begann erneut zu dominieren.

Evolutionäre Vorgänge laufen in der Natur im Allgemeinen außerordentlich langsam ab. Man denke an die Entwicklungsgeschichte der Wirbeltiere. Daher sind sie nur in Ausnahmefällen direkt beobachtbar. Dies ist eigentlich nur bei Lebewesen mit hoher Reproduktionsgeschwindigkeit möglich, z. B. bei Bakterien. Dazu wird ein weiteres Beispiel, die Entwicklung von Antibiotika-Resistenz bei Bakterien betrachtet:

Einer Petrischale mit in Nährlösung befindlichen Bakterien wird ein Antibiotikum zugesetzt. Die meisten Bakterien sterben, nur wenige resistente überleben. Die Resistenten pflanzen sich fort, wobei die Resistenzeigenschaft zunimmt. In der k-ten Generation zeigt das Antibiotikum keine giftige Wirkung mehr.

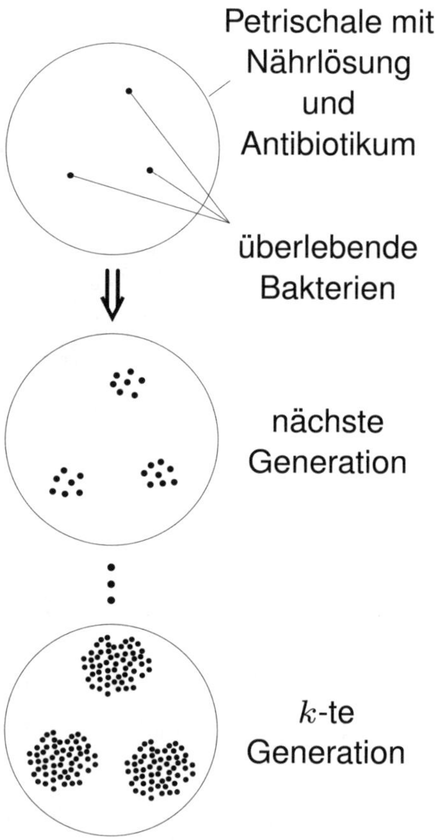

Um 1960 herum wurden erste Ideen von Box, Friedmann und Bremermann entwickelt, den evolutionären Optimierungsprozess auf technische Systeme zu übertragen, um diese gezielt optimieren zu können.

Diese Arbeiten blieben jedoch weitgehend unbeachtet, bis 1963 I. Rechenberg und H.-P. Schwefel an der Universität Berlin durch Nachahmung der biologischen Evolution strömungstechnische Anordnungen optimierten. Aus diesen ersten Versuchen entstanden als allgemeine Optimierungsverfahren die

- Evolutionsstrategien.

Ein Individuum i, d. h. eine Ausprägung der zu optimierenden technischen Anordnung, wird dabei als Zahlenvektor dargestellt:

$$\underline{x}_i = \begin{bmatrix} x_{i1} \\ \vdots \\ x_{in} \end{bmatrix} .$$

Die Elemente x_{ij} des Vektors können z. B. Reglerparameter oder die Parameter eines neuronalen Netzes sein. Die Evolutionsstrategie sucht nun Vektoren $\underline{x}_i$, die eine Gütefunktion J minimieren:

$$J(\underline{x}) \rightarrow \text{min} .$$

Man nimmt beispielhaft an, dass eine Generation aus 10 Individuen $\underline{x}_i$ besteht und dass der Vektor $\underline{x}_{best}$ mit dem besten, d. h. niedrigsten Gütewert selektiert wird. Dieser erzeugt dann wieder 10 neue Individuen, die von $\underline{x}_{best}$ geringfügig abweichen – mutiert sind. Aus diesen wird wieder das mit dem besten Gütewert ausgewählt und so weiter. Nachfolgende Bilder illustrieren dies, wobei die Gütefunktion J anhand ihrer Höhenlinien dargestellt ist.

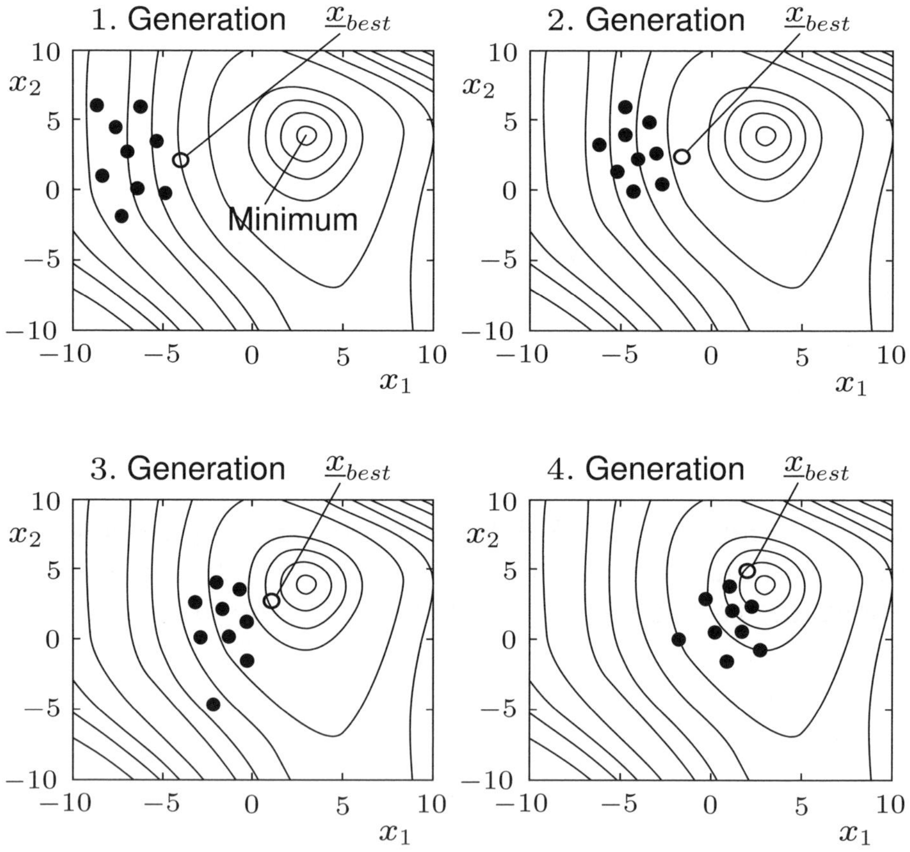

Bei Evolutionsstrategien wird die Ausprägung eines Individuums, sozusagen seine äußeren Merkmale, als Zahlenvektor $\underline{x}_i$ dargestellt. Dieser wird dann mutiert, selektiert und reproduziert.

Der Optimierungsprozess der Evolution lässt sich auch noch von einem anderen Blickwinkel aus betrachten. Und zwar anhand des

- genetischen Codes.

In der Natur ist die genetische Erbinformation in der Doppelhelix der Desoxyribonukleinsäure (DNS) gespeichert. Speichermedium sind Basenpaare, die sich aus den organischen Basen Adenin, Guanin, Cytosin und Thymin zusammensetzen.

Dabei treten nur vier Paare auf:

A-T	G-C
T-A	C-G
G-C	C-G
C-G	A-T
	T-A
mögliche Basenpaare	DNA-Segment

Die Erbinformation ist in der DNA durch die Abfolge der Basenpaare verschlüsselt.

Der Evolutionsprozess läuft nun so ab, dass die Erbinformation bei der Fortpflanzung (Reproduktion) weitergegeben wird, wobei aufgrund zufälliger Änderungen (Mutationen) eine geringfügig geänderte DNS Grundlage des oder der Nachkommen ist. Bei höheren Lebewesen tritt ein weiterer die DNS variierender Mechanismus hinzu, der auf Bisexualität beruht:

- die Rekombination.

Bei der Rekombination werden Teile der DNA beider Elternteile kombiniert. Man spricht auch von „Crossover“ . Die Selektion erfolgt dann durch die Umwelt an den auf Basis der DNS entstandenen Individuen.

Zur Nachbildung des Evolutionsprozesses muss man nicht unbedingt den vierelementigen Code der DNS benutzen. Auch jeder andere Code ist verwendbar – Beispielsweise der

- Binärcode.

0	1	1	0	0	1

Das ist die von J.H. Holland zwischen $1960 - 1970$ entwickelte Idee, und die auf ihr basierenden Optimierungsverfahren heißen

- Genetische Algorithmen.

Bei den Genetischen Algorithmen kommt sowohl die Mutation als auch die Rekombination zum Tragen. Dazu zwei Beispiele:

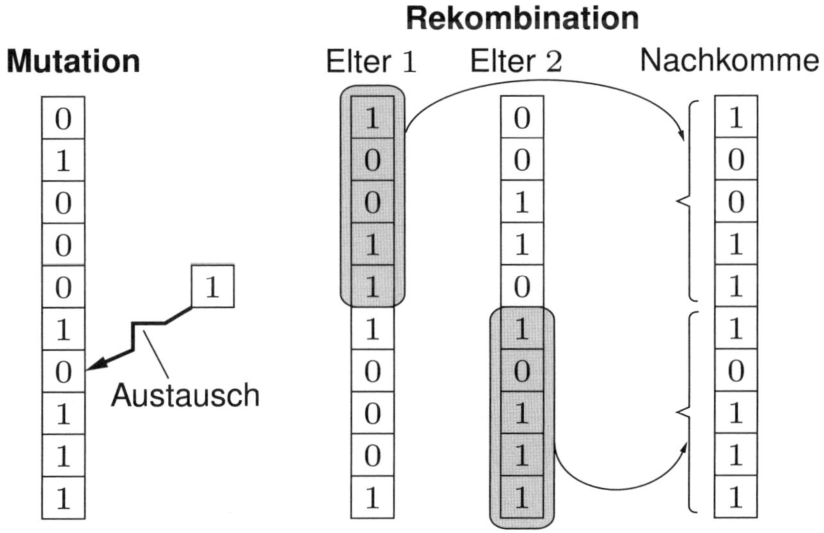

Anstelle des Binärcodes kann – wie gesagt – auch jeder andere Code verwendet werden.

Evolutionsstrategien und Genetische Algorithmen sind Richtungen der Evolutionären Algorithmen:

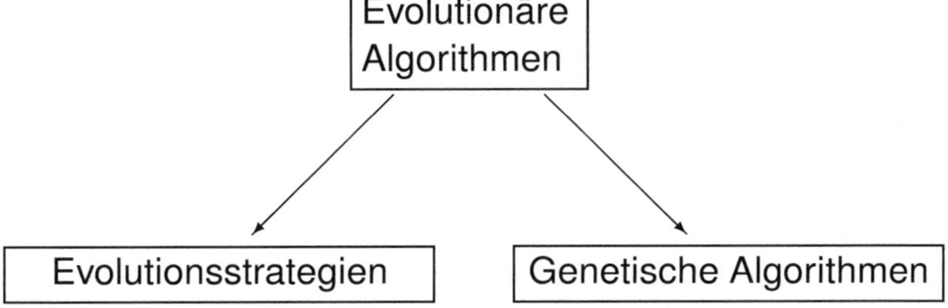

Bevor die Evolutionären Algorithmen als Lösungsverfahren von Optimierungsaufgaben im Detail behandelt werden, erfolgt im nächsten Abschnitt zuerst eine Übersicht über typische Optimierungsaufgaben.

ABSCHNITT 4.2

Optimierungsaufgaben und ihre Lösung

Die Optimierung, d. h. die Verbesserung einer oder mehrerer Eigenschaften eines Prozesses, eines Systems oder eines Objektes ist ein alltäglicher Prozess. In der Natur geschieht das auf evolutionäre Weise. Aber auch der Mensch verbessert seine Werkzeuge und Produktionsprozesse fortlaufend. Nicht jede Optimierungsaufgabe ist dabei mathematisch formulierbar. Man denke z. B. an die Erstellung eines Gemäldes oder einer Sinfonie: Oftmals werden viele Vorläuferversionen erstellt, bis der Künstler mit dem Ergebnis zufrieden ist.

In der Technik sind allerdings viele Optimierungsaufgaben mathematisch formulierbar. Und dann kann in der Regel auch ein geeignet formuliertes mathematisches Optimierungsverfahren gefunden werden, das die Aufgabe löst. Hier werden nur solche mathematisch darstellbaren Optimierungen betrachtet.

Prinzipiell geht man wie folgt vor: Man formuliert das Optimierungsproblem mathematisch, dann wählt man ein geeignetes Optimierungsverfahren[1] aus und löst mit ihm das Optimierungsproblem. Nachfolgendes Bild illustriert dies.

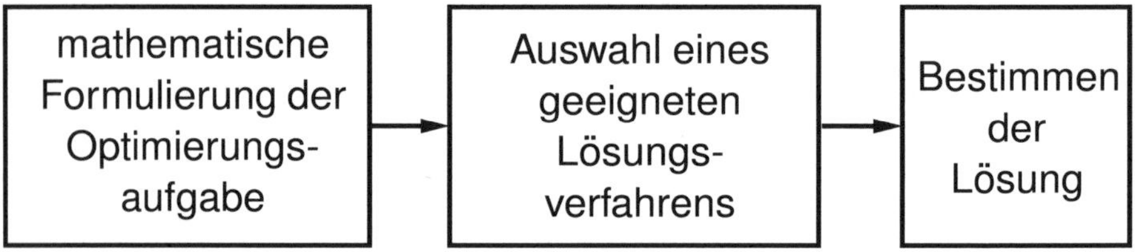

[1] Es gibt eine Vielzahl verschiedener Optimierungsverfahren. Evolutionäre Algorithmen sind nur eine Teilklasse.

Zu Beginn einer Optimierung ist also das Optimierungsproblem zu formulieren. Dies geschieht im Allgemeinen, indem man eine Funktion $f(\underline{x})$ bestimmt, die von den zu optimierenden Parametern abhängt und den zu optimierenden Sachverhalt geeignet bewertet. Diese n Parameter sind im Vektor $\underline{x}$ zusammengefasst. Für die Optimierungsaufgabe schreibt man dann, wenn eine Minimierungsaufgabe vorliegt

$$f(\underline{x}) \rightarrow \text{min}$$

oder für eine Maximierungsaufgabe

$$f(\underline{x}) \rightarrow \text{max} .$$

Im Weiteren sollen allerdings nur Minimierungsaufgaben betrachtet werden, da jede Maximierungsaufgabe durch Negierung der Zielfunktion $f(\underline{x})$ in eine Minimierungsaufgabe umgewandelt werden kann:

$$f(\underline{x}) \rightarrow \text{max} \qquad \hat{=} \qquad -f(\underline{x}) \rightarrow \text{min} .$$

Besitzt die Funktion $f(\underline{x})$ nur ein Extremum, so heißt sie unimodal. Sind mehrere Minima und Maxima vorhanden, so heißt sie multimodal. In letzterem Fall nennt man das kleinste Minimum global und alle anderen bezeichnet man als lokale Minima.

Im Allgemeinen sucht man das globale Minimum.

Am einfachsten ist dies, wenn die Minima analytisch exakt bestimmbar sind. Denn dann ist als notwendige Bedingung für ein Extremum die Gleichung

$$\text{grad}\ f(\underline{x}^*) = \frac{\partial f(\underline{x}^*)}{\partial \underline{x}} \stackrel{!}{=} \underline{0}$$

analytisch lösbar.

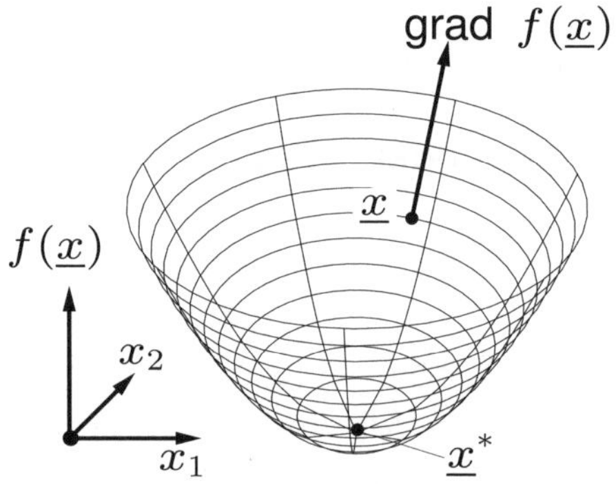

Hinreichend dafür, dass der Punkt $\underline{x}^*$ ein Minimalpunkt und kein Maximalpunkt oder Sattelpunkt ist, ist die Forderung, dass die Hesse-Matrix

$$\frac{\partial\, \text{grad}\ f(\underline{x})}{\partial \underline{x}} = \left[\frac{\partial^2 f(\underline{x})}{\partial x_i \partial x_j}\right]$$

$$= \begin{bmatrix} \frac{\partial^2 f(\underline{x})}{\partial x_1 \partial x_1} & \cdots & \frac{\partial^2 f(\underline{x})}{\partial x_1 \partial x_n} \\ \vdots & & \vdots \\ \frac{\partial^2 f(\underline{x})}{\partial x_n \partial x_1} & \cdots & \frac{\partial^2 f(\underline{x})}{\partial x_n \partial x_n} \end{bmatrix}$$

positiv definit im Punkt $\underline{x}^*$ ist.

Oftmals ist der Gradient von $f(\underline{x})$ nicht analytisch angebbar oder die implizite Gleichung grad $f(\underline{x}^*) = \underline{0}$ nur numerisch lösbar. In diesen Fällen ist eine analytische Bestimmung von $\underline{x}^*$ nicht möglich. Beispielsweise, wenn man die Parameter eines Reglers so bestimmen möchte, dass die Überschwingweite der Sprungantwort minimal wird. Man verwendet dann

- Hill-Climbing-Strategien

für die Bestimmung des Minimums. Hill-Climbing-Strategien sind iterative Verfahren, mit denen man nach einer bestimmten Methodik ein Minimum bzw. Maximum sucht. Die Vorgehensweise entspricht dabei der eines Bergsteigers, der sich schrittweise in unbekanntem Gelände in Richtung Gipfel bzw. Tal voranbewegt.

Dabei geht man nach folgender Iterationsvorschrift vor:

$$\underline{x}(k+1) = \underline{x}(k) + h \cdot \underline{d}(k).$$

Ausgehend von einem Startpunkt $\underline{x}(0)$ tastet sich der Algorithmus also in Richtung von $\underline{d}(k)$ mit der Schrittweite h voran:

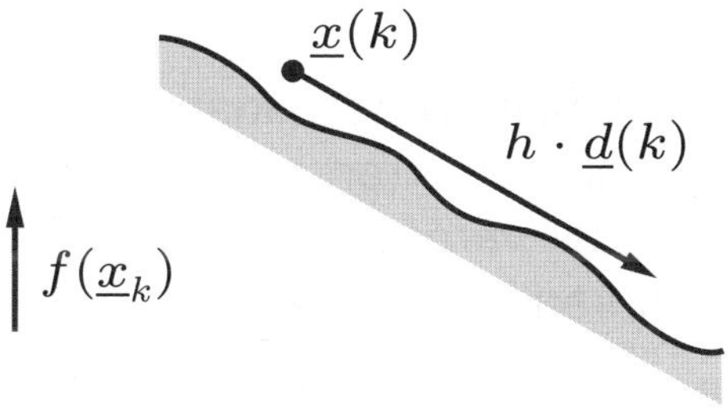

Eine plausible Wahl für den Richtungsvektor $\underline{d}(k)$ ist

$$\underline{d}(k) = -\text{ grad } f(\underline{x}_k).$$

Sind die Elemente $\partial f(\underline{x})/\partial x_i$ des Gradienten nicht analytisch ableitbar, kann man sie oft mittels des Differenzenquotienten approximieren. Mit einer geeignet gewählten Schrittweite kann man dann gemäß

$$\underline{x}(k+1) = \underline{x}(k) - h \cdot \text{ grad } f(\underline{x})$$

voranschreiten. Nachfolgendes Bild illustriert dies.

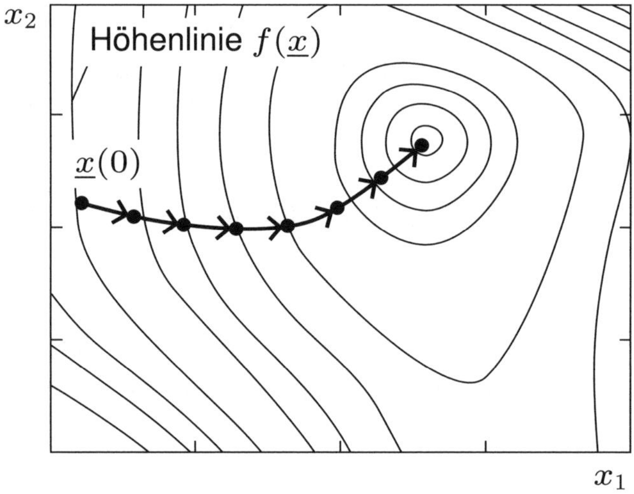

Durch eine geeignete Schrittweitenadaption – ähnlich wie schon beim Backpropagation-Verfahren angewendet – kann die Konvergenzgeschwindigkeit verbessert werden. Das Verfahren wird als Gradientenverfahren bezeichnet [2].

[2] Es existieren verbesserte Methoden die auch Ableitungsinformation höherer Ordnung verwenden, wie das Gauss-Newton Verfahren. Siehe hierzu Ulbrich, M.; Ulbrich, S.: Nichtlineare Optimierung. Birkhäuser Verlag, 2012

Will oder kann man den Gradienten der Zielfunktion $f(\underline{x})$ nicht berechnen, so gibt es eine Reihe von Hill-Climbing-Verfahren, die für den Optimierungsprozess lediglich die Zielfunktion selbst benötigen. Eins der einfachsten und auch bewährtesten ist das

- Verfahren von Hooke und Jeeves (1961).

Es vollzieht in gewisser Weise das experimentelle Ausprobieren (Trial and Error) des Menschen nach.

Der Algorithmus arbeitet wie folgt:

Ausgehend von einem Punkt $\underline{x}(k-1)$ bewegt sich der Algorithmus zunächst in Richtung des Einheitsvektors $\underline{e}_1 = [1, 0, \ldots, 0]^T$ mit der Schrittweite h_1 voran. Ergibt sich eine Verbesserung des Funktionswertes, so wird der Wert $\underline{x}(k-1) + h_1\underline{e}_1$ beibehalten. Verschlechtert er sich, so wird der Tastschritt in die entgegengesetzte Richtung ausgeführt. Dieser Tastvorgang wird bzgl. jeder der n Koordinatenrichtungen e_j mit eigener Schrittweite h_j durchgeführt.

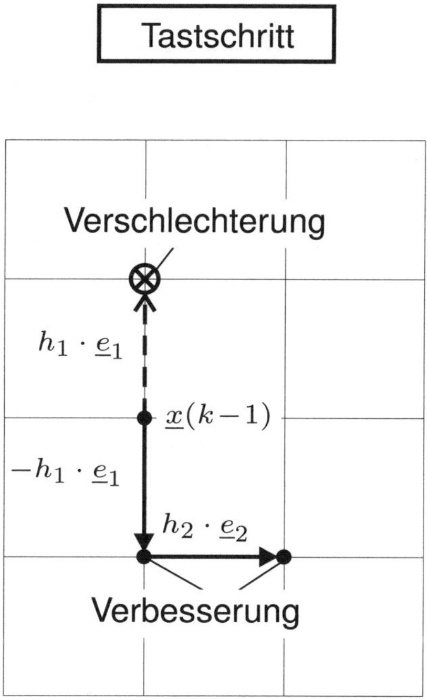

Während des Tastvorganges kann der Algorithmus nur in Richtung der orthogonalen Koordinatenachsen voranschreiten. Die Verbindung zwischen Anfangspunkt $\underline{x}(k–1)$ und Endpunkt $\underline{x}(k)$ eines Iterationsschrittes liefert eine bessere Richtung für die Abnahme der Zielfunktion als die kartesischen Tastschritte. Daher nutzt man diese Richtung

$$\underline{v}(k) = \underline{x}(k) - \underline{x}(k-1)$$

für einen Extrapolationsschritt, wie unten illustriert.

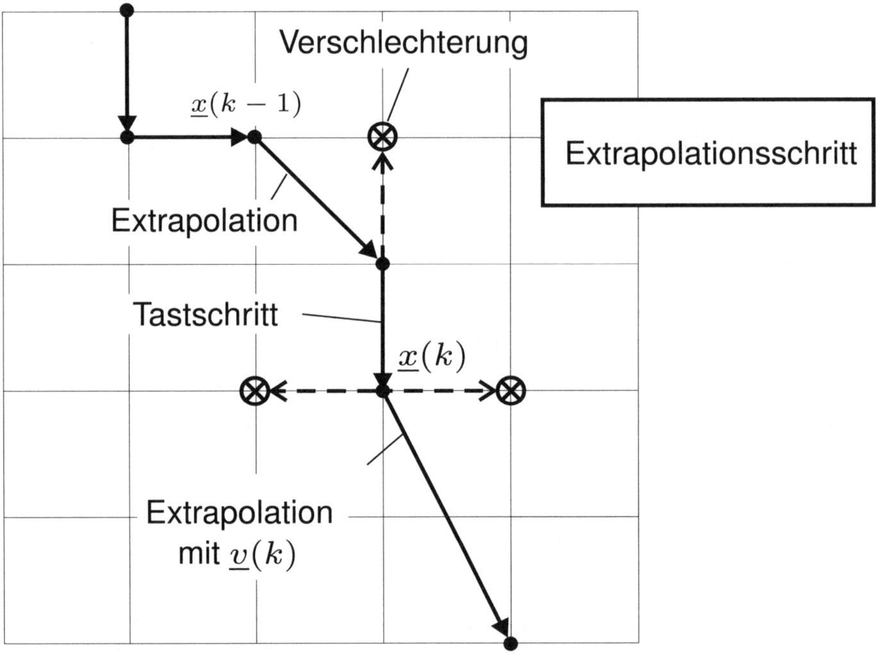

Nach der Extrapolation erfolgt wieder ein Tastschritt: $\underline{x}(k+1)$ wird erreicht. Eine Extrapolation und ein Tastschritt bilden zusammen einen Iterationsschritt.

Ergibt sich am Ende eines Iterationsschrittes keine Verbesserung, so kehrt der Algorithmus zum Anfangspunkt des Iterationsschrittes zurück und startet von diesem aus erneut mit einem Tastschritt – tritt nun wieder keine Verbesserung auf, wird die Schrittweite halbiert:

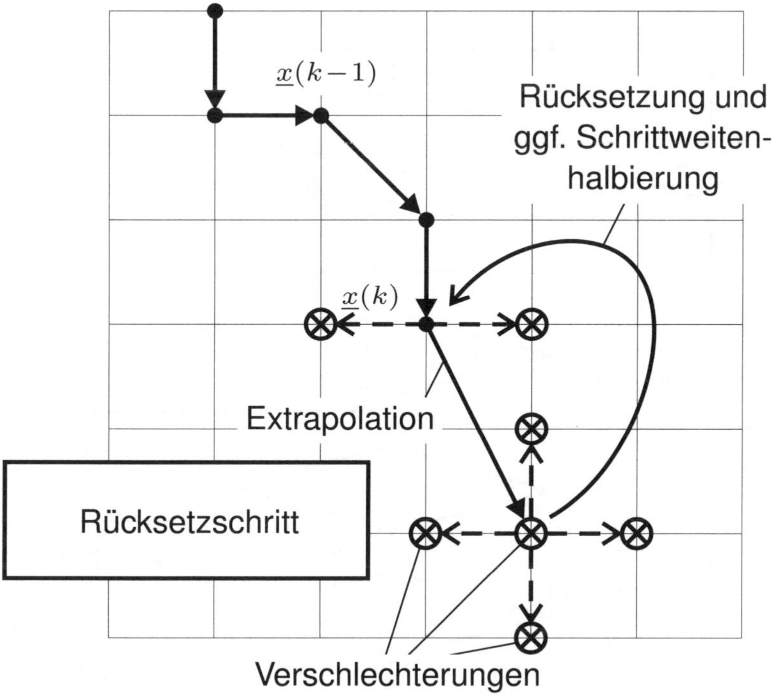

Iteriert wird solange bis eine minimale Schrittweite h_{min} unterschritten wird. Die Schrittweite h_{min} kann man als Näherung für den Bestimmungsfehler des gefundenen Minimums ansehen.

Der folgende Ablaufplan gibt den gesamten Algorithmus an.

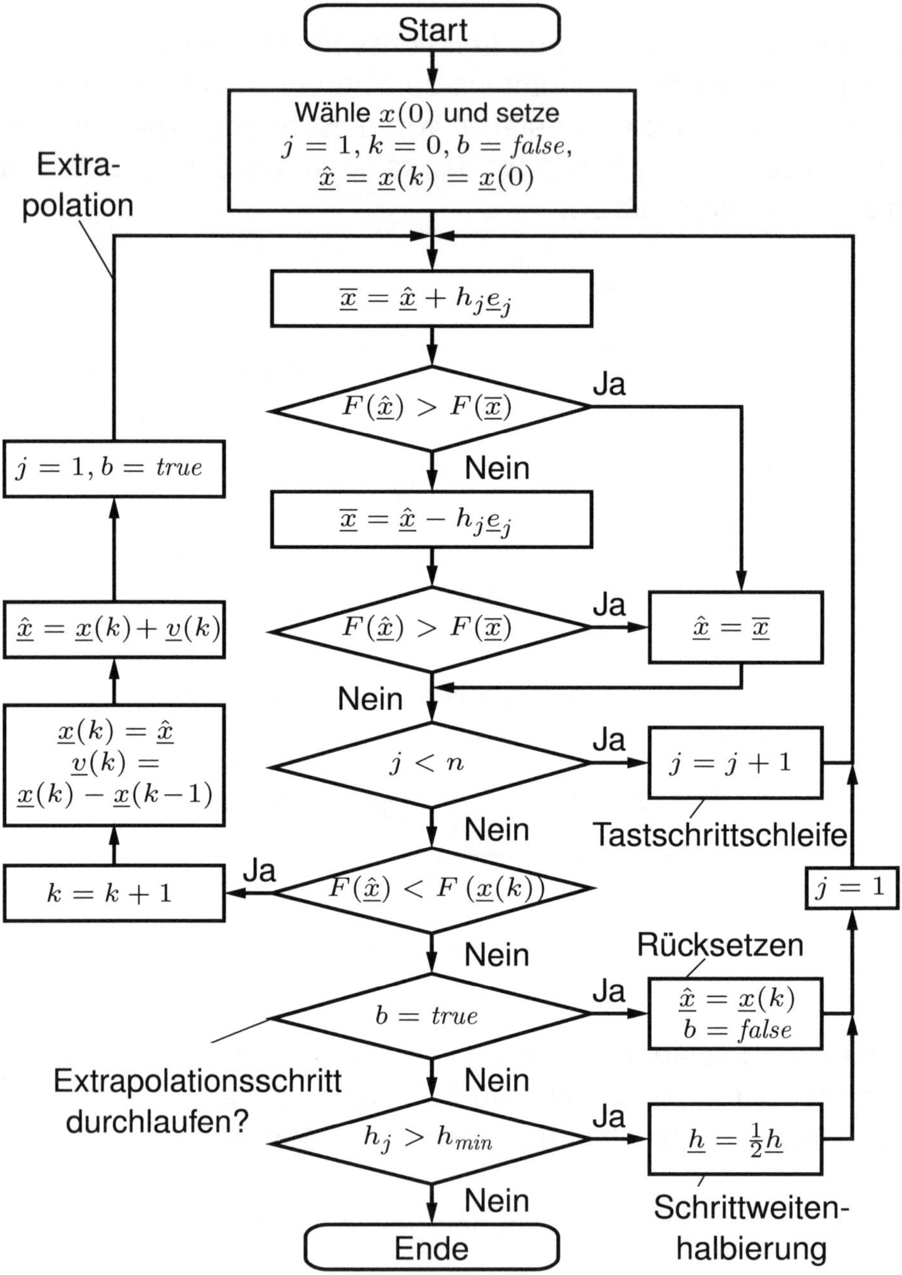
Start
Wähle $\underline{x}(0)$ und setze
$j = 1, k = 0, b = false$,
$\hat{\underline{x}} = \underline{x}(k) = \underline{x}(0)$
Extra-
polation
$\overline{\underline{x}} = \hat{\underline{x}} + h_j \underline{e}_j$
$F(\hat{\underline{x}}) > F(\overline{\underline{x}})$
Ja
Nein
$j = 1, b = true$
$\overline{\underline{x}} = \hat{\underline{x}} - h_j \underline{e}_j$
$F(\hat{\underline{x}}) > F(\overline{\underline{x}})$
Ja
$\hat{\underline{x}} = \overline{\underline{x}}$
$\hat{\underline{x}} = \underline{x}(k) + \underline{v}(k)$
Nein
$\underline{x}(k) = \hat{\underline{x}}$
$\underline{v}(k) =$
$\underline{x}(k) - \underline{x}(k-1)$
$j < n$
Ja
$j = j + 1$
Nein
Tastschrittschleife
Ja
$k = k + 1$
$F(\hat{\underline{x}}) < F(\underline{x}(k))$
$j = 1$
Nein
Rücksetzen
$b = true$
Ja
$\hat{\underline{x}} = \underline{x}(k)$
$b = false$
Extrapolationsschritt
durchlaufen?
Nein
$h_j > h_{min}$
Ja
$\underline{h} = \frac{1}{2}\underline{h}$
Nein
Schrittweiten-
halbierung
Ende

Es gibt neben dem Gradientenverfahren und dem Verfahren von Hooke und Jeeves eine Reihe weiterer Methoden[3] zur iterativen Lösung des Minimierungsproblems $f(\underline{x}) \rightarrow$ min, z. B. die

- Simplex-Strategie von Nelder und Mead,
- Strategie von Rosenbrock,
- Strategie von Stewart,
- etc.

Allen Verfahren ist gemeinsam, dass sie im Allgemeinen von einem Startpunkt $\underline{x}(0)$ aus absteigend in ein Minimum laufen. Das globale Minimum – das man im Allgemeinen sucht – wird so in der Regel nicht erreicht. Vielmehr hängt bei multimodalen Zielfunktionen das Ergebnis wesentlich von der Wahl des Startpunktes ab. Das Bild illustriert dies.

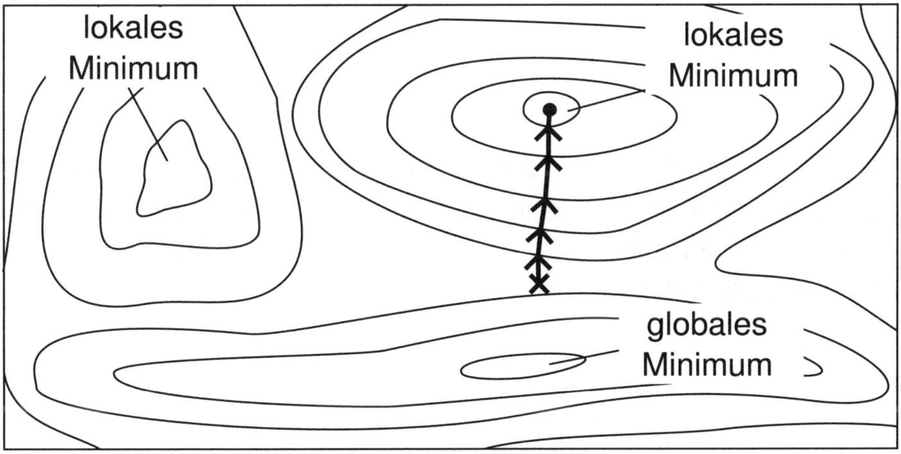

[3] siehe hierzu z.B. Schwefel, H.P.: Evolution and Optimum Seeking. John Wiley & Sons, 1995.

Bisher wurden Optimierungsaufgaben der Art

$$f(\underline{x}) \to \text{min}$$

betrachtet. Dabei muss f nicht unbedingt in analytisch geschlossener Form gegeben sein. Ausreichend ist, wenn sich für einen Wert $\underline{x}$ der zugehörige Funktionswert $f(\underline{x})$ ermitteln lässt. Beispielsweise beim Entwurf eines Reglers mit den Parametern $\underline{x}$ und der Ausregelzeit $T_A(\underline{x})$ als Zielfunktion. Im Allgemeinen muss man $T_A(\underline{x})$ durch Simulation bestimmen.

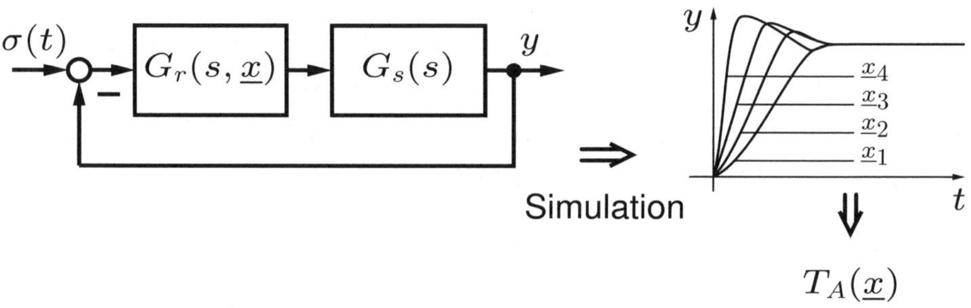

Minimiert man $T_A(\underline{x})$, so wird die maximale absolute Stellgröße $\hat{u}(\underline{x})$, die in einer Simulation auftritt, zunehmen. Sie muss aber eine Beschränkung $u_{min} \leq \hat{u}(\underline{x}) \leq u_{max}$ erfüllen. So dass man eigentlich die Aufgabe

$$T_A(\underline{x}) \quad \to \quad \text{min}$$

$$u_{min} \leq \hat{u}(\underline{x}) \leq u_{max}$$

zu lösen hat.

In obiger Minimierungsaufgabe tritt eine Ungleichung auf, die den Lösungsraum für $\underline{x}$ einschränkt. Verallgemeinert formuliert man solche Minimierungsaufgaben mit Ungleichungen als Restriktionen in der Form:

$$\begin{aligned} f(\underline{x}) &\to \text{min}, \\ \underline{g}(\underline{x}) &\leq \underline{0}. \end{aligned}$$

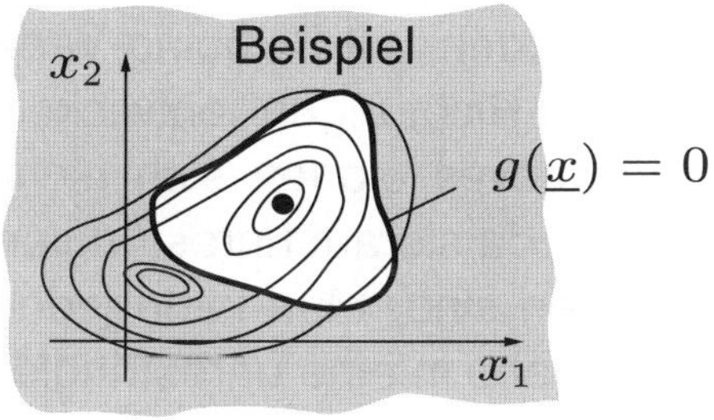

Nur in bestimmten Fällen sind sie exakt lösbar. Beispielsweise, wenn f und g aus linearen Funktionen bestehen:

$$\begin{aligned} \underline{c}^T \underline{x} &\to \text{min}, \\ \underline{A}\,\underline{x} - \underline{r} &\leq \underline{0}. \end{aligned}$$

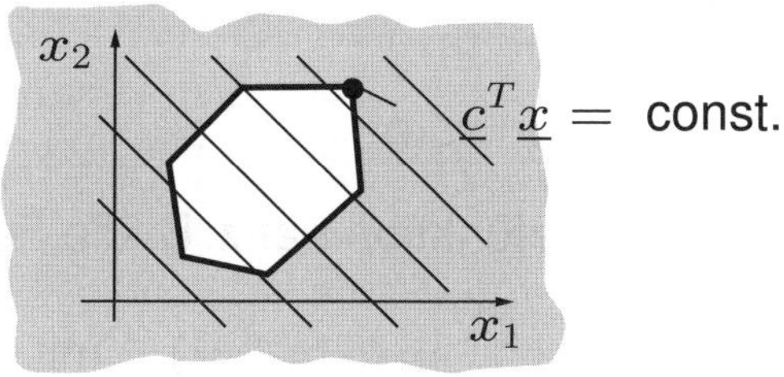

In diesem Fall lässt sich die Lösung mittels des Simplex-Algorithmus bestimmen. Ist f eine quadratische Form mit positiv definiter Matrix $\underline{C}$ und liegen lineare Restriktionen vor, so ist das Minimierungsproblems von der Form

$$\begin{aligned} \underline{x}^T \underline{C}\,\underline{x} + \underline{d}^T \underline{x} &\to \text{min}\,, \\ \underline{A}\,\underline{x} - \underline{r} &\leq \underline{0}. \end{aligned}$$

Hierfür gibt es ein auf dem Simplex-Algorithmus beruhendes Lösungsverfahren: das Verfahren von Wolfe.

Sieht man von den obigen speziellen Fällen und einigen weiteren ab, so muss man auch Minimierungsprobleme mit Restriktionen mittels Hill-Climbing-Verfahren lösen. Exakt lässt sich das globale Minimum – wenn überhaupt – nicht mehr bestimmen.

Hierfür wurden Hill-Climbing-Verfahren wie das „Verfahren der zulässigen Richtungen" entwickelt. Verfahren wie das von Hooke und Jeeves eignen sich nicht zur direkten Lösung dieser Probleme, da sie auf unrestringierte Minimierungsaufgaben zugeschnitten sind. Man kann jedoch jede restringierte Minimierungsaufgabe in eine unrestringierte umwandeln:

Man erweitert die Zielfunktion $f(\underline{x})$ durch eine Funktion $B(\underline{x})$ so, dass sie am Rand des zulässigen Gebietes gegen ∞ gehende Werte annimmt und so eine Barriere bildet:

$$\begin{array}{l} f(\underline{x}) \to \min \\ \underline{g}(\underline{x}) \leq \underline{0} \end{array} \quad \Rightarrow \quad \tilde{f}(\underline{x}) = f(\underline{x}) + B(\underline{x}).$$

Die Barrierefunktion hat z. B. die Form:

$$B(\underline{x}) = -p \sum_{i=1}^{m} \ln\left(-g_i(\underline{x})\right) \quad \text{mit } p > 0 \text{ und } m = \dim(\underline{g}).$$

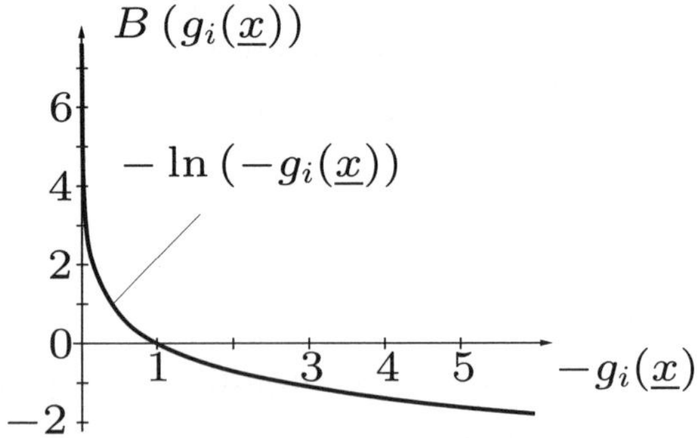

Das Beispiel illustriert die Wirkung der Barrierefunktion:

$$\begin{aligned} f(x) &= 4 - e^{2-x} \\ g_1(x) &= x - 3 \leq 0 \\ g_2(x) &= 1 - x \leq 0 \\ \Rightarrow \tilde{f}(x) &= 4 - e^{2-x} - p \cdot (\ln(3-x) + \ln(x-1)) \end{aligned}$$

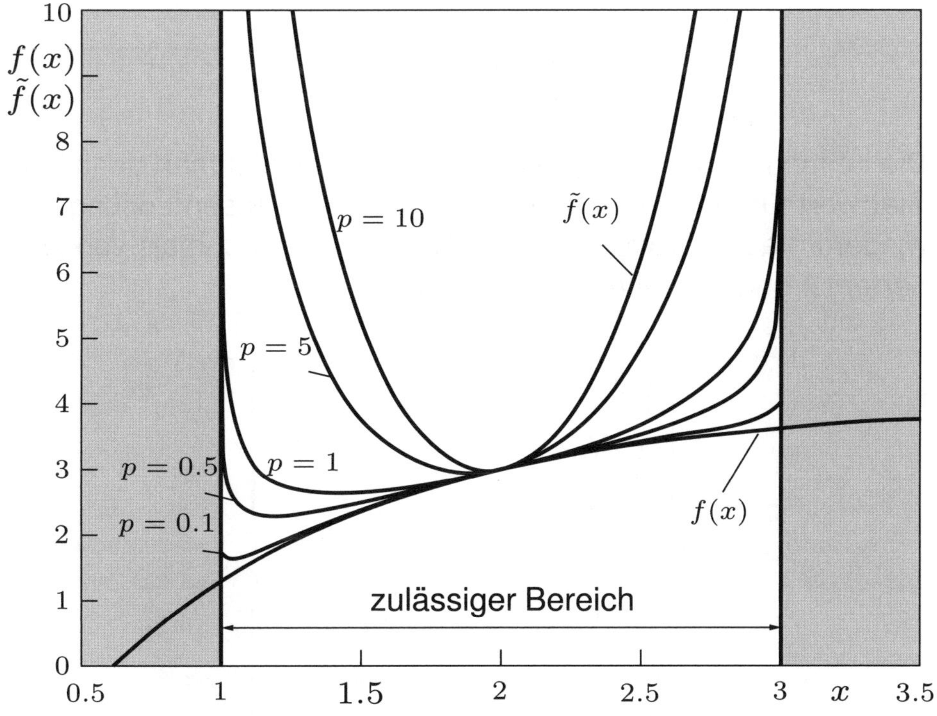

Durch die Umwandlung der restringierten Minimierungsaufgabe in eine unrestringierte können Hill-Climbing-Verfahren wie das Gradientenverfahren oder das Verfahren von Hooke und Jeeves zur Lösung der Aufgabe eingesetzt werden.

Es stellt sich noch die Frage:

Wie wählt man den Wert p der Barrierefunktion?

Auf den ersten Blick liegt ein kleiner Wert nahe. Dann ist die Barrierefunktion an den Rändern des zulässigen Gebietes sehr steil und in seinem Inneren fast Null. Eine sehr kleine Wahl von p kann jedoch zu Konvergenzproblemen führen. Daher löst man zuerst für ein großes p die Aufgabe

$$\tilde{f}(\underline{x}) = f(\underline{x}) - p \cdot \sum_{i=1}^{m} \ln(-g_i(\underline{x})).$$

Die Lösung $\underline{x}_0$ der Aufgabe mit diesem p benutzt man dann als Startwert für eine Aufgabe mit kleinerem p. Dessen Lösung $\underline{x}_1$ wiederum als Startwert für eine Aufgabe mit nochmals verkleinertem p und so weiter.

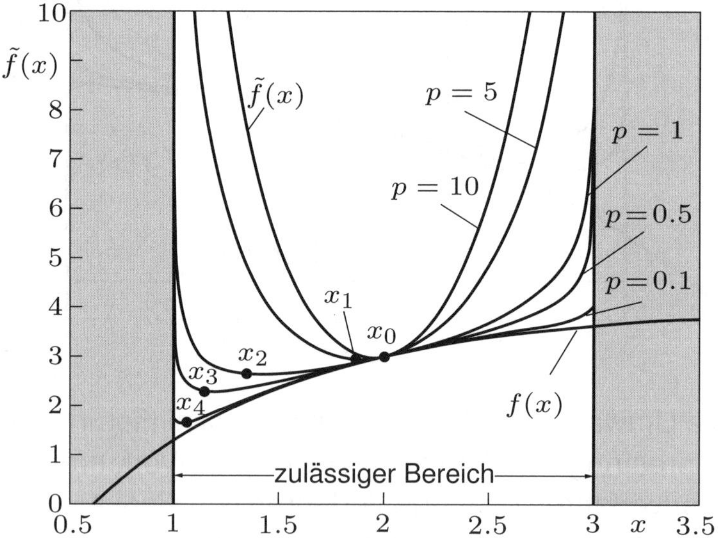

Die Lösung der bisher betrachteten Optimierungsaufgaben bezeichnet man als

- Parameteroptimierung.

Der Begriff Parameteroptimierung resultiert aus der Tatsache, dass der Vektor $\underline{x}$ – genauer seine Elemente x_i – als Parameter der Zielfunktion $f(\underline{x})$ aufgefasst werden.

Die betrachteten Probleme kann man wie folgt kategorisieren:

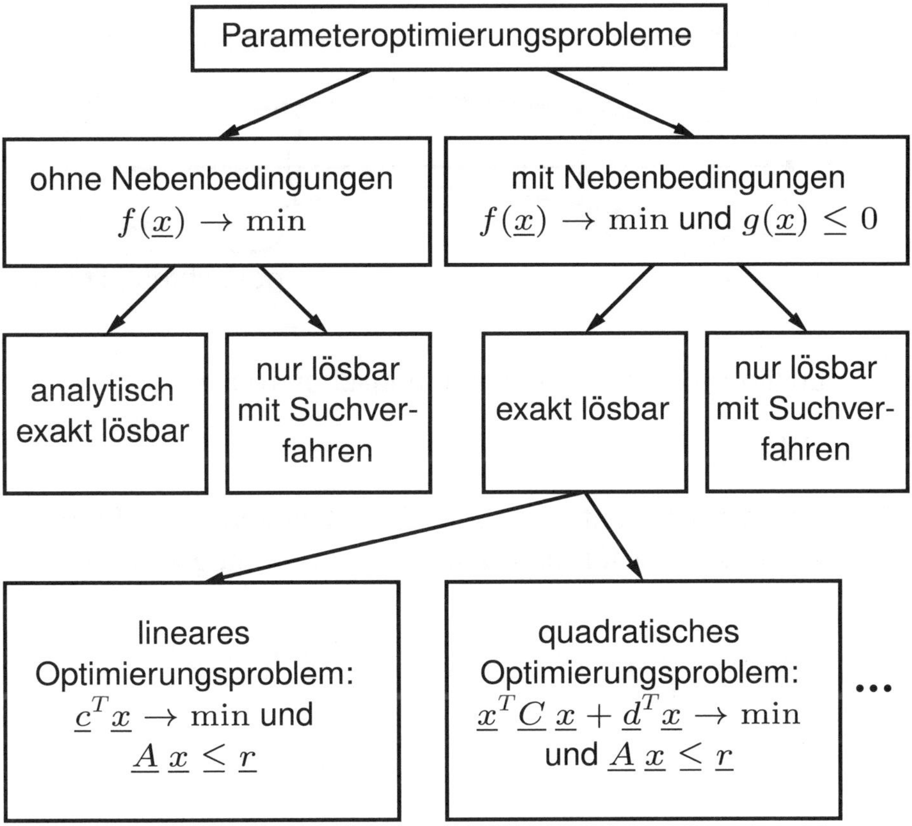

Es gibt Minimierungsaufgaben, bei denen man nicht einen optimalen Parametervektor $\underline{x}$ sucht, der eine Zielfunktion $f(\underline{x})$ minimiert, sondern eine Funktion $y(x)$, die ein Funktional $\mathcal{F}\{y\}$ minimiert:

$$\mathcal{F}\{y\} \rightarrow \text{min} . \tag{1}$$

Das Funktional ordnet jeder Funktion y, die aus einer bestimmten Funktionenklasse stammt, eine reelle Zahl zu.

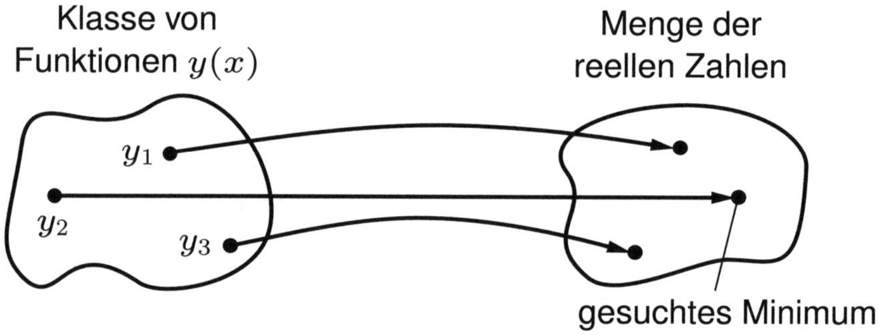

Die Funktion y^*, die zur minimal möglichen reellen Zahl

$$\mathcal{F}\{y^*\}$$

führt, ist die gesuchte Lösung der Minimierungsaufgabe in Gl. (1). Ein Beispiel für ein Funktional ist der Integralausdruck

$$\mathcal{F}\{y\} = \int_a^b f\left\{y(x), y'(x), \cdots, y^{(n)}(x), x\right\} dx.$$

Eine Minimierungsaufgabe obiger Art ist z. B. gegeben durch die Suche nach dem Regler $u(\underline{x})$, der im nachfolgend abgebildeten Regelkreis

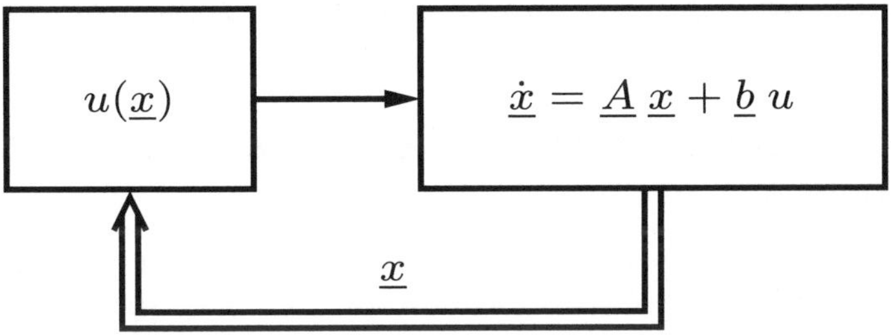

das quadratische Gütemaß

$$J = \int_0^\infty \underline{x}^T\,\underline{Q}\,\underline{x} + ru^2 dt$$

für eine Anfangsauslenkung $\underline{x}(t = 0)$ minimiert.

Optimiert werden bei solchen Aufgaben nicht die Parameter einer Funktion, sondern es wird eine Funktion – eine Struktur – gesucht. Man spricht daher im Gegensatz zur Parameteroptimierung von

- Strukturoptimierung.

Klassische Lösungsverfahren für einige wichtige Strukturoptimierungsaufgaben – wie den obigen Reglerentwurf – liefert die Variationsrechnung.

Strukturoptimierungsaufgaben sind auch solche, bei denen eine Funktion $f(\underline{x})$ oder eine Differentialgleichung gesucht wird, die einen Datensatz möglichst gut approximiert. Die Struktur der Funktion soll dabei noch nicht festliegen, wie es bei Interpolationspolynomen oder neuronalen Netzen im Allgemeinen der Fall ist.

Ein Beispiel ist die Identifikation eines statischen nichtlinearen Kennlinienfeldes

$$y = f(\underline{x}).$$

Die Funktion $f(\underline{x})$ ist unbekannt, man verfügt aber über eine Anzahl von n Messdaten $(\underline{x}_i, y_i)$.

Die Minimierungsaufgabe lautet nun: Suche die Funktion $\tilde{f}$, die den quadratischen Fehler

$$\epsilon = \sum (y_i - \tilde{f}(\underline{x}_i))^2$$

minimiert. Nachfolgendes Bild zeigt ein einfaches Beispiel.

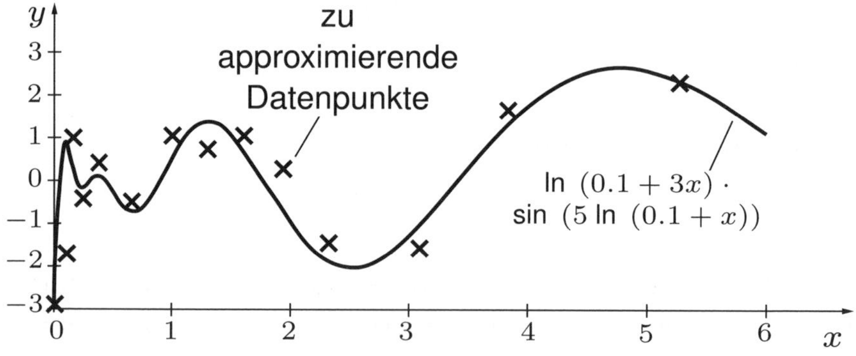

Es gibt eine Klasse weiterer Optimierungsaufgaben, bei denen kein Parametervektor $\underline{x}$ oder eine Funktion $f(\underline{x})$ gesucht werden, sondern eine Kombination bestimmter diskreter Möglichkeiten. Aufgaben dieser Art bilden die Klasse der

- Kombinatorischen Optimierungsaufgaben.

Eine der bekanntesten Aufgaben dieses Typs ist die des Handelsreisenden (Travelling-Salesman-Problem), der eine Anzahl von Städten besuchen und dabei eine minimale Reisestrecke zurücklegen soll. Unten ist ein Beispiel abgebildet.

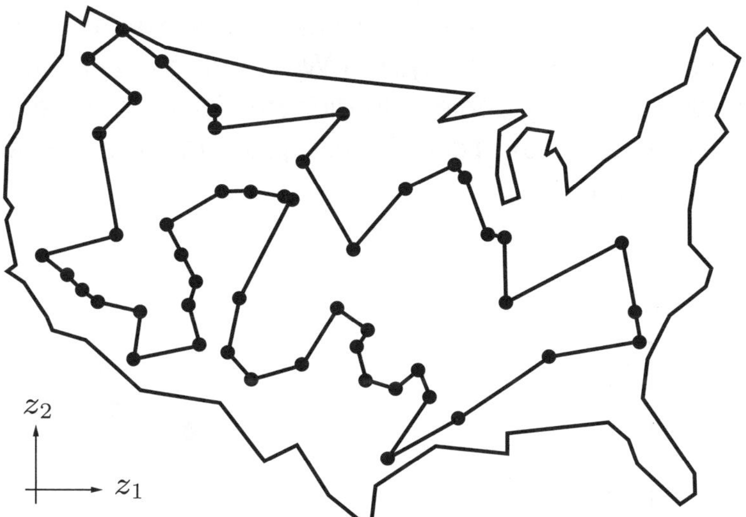

Die Aufgabe besteht darin, einen möglichst kurzen Weg zu finden, der alle Städte der Reihe nach verbindet und bei dem man wieder zum Ausgangspunkt zurückkommt.

Aufgaben obigen Typs sind nicht nur auf Handelsreisende beschränkt. Es gibt eine Vielzahl analoger Aufgabenstellungen. Z.B. die Minimierung der Wegstrecke eines Bohrkopfs, der die Löcher in eine Platine bohren soll oder die Verlegung von Versorgungsleitungen.

Die zu optimierende Funktion ist dabei die Wegstrecke

$$\begin{aligned} y &= f(\underline{z}) \\ &= \sum_{i=1}^{n} [(z_{1,k(i)} - z_{1,k(i+1)})^2 + (z_{2,k(i)} - z_{2,k(i+1)})^2]^{\frac{1}{2}} , \end{aligned}$$

wobei $z_{1,k(i)}$ und $z_{2,k(i)}$ die Koordinaten der Städte bzw. Wegpunkte i sind. Die Reihenfolge der Wegpunkte $k(i)$ ist im zu optimierenden Vektor $\underline{x}$ codiert. In diesem Vektor ist jedem Wegpunkt eine andere natürliche Zahl zugeordnet. Ihre Reihenfolge gibt den Weg an.

Ein Beispiel:

$$\underline{x} = \begin{bmatrix} 7 \\ 4 \\ 1 \\ 2 \\ 5 \\ 3 \\ 6 \end{bmatrix}$$

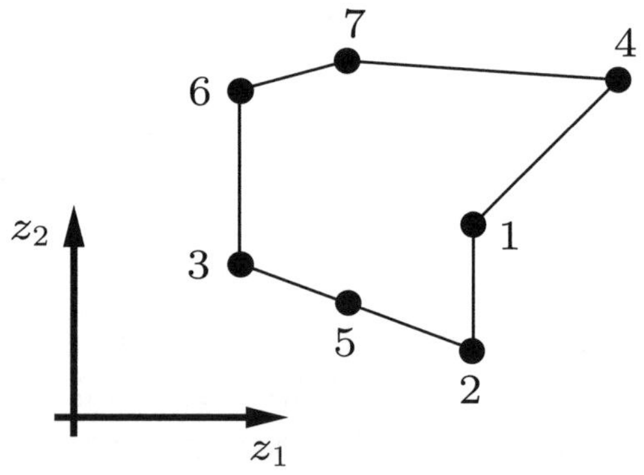

Ein weiteres Beispiel für kombinatorische Optimierungsaufgaben sind Maschinenbelegungsaufgaben. Bei Aufgaben dieser Art ist eine Reihe von Maschinen vorgegeben, die nacheinander folgend n verschiedene Produkte in jeweils bestimmten Zeiten teilfertigen (z. B. Maschine 1: Fräsen, Maschine 2: Bohren, Maschine 3: Polieren). Minimiert werden soll die Produktionszeit für eine vorgegebene Menge von Produkten.

Dazu ein einfaches Beispiel:

Auf zwei CNC-gesteuerten Werkzeugmaschinen, einer Fräse und einem Bohrer, sollen die sechs Produkte $1, 2, 3, 4, 5, 6$ gefertigt werden. Dabei müssen sie zuerst die Fräsmaschine und dann die Bohrmaschine durchlaufen:

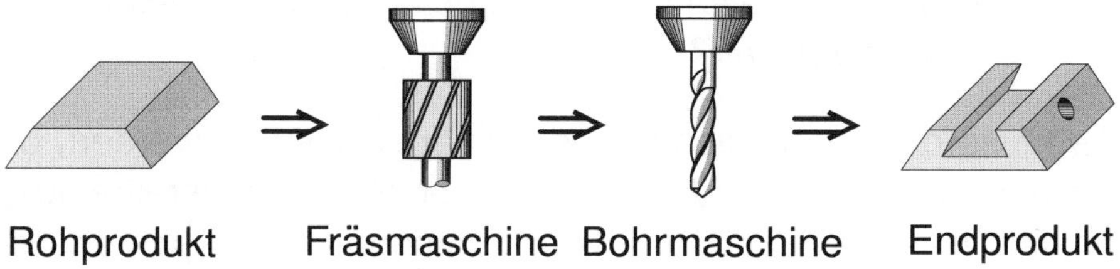

Dabei haben die sechs Produkte auf jeder der beiden Maschinen unterschiedliche Bearbeitungszeiten:

Produkte k	Bearbeitungszeit t_{1k} Maschine 1	Bearbeitungszeit t_{2k} Maschine 2
1	4	9
2	6	5
3	10	3
4	6	4
5	2	2
6	3	4

Zu minimieren ist die Bearbeitungszeit für alle sechs Produkte:

Welche Bearbeitungsreihenfolge ergibt die minimale Bearbeitungszeit?

Es muss der sechs-elementige Vektor $\underline{x}$ gesucht werden, der elementweise die Produkte k in ihrer Produktionsreihenfolge enthält. Das Produkt $k(i)$ ist das Element x_i. Zu optimierende Funktion f ist die Gesamtbearbeitungszeit

$$T = \underbrace{\text{Gesamtbearbeitungszeit Maschine } 2}_{(9+5+3+4+2+4)} + \text{Stillstandszeit Maschine } 2.$$

Da die Gesamtbearbeitungszeit der Maschine 2 konstant ist, ist es ausreichend, die Stillstandszeit t_s der Maschine 2 zu minimieren.

Würde man die Produkte in der Reihenfolge $1, 2, 3, 4, 5, 6$ fertigen, so sähen die Bearbeitungszeiten wie folgt aus:

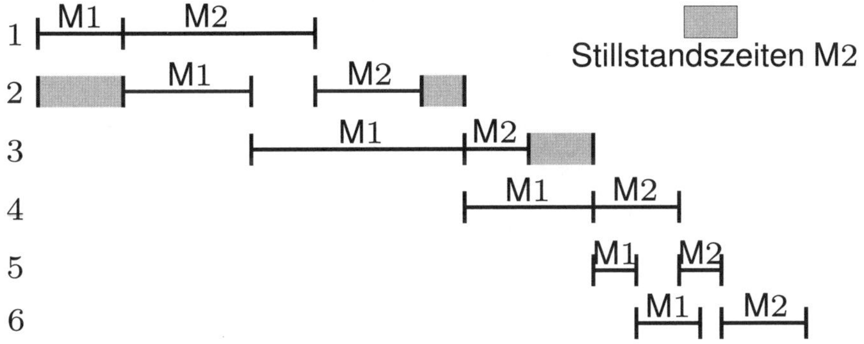

Da es n Produkte gibt, existieren

$$N = n\,!$$

Kombinationsmöglichkeiten. Im Fall $n = 6$ also $N = 720$.

Auch in diesem Fall sind die zu optimierenden Größen – die Elemente x_i des Vektors $\underline{x}$ – skalar, es handelt sich also um Parameter. Von der Systematik her sind kombinatorische Optimierungsaufgaben daher den Parameteroptimierungsaufgaben zuzuordnen. Auch für sie sind verschiedene spezielle Lösungsmethoden entwickelt worden.

Alle oben beschriebenen Typen von Optimierungsaufgaben können mit Hilfe von Evolutionären Algorithmen gelöst werden, wie es die nächsten Abschnitte beschreiben.

ABSCHNITT 4.3

Evolutionsstrategien

Evolutionäre Algorithmen können, wie beschrieben, in zwei Hauptklassen unterteilt werden: Evolutionsstrategien und Genetische Algorithmen. In diesem Abschnitt werden die Evolutionsstrategien betrachtet. Ein Individuum i wird hier durch einen reellwertigen Vektor

$$\underline{x}_i = \begin{bmatrix} x_{i1} & x_{i2} & \cdots & x_{in} \end{bmatrix}^T$$

und einen Vektor von Standardabweichungen

$$\underline{\sigma}_i = \begin{bmatrix} \sigma_{i1} & \sigma_{i2} & \cdots & \sigma_{in} \end{bmatrix}^T$$

repräsentiert.

Die Standardabweichungen σ_{ij} liefern für jedes Element x_{ij} eine mittlere Mutationsweite – sozusagen eine Schrittweite. Diese Mutationsweiten $\sigma_{ij}(k)$ geben jeweils die Standardabweichung der Normalverteilung

$$\tilde{W}(x_{ij}(k+1)) = \frac{1}{\sqrt{2\pi} \cdot \sigma_{ij}} \cdot e^{-\frac{1}{2}\left(\frac{x_{ij}(k+1) - x_{ij}(k)}{\sigma_{ij}}\right)^2}$$

an, auf deren Basis die Elemente $x_{ij}(k)$ der k-ten Generation zufällig bei einem Reproduktionsschritt zu den $x_{ij}(k+1)$ der $(k+1)$-ten Generation mutiert werden.

Für die Wahrscheinlichkeitsdichtefunktion W, die angibt mit welcher Wahrscheinlichkeit der Vektor $\underline{x}_i(k)$ der k-ten Generation mutiert, gilt dann:

$$\begin{aligned} W(\underline{x}_i(k+1)) &= \prod_{j=1}^{n} \tilde{W}(x_{ij}(k+1)) \\ &= \frac{1}{(2\pi)^{\frac{n}{2}} \prod\limits_{j=1}^{n} \sigma_{ij}} e^{-\frac{1}{2} \sum\limits_{j=1}^{n} \left(\frac{x_{ij}(k+1)-x_{ij}(k)}{\sigma_{ij}} \right)^2} . \end{aligned}$$

Grafisch dargestellt beschreibt obige Wahrscheinlichkeitsdichtefunktion W mehrdimensionale Gaußglocken mit Höhenlinien in Form von Ellipsoiden.

Anschaulich sieht das wie folgt aus für den

eindimensionalen Fall ($n = 1$) — zweidimensionalen Fall ($n = 2$)

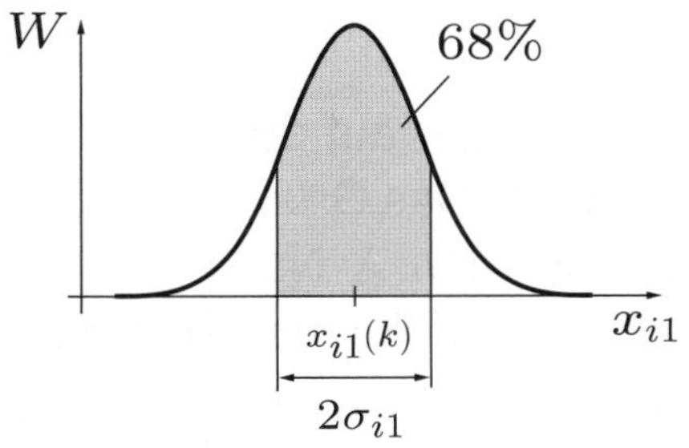

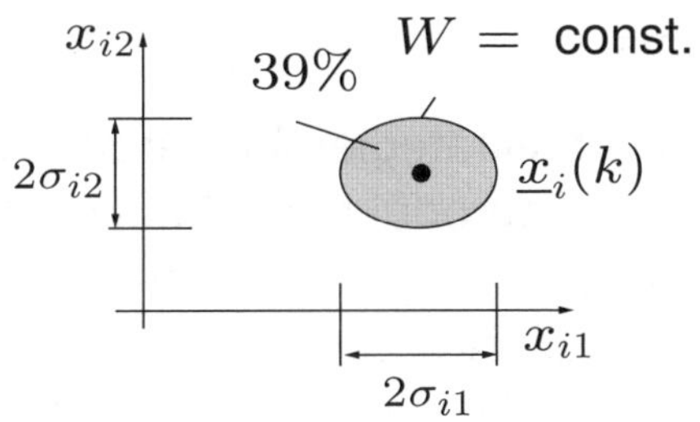

Ein von $\underline{x}_i(k)$ geklonter und mutierter Nachkomme $\underline{x}_i(k+1)$ liegt mit einer Wahrscheinlichkeit von ca. 39% innerhalb des Hyperellipsoids mit den Achsenlängen $2\sigma_{ij}(k)$. Sinnvoll ist es, die Mutationsweiten σ_{ij} als Eigenschaften eines Individuums zu deuten. Sie sind dann ebenfalls dem Evolutionsprozess unterworfen und passen sich automatisch der Topologie der Zielfunktion an. Es entsteht eine adaptive Schrittweitensteuerung.

Der Genotyp, d. h. die genetische Information, besteht bei Evolutionsstrategien also aus zwei Teilen:

$$(\underline{x}_i, \underline{\sigma}_i).$$

$$\nearrow \qquad \nwarrow$$

Position im Gütegebirge $f(\underline{x})$ Schrittweite im Gütegebirge

Der Phänotyp, als durch genetische Information entstandenes, der Selektion unterliegendes Individuum, ist bei Evolutionsstrategien der Gütefunktionswert $f(\underline{x}_i)$. Den Gütewert im Fall einer Maximumaufgabe bzw. den reziproken Gütewert im Fall einer Minimumaufgabe bezeichnet man auch als Fitness eines Individuums $\underline{x}_i$.

Evolutionsstrategien basieren – wie gesagt – auf den drei Elementen Reproduktion, Mutation, Selektion. Das Grundprinzip ist folgendes: Ausgehend von μ Eltern werden λ Nachkommen leicht mutiert erzeugt. Nach diesem Reproduktionsschritt werden die μ Individuen $\underline{x}_i$ mit den kleinsten Gütewerten $f(\underline{x}_i)$ als Eltern für den nächsten Reproduktionsschritt selektiert. Dies wird solange wiederholt, bis sich in einer Population das Individuum mit dem besten Gütewert von dem mit dem schlechtesten nur noch um einen vorgegebenen Wert ϵ unterscheidet.

Nachfolgendes Bild illustriert dieses Schema.

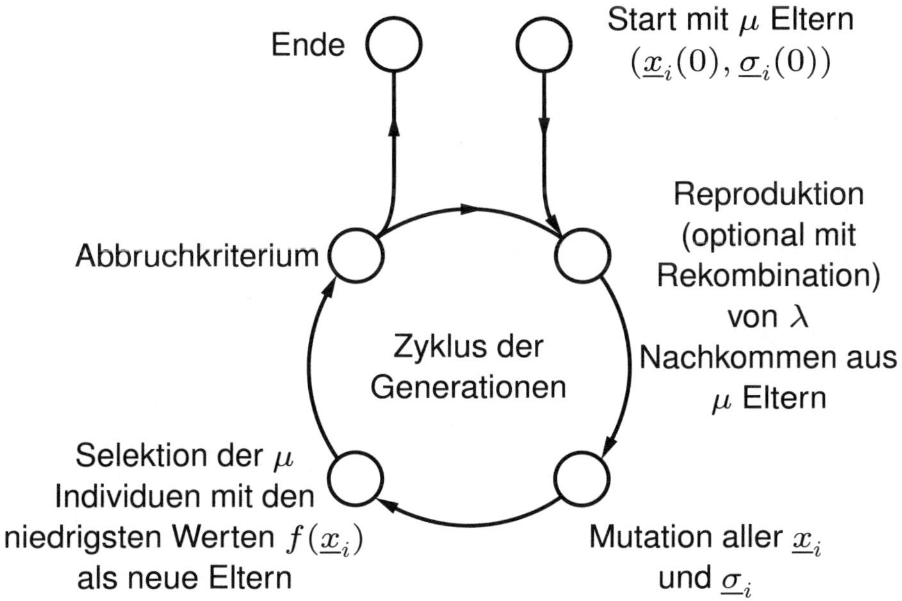

Evolutionsstrategien können bei der Reproduktion, d. h. der Erzeugung von Nachkommen, die Rekombination als Strategieelement nutzen, müssen es aber nicht. Es hat sich herausgestellt, dass Evolutionsstrategien mit Rekombination im Allgemeinen erfolgreicher sind als solche ohne.

Im Weiteren sollen die einzelnen oben dargestellten Schritte detaillierter erläutert werden.

Startphase:

In der Startphase werden μ Eltern zufällig gewählt. Hierbei ist es sinnvoll, die μ Eltern gleichmäßig über den Suchraum zu verteilen. Die Wahrscheinlichkeit, das globale Minimum zu ermitteln, ist dann größer, als wenn alle μ Eltern sehr ähnlich sind.

Nachstehendes Bild illustriert dies.

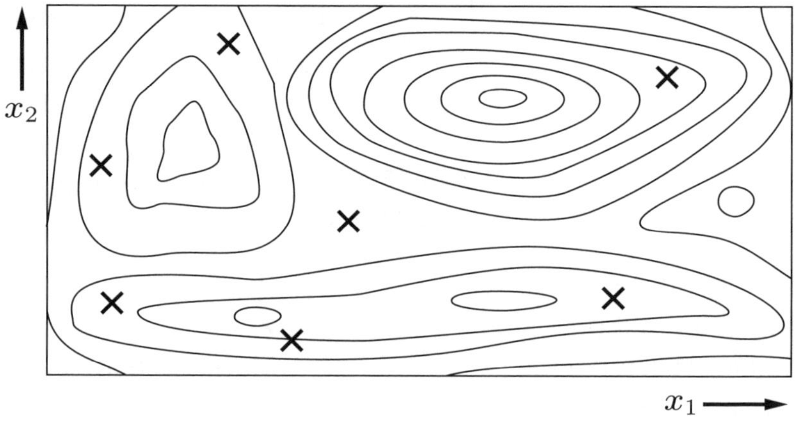

Bei der Wahl der Mutationsweiten σ_{ij} kann man prinzipiell ähnlich vorgehen wie beim Gradientenverfahren oder beim Verfahren von Hooke und Jeeves. Prinzipiell gelten zwei Regeln:

1. Sehr große Mutationsweiten σ_{ij} führen zu einem unstetigen Konvergenzverhalten, aber zu einer größeren Wahrscheinlichkeit das globale Minimum zu finden.
2. Sehr kleine Mutationsweiten σ_{ij} führen zu einer lokalen Suche mit meist kontinuierlich abnehmenden Fitnessfunktionswerten.

Reproduktion und Rekombination:

Die Reproduktion durch Rekombination ist bei Evolutionsstrategien wie erwähnt optional, dient allerdings dem Konvergenzverhalten. Im Falle der Rekombination werden aus den μ Eltern λ Nachkommen generiert. Zwei verschiedene Rekombinationsformen sind möglich:

1. **Diskrete Rekombination:** Zwei der μ Eltern werden zufällig ausgewählt. Jede der Komponenten x_{ij} bzw. σ_{ij} der Nachkommen $(\underline{x}_i, \underline{\sigma}_i)$ erbt dann zufällig ausgewählt die Komponente des Elter 1 oder Elter 2. Unten sind Beispiele gezeigt. Dabei werden auch die Mutationsweiten σ_{ij} rekombiniert in der Hoffnung, dass sich beim Nachkommen eine günstigere Kombination ergibt. Auch die Mutationsweiten unterliegen dann der Evolution.

	Elter 1 $i=1$	Elter 2 $i=2$	Nachkomme	Rekombinationsmöglichkeiten in der Ebene
$\underline{x}_i$	$\begin{bmatrix}10\\3\\7\\14\\5\end{bmatrix}$	$\begin{bmatrix}5\\7\\10\\1\\12\end{bmatrix}$	$\begin{bmatrix}10\\3\\10\\14\\12\end{bmatrix}$	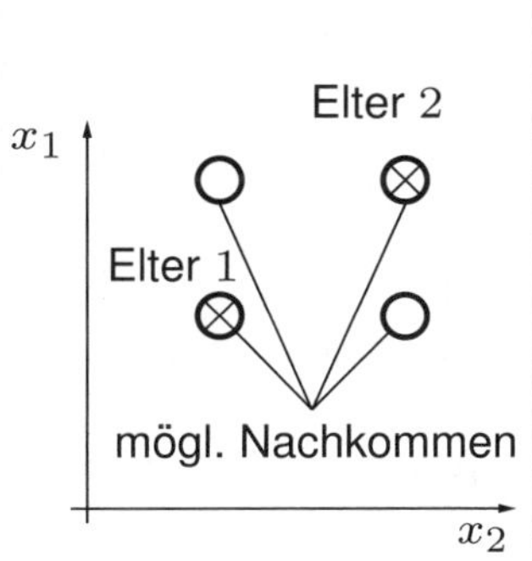
$\underline{\sigma}_i$	$\begin{bmatrix}1\\1\\2\\4\\1\end{bmatrix}$	$\begin{bmatrix}2\\1\\3\\0.2\\2\end{bmatrix}$	$\begin{bmatrix}2\\1\\2\\0.2\\2\end{bmatrix}$	

2. **Intermediäre Rekombination:** 2 der μ Eltern werden zufällig ausgewählt. Der durch diese Eltern erzeugte Nachkomme erbt die Mittelwerte

$$x_{ij}(k+1) = 0.5 \cdot (x_{1j}(k) + x_{2j}(k))$$

$$\sigma_{ij}(k+1) = 0.5 \cdot (\sigma_{1j}(k) + \sigma_{2j}(k))$$

aller $2n$ Elemente der beiden Eltern. Dabei können sowohl die Position x_{ij} als auch die Mutationsweiten σ_{ij} durch Rekombination gebildet werden. Dazu zwei Beispiele:

<table>
<tr><th></th><th>Elter 1
$i=1$</th><th>Elter 2
$i=2$</th><th>Nachkomme</th><th>Rekombinationsmöglich-
keiten in der Ebene</th></tr>
<tr><td>$\underline{x}_i$</td><td>$\begin{bmatrix}10\\3\\7\\14\\5\end{bmatrix}$</td><td>$\begin{bmatrix}5\\7\\10\\1\\12\end{bmatrix}$</td><td>$\begin{bmatrix}7.5\\5\\8.5\\7.5\\8.5\end{bmatrix}$</td><td rowspan="2">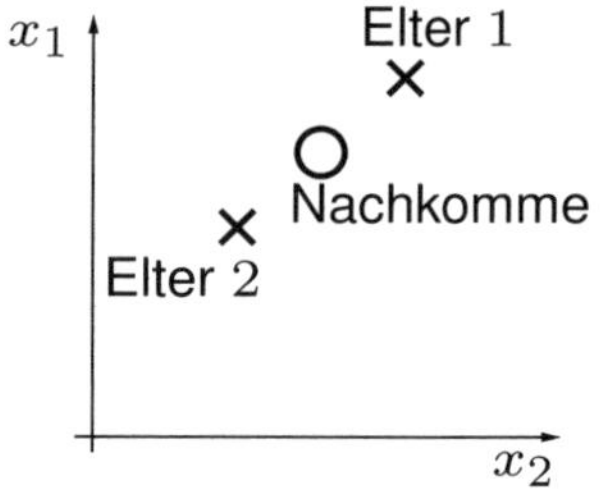
</td></tr>
<tr><td>$\underline{\sigma}_i$</td><td>$\begin{bmatrix}1\\1\\2\\4\\1\end{bmatrix}$</td><td>$\begin{bmatrix}2\\1\\3\\0.2\\2\end{bmatrix}$</td><td>$\begin{bmatrix}1.5\\1\\2.5\\2.1\\1.5\end{bmatrix}$</td></tr>
</table>

Als günstig hat sich erwiesen, für die

- Position $\underline{x}$ die diskrete Rekombination und für die
- Mutationsweiten $\underline{\sigma}$ die intermediäre Rekombination

anzuwenden.

Reproduktion und Mutation:

Die Mutation wird bei Evolutionsstrategien immer angewendet. Zwei Ausgangssituationen sind zu unterscheiden:

1. Bereits λ Nachkommen wurden durch Rekombination aus den μ Eltern erzeugt:

   Rekombination $\Longrightarrow (\underline{\tilde{x}}_1, \underline{\tilde{\sigma}}_1) \cdots (\underline{\tilde{x}}_\lambda, \underline{\tilde{\sigma}}_\lambda)$

   Diese λ Nachkommen werden nach dem weiter unten beschriebenen Schema mutiert.

2. Es erfolgte keine Rekombination. Die λ Nachkommen werden durch die μ Eltern durch Klonen und nachträgliches Mutieren erzeugt. Als zu mutierende Individuen werden von jedem Elter λ/μ Klone geschaffen:

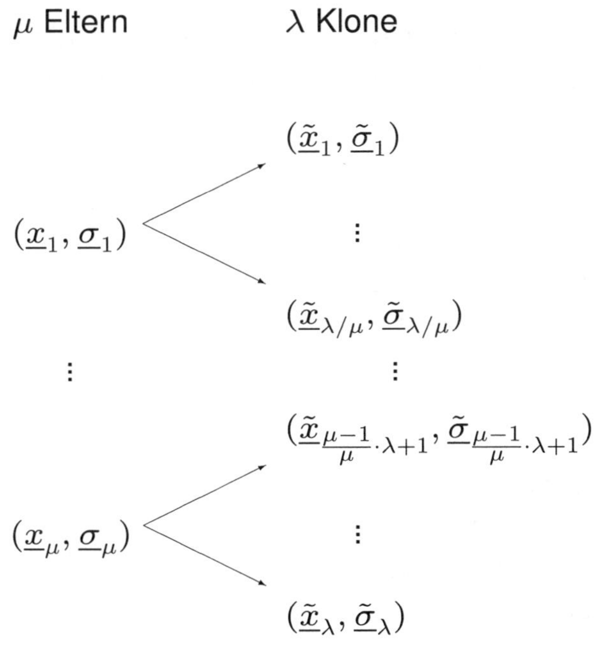

Beim Mutationsschritt werden zuerst die Mutationsweiten, d. h. die Standardabweichungen σ_{ij} eines Individuums variiert. Dies geschieht multiplikativ durch eine Zufallszahl z

$$\sigma_{ij}(k+1) = \tilde{\sigma}_{ij} \cdot z.$$

Diese Zufallszahl soll folgende Bedingungen erfüllen:

- Eine Verkleinerung soll genauso oft vorkommen wie eine Vergrößerung.
- Der Wert $z = 1$, also der Fall ohne Mutation, soll die größte Wahrscheinlichkeit aufweisen.
- Kleine Änderungen der Mutationsweite sollen häufiger sein als große.

Diese Bedingungen sind erfüllt, wenn man eine normalverteilte Zufallszahl s in die Exponential-Funktion einsetzt und so die Zufallszahl

$$z = e^{\tau s}$$

erhält. Die Zufallszahl z erfüllt dann obige Forderungen. Insbesondere soll hier die Zufallszahl s aus einer normierten Normalverteilung resultieren. Eine normierte Normalverteilung hat den Mittelwert $\bar{s} = 0$ und die Standardabweichung $\sigma = 1$.

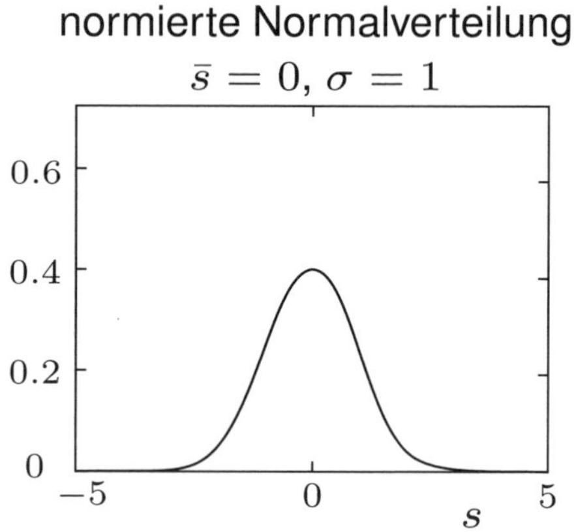

Konkret mutiert man die Mutationsweiten wie folgt:

$$\sigma_{ij}(k+1) = \tilde{\sigma}_{ij} \cdot e^{\tau_0 s_i} \cdot e^{\tau_1 \tilde{s}_j}. \tag{1}$$

$e^{\tau_0 s_i}$: wirkt auf alle Elemente von $\underline{\tilde{\sigma}}_i$ gleich

$e^{\tau_1 \tilde{s}_j}$: wirkt unterschiedlich auf jedes Element $\tilde{\sigma}_{ij}$

Beide Zufallszahlen s_i und $\tilde{s}_j$ entstammen normierten Normalverteilungen. Die Zufallszahl s_i führt dabei dazu, dass alle Mutationsweiten um den gleichen Faktor $e^{\tau_0 s_i}$ geändert werden. Dagegen wird über $\tilde{s}_j$ jede Mutationsweite σ_{ij} verschieden variiert. Dadurch können sich die Mutationsweiten – die Schrittweiten – in jeder Koordinatenrichtung $\underline{e}_i^T = (0, ..., 0, 1, 0, ..., 0)$ der Zielfunktion anpassen.

Die Konstanten τ_0 und τ_1 wählt man im Allgemeinen günstig zu

$$\tau_0 = 0,1...0,2,$$
$$\tau_1 = 0,1...0,2.$$

Sinnvoll ist es des Weiteren, die durch Gl. (1) erzeugten Mutationsweiten auf einen Minimalwert $\sigma_{min} \leq \sigma_{ij}(k+1)$ zu begrenzen. Sonst könnte $\sigma_{ij}(k+1)$ zufällig so klein werden, dass x_{ij} keine Veränderung mehr erfährt.

An dieser Stelle soll noch einmal deutlich gemacht werden, dass sich auch die Mutationsweiten σ_{ij} durch den Evolutionsprozess, dem sie unterworfen werden, adaptiv der Topologie der Zielfunktion anpassen. Dadurch, dass die Mutationsweiten also selbst mutiert (und auch rekombiniert) werden und dann der Selektion unterliegen, passen sie sich der Form der Zielfunktion an. Dazu folgendes Illustrationsbeispiel:

Es liegt eine Zielfunktion $f(\underline{x})$ mit einem Minimum in einem flachen Tal vor. Man startet mit Generation 1 mit Individuen (hier ist nur eins dargestellt), die sehr kleine Mutationsweiten σ_{ij} besitzen. Die durch das Elter aus 1 durch Mutation erzeugten Nachkommen besitzen sowohl kleinere als auch größere Mutationsweiten. Das gilt auch für die nächsten Generationen.

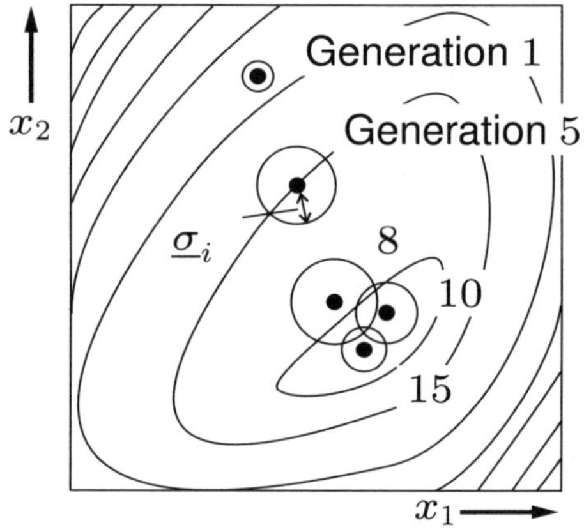

Dabei werden sich im statistischen Mittel die Individuen mit großen Mutationsweiten durchsetzen. Denn sie durcheilen das flache Tal schneller, gelangen also schneller zu niedrigen Zielfunktionswerten $f(\underline{x})$. Die Mutationsweiten steigen also mit zunehmender Generationszahl k an. In der Nähe des Minimums nehmen die Mutationsweiten dann wieder ab, da Individuen mit großen Mutationsweiten im statistischen Mittel zu großen Zielfunktionswerten führen und ausselektiert werden.

Die richtige Wahl bzw. Adaption der Mutationsweiten σ_{ij} ist von zentraler Bedeutung für das Konvergenzverhalten einer Evolutionsstrategie:

- Sind die Mutationsweiten zu klein, so konvergiert das Verfahren sehr langsam (Stagnation).
- Sind die Mutationsweiten zu groß, so treten sehr oft Verschlechterungen auf und das Verfahren entartet zum rein zufälligen Suchverfahren (Chaos).

Das Mutationsweitenoptimum liegt also irgendwo zwischen diesen Extrema. Den Bereich günstiger Mutationsweiten, der direkt von der Topologie der Zielfunktion abhängt, bezeichnet man auch als Evolutionsfenster. Unten ist es in seiner prinzipiellen Form dargestellt. Die Ordinate liefert dabei die Fortschrittsgeschwindigkeit, d. h. die Zielfunktionswertabnahme pro Generation.

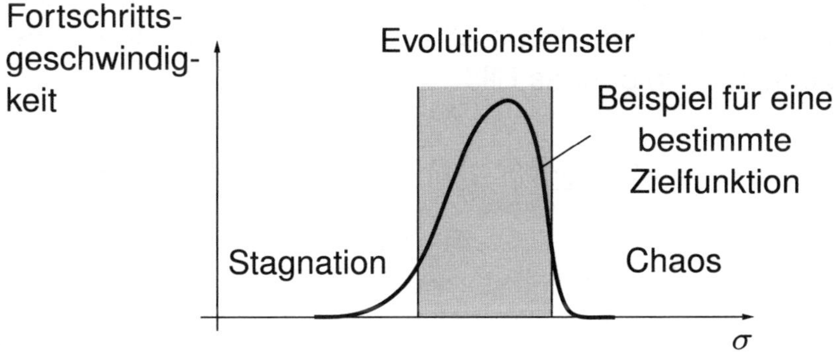

Nachdem die Mutationsweiten σ_{ij} der Nachkommen durch obigen Schritt erzeugt wurden, werden im nächsten Schritt

- die Positionen $\underline{x}_i$ aller Nachkommen mutiert.

Dies geschieht wie oben schon anfänglich beschrieben additiv auf Basis einer Normalverteilung. D.h. für die j-te Koordinate des i-ten Nachkommen gilt

$$x_{ij}(k+1) = \tilde{x}_{ij} + \sigma_{ij}(k+1) \cdot z_{ij}. \tag{1}$$

Klon von $x_{ij}(k)$ oder rekombiniertes Individuum

Mutationsweite der j-ten Koordinate des i-ten Nachkommen

normiert normalverteilte Zufallszahl

Die verwendeten Mutationsweiten σ_{ij} sind dabei die im vorherigen Schritt berechneten. Die Position $x_{ij}(k+1)$ eines Nachkommens befindet sich aufgrund von Gl. (1) mit $39,35\%$ Wahrscheinlichkeit in einem Hyperellipsoid mit den Achsenlängen $2\sigma_{ij}$. Siehe dazu folgendes Bild:

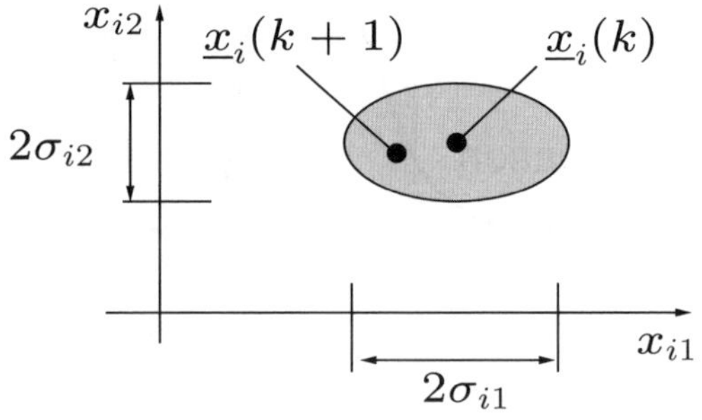

Eine moderne Weiterentwicklung der Adaption der Wahrscheinlichkeitsverteilungen, über die neue Nachkommen generiert werden, ist die Kovarianzmatrixadaptions-Evolutionsstrategie (CMA-ES), die aufgrund ihrer hohen Effizienz in der Praxis oft Anwendung findet [1].

[1] Hansen, N.: The CMA evolution strategy: a comparing review. Towards a new evolutionary computation. Advances on estimation of distribution algorithms, Springer Verlag, S. 1769-1776, 2006

Bewertung und Selektion

Nachdem die Positionen $\underline{x}_i$ aller Nachkommen ermittelt wurden, werden ihre Gütewerte $f(x_i)$ bestimmt. Die μ besten, d. h. die mit den niedrigsten Gütewerten, bilden die Eltern der nächsten Generation. Dabei sind zwei Vorgehensweisen möglich, nämlich

- ohne Aussterben der Eltern und
- mit Aussterben der Eltern.

Im ersten Fall erfolgt die Auswahl der neuen μ Eltern mit den niedrigsten Gütewerten aus den

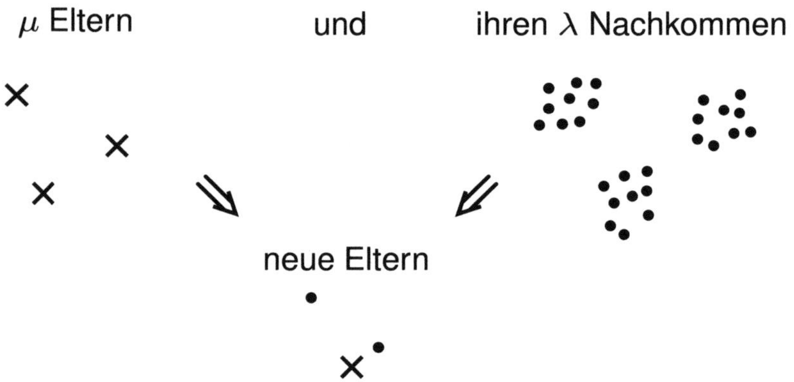

Diese Variante der Evolutionsstrategien bezeichnet man auch als $(\mu + \lambda)$ - Evolutionsstrategie. Bei dieser Strategie ist sichergestellt, dass es nie zu einer Verschlechterung der Gütewerte während einer Optimierung kommt. Genau dies geschieht im zweiten Fall, wenn alle λ Nachkommen höhere Gütewerte $f(x_i)$ als ihre Eltern besitzen.

Die $(\mu + \lambda)$ -Evolutionsstrategien besitzen durchaus ein biologisches Vorbild: Einzeller vermehren sich durch Zellteilung, so dass in gewisser Weise ein Individuum unendlich lange leben kann.

Sterben die Eltern – wie es in der Natur bei allen höheren Lebewesen der Fall ist – aus, so unterliegen nur die λ Nachkommen der Selektion:

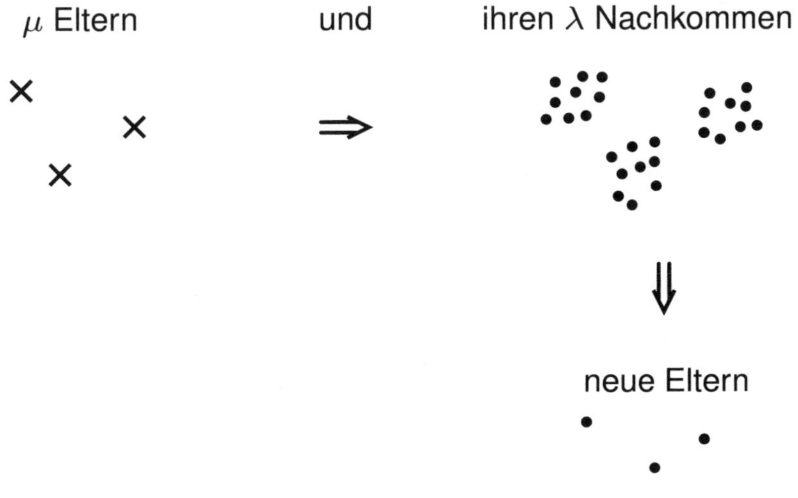

Diese Evolutionsstrategie wird auch als (μ, λ)- Evolutionsstrategie bezeichnet. Prinzipiell sind hier Verschlechterungen des niedrigsten gefundenen Gütewertes $f(x_i)$ von einer Generation zur nächsten möglich (wenn auch unwahrscheinlich). Dies verschlechtert die Konvergenzgeschwindigkeit, vermeidet aber, dass man zu schnell in einem lokalen Minimum hängen bleibt. Ein typischer Wert für λ ist

$$\lambda = 7\mu.$$

Abbruchkriterium

Nach einer bestimmten Anzahl k von Generationen wird sich der Zielfunktionswert $f(\underline{x})$ nicht weiter verbessern. Denn man ist in einem Minimum angelangt. Als Indikator für ein Minimum betrachtet man z. B. die relative Differenz ϵ der Zielfunktionswerte der beiden Individuen $\underline{x}_{best}$ und $\underline{x}_{worst}$ mit dem besten und dem schlechtesten Zielfunktionswert

$$\epsilon = \left| \frac{f(\underline{x}_{worst}) - f(\underline{x}_{best})}{f(\underline{x}_{best})} \right|$$

in einer Generation.

Unterschreitet sie eine bestimmte Schranke

$$\epsilon < \epsilon_{max},$$

so wird der Punkt

$$\underline{x}_{best}$$

als Minimum betrachtet.

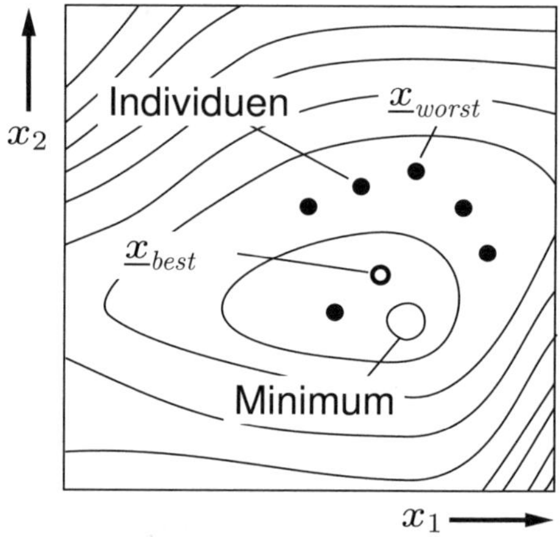

Dieses Abbruchkriterium hat aber auch Nachteile. Befindet man sich beispielsweise in einer sehr flachen Ebene, so würde die Optimierung abgebrochen, ohne dass ein echtes Minimum vorliegt.

Das nebenstehende Bild illustriert einen solchen Fall. Offensichtlich würde die Optimierung schon auf der Ebene abgebrochen. Das Minimum wird also nicht erreicht.

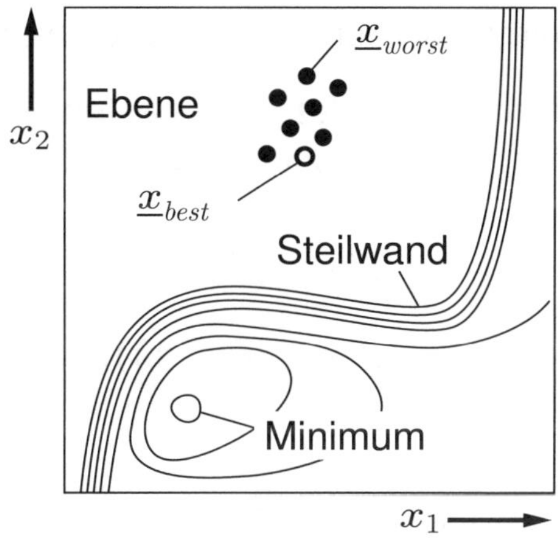

Daher ist es oft günstiger sich an der Verbesserung von $f(\underline{x})$ über mehrere Generationen hinweg zu orientieren.

Dazu wird die Abnahme des Zielfunktionswertes mit zunehmender Anzahl k der Generationen betrachtet:

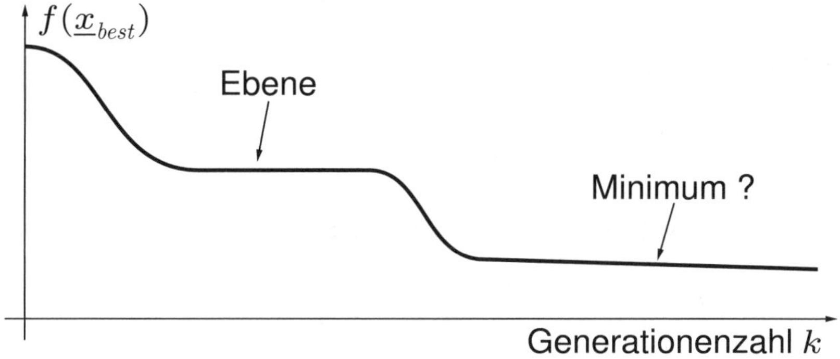

Nimmt der Zielfunktionswert über einen bestimmten Zeitraum von q Generationen nicht mehr ab, stoppt man die Optimierung und betrachtet den besten gefundenen Wert als Minimum.

Anmerkung: Bei $(\mu + \lambda)$ - Evolutionsstrategien kann der Verlauf des Zielfunktionswertes mit zunehmendem k nur konstant bleiben oder abnehmen. Bei (μ, λ) -Evolutionsstrategien kann der Wert der Zielfunktion auch zunehmen.

Dementsprechend formuliert man das Abbruchkriterium:

Man betrachtet die besten gefundenen Zielfunktionswerte $f(\underline{x}_{best})$ der letzten q Generationen, also

$$
\begin{aligned}
&\rightarrow \quad f(\underline{x}_{best}(k)), \\
&\rightarrow \quad f(\underline{x}_{best}(k-1)), \\
&\qquad \ldots \\
&\rightarrow \quad f(\underline{x}_{best}(k-q+1)).
\end{aligned}
$$

Den kleinsten aus diesen Werten nennt man

$$f_q(\underline{x}_{best})$$

und den größten

$$f_q(\underline{x}_{worst}).$$

Man stoppt die Optimierung dann, wenn

$$\epsilon = \left| \frac{f_q(\underline{x}_{worst}) - f_q(\underline{x}_{best})}{f_q(\underline{x}_{best})} \right| < \epsilon_{max}$$

ist.

Ein weiteres Abbruchkriterium kann auch die Rechenzeit sein, z. B. wenn diese bezahlt werden muss, oder eine vorgegebene maximale Zahl erlaubter Generationen.

Obige Schritte beschreiben die wesentlichen Verfahrenselemente einer Evolutionsstrategie. Erweiterungen finden sich in der angegebenen Literatur.

Es sollen nun noch einige Betrachtungen zur Anwendung von Evolutionsstrategien in Abhängigkeit von der Anzahl der zu optimierenden Parameter gemacht werden.

Wichtig für die Entscheidung wieviele

- Eltern μ und
- Nachkommen λ

man wählen soll, ist vor allem die Anzahl n der zu optimierenden Parameter, d. h. die Dimension des Suchraumes. Die Anzahl der benötigten Individuen steigt pro Generation, also λ, mit n stark an. Um dies zu verdeutlichen, wird eine Überdeckung des Suchraumes $\mathbb{R}^n$ durch äquivalente Stützstellen betrachtet:

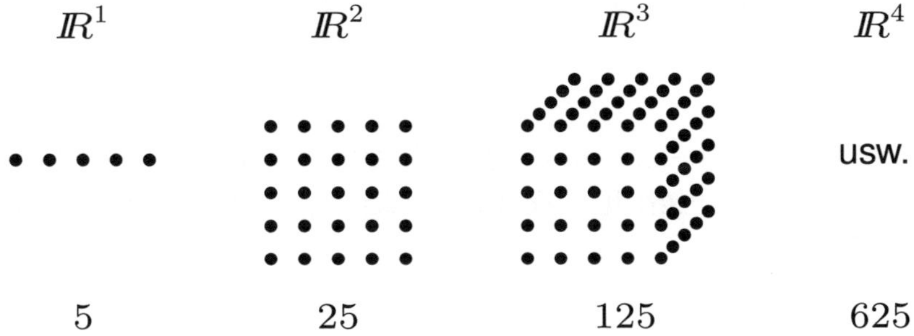

Bei einer äquidistanten Stützstellenüberdeckung des Suchraumes $\mathbb{R}^n$ mit r Stützstellen pro Koordinate beträgt die Anzahl der benötigten Stützstellen:

$$N = r^n.$$

Die Anzahl benötigter Stützstellen oder Suchpunkte wächst also exponentiell mit der Dimension n des Suchraumes. Prinzipiell gilt dies – möchte man in hochdimensionalen Suchräumen dieselbe Erfolgswahrscheinlichkeit haben wie in niedrigdimensionalen – auch bei Evolutionsstrategien.

Aber auch die Topologie der Zielfunktion ist wesentlich für die Wahl der Nachkommenzahl λ. Dazu zwei Beispiele:

Links ist eine Zielfunktion mit kreisförmigen Höhenlinien, rechts eine mit Höhenlinien in Form von Winkelsektoren dargestellt.

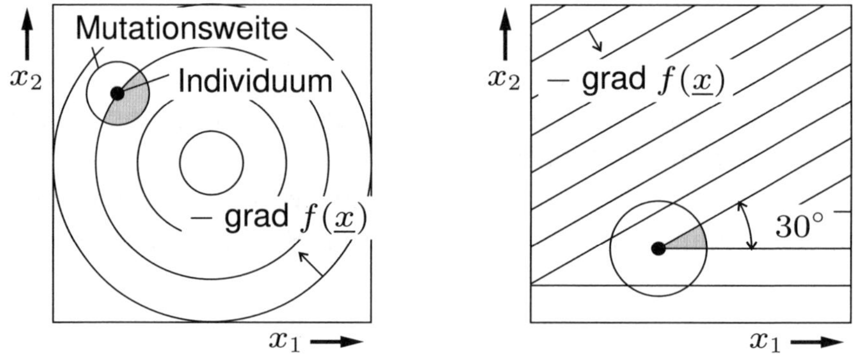

Wird eine $(1, \lambda)$ - Evolutionsstrategie verwendet, so benötigt man im Allgemeinen für ein befriedigendes Konvergenzverhalten im linken Fall

$$\lambda > 2$$

Nachkommen, damit im statistischen Mittel öfter ein Nachkomme einen niedrigeren als einen höheren Zielfunktionswert besitzt als sein Elter. Im rechten Fall reichen

$$\lambda > 12.$$

Evolutionsstrategien eignen sich insbesondere zur Lösung von Parameteroptimierungsaufgaben

$$f(\underline{x}) \rightarrow \text{min} .$$

Nebenbedingungen können dabei z. B. durch Barrierefunktionen berücksichtigt werden. Im folgenden Abschnitt werden einige Anwendungsbeispiele beschrieben.

ABSCHNITT 4.4

Anwendungsbeispiele von Evolutionsstrategien

Mit Evolutionsstrategien können Parameteroptimierungsaufgaben der Form

$$f(\underline{x}) \rightarrow \min \tag{1}$$

gelöst werden. Im Gegensatz zu lokalen Hill-Climbing-Verfahren ermöglichen die Evolutionsstrategien je nach Wahl der Strategieparameter eine lokale oder mehr globale Suche. Es lassen sich auch andere Aufgabenstellungen behandeln, indem man sie auf die Form von Gl. (1) bringt. Dafür zwei Beispiele:

- Die Lösung(en) nichtlinearer Gleichungssysteme

  $$\underline{g}(\underline{x}) = \underline{0}$$

  sind identisch mit den Lösungen der Minimierungsaufgabe

  $$\underline{g}^T(\underline{x}) \cdot \underline{g}(\underline{x}) \rightarrow \min .$$

- Lösungen nichtlinearer Ungleichungen

  $$\underline{g}(\underline{x}) \leq \underline{0}$$

  lassen sich finden, indem man das nichtlineare Gleichungssystem

  $$\underline{g}(\underline{x}) = -\underline{\epsilon} \quad \Leftrightarrow \quad \underline{g}(\underline{x}) + \underline{\epsilon} = \underline{0}$$

  mit $\epsilon_i \geq 0$ löst. Es ergibt sich die Minimierungsaufgabe

  $$(\underline{g}(\underline{x}) + \underline{\epsilon})^T \cdot (\underline{g}(\underline{x}) + \underline{\epsilon}) \rightarrow \min .$$

Oft werden Evolutionsstrategien und Hill-Climbing-Verfahren auf technische, betriebswirtschaftliche oder organisatorische Aufgaben angesetzt. Rein mathematische Aufgabenstellungen dienen meist dem Leistungsvergleich der Verfahren. Die Maximierung der „Six Hump Camel Back Function“

$$f(x_1, x_2) \;=\; 4x_1^2 - 2.1x_1^4 + \frac{x_1^6}{3} + x_1x_2 - 4x_2^2 + 4x_2^4 + 1.03$$

ist eine solche gängige Testaufgabe. Eine Evolutionsstrategie[1] ermittelt die Hauptmaxima in 20 Generationen:

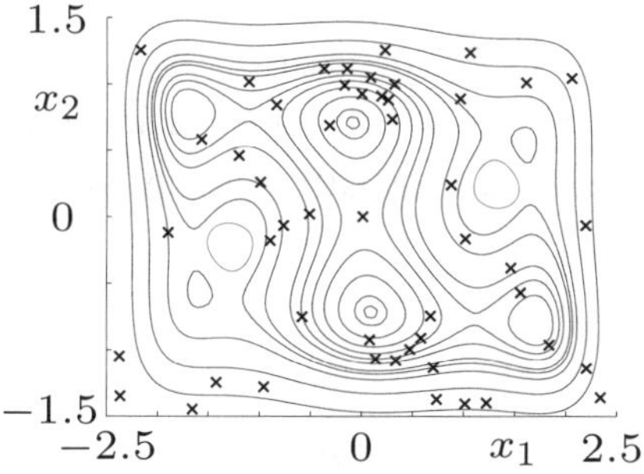

0. Generation

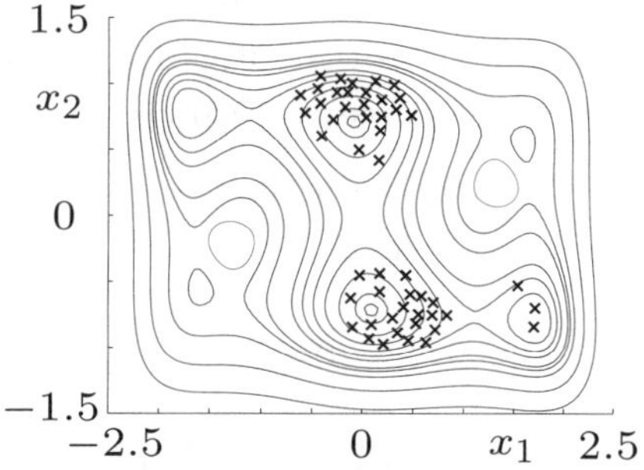

12. Generation

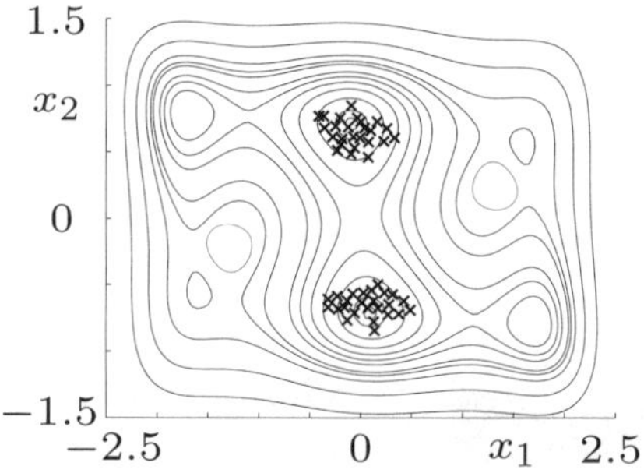

20. Generation

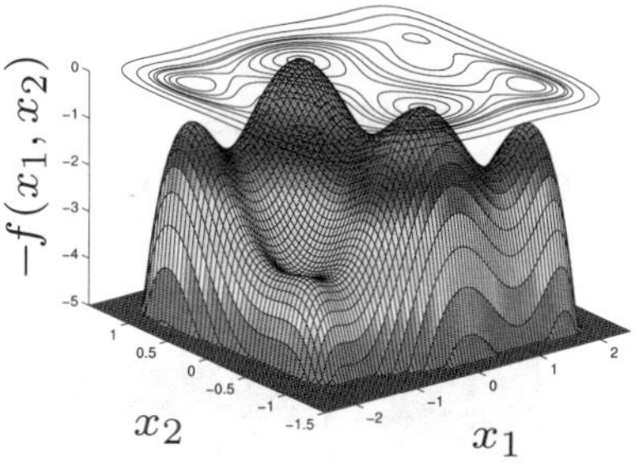

[1] Kahlert, J.: Vektorielle Optimierung mit Evolutionsstrategien und Anwendung in der Regelungstechnik. VDI-Verlag, Fortschrittberichte Nr. 234, 1991

Eine der ersten technischen Anwendungen von Evolutionsstrategien war die Optimierung einer

- Zweiphasen-Überschalldüse für Raumfahrzeuge[2].

Gespeist wird diese Düse durch flüssiges Kalium, das in einem kleinen Kernreaktor erhitzt wird. In der Düse wird das flüssige Kalium beschleunigt, wobei es zum Teil verdampft.

Ziel war es nun, die Düse so auszulegen, dass das ausströmende Flüssigkeits-Dampfgemisch zu einem maximalen Impuls führt. Rechnerisch konnte die optimale Düsenform aufgrund der komplexen strömungsmechanischen Zusammenhänge nicht bestimmt werden. Daher wurde für die Optimierung eine Evolutionsstrategie eingesetzt. Zielfunktion ist dabei der Impuls $p(\underline{x})$ und zu lösen ist

$$p(\underline{x}) \rightarrow \text{max} .$$

Die Parameter $\underline{x}$ sind die Eckpunkte eines Polygonzuges, der – wie unten dargestellt – die Außenhaut der rotationssymmetrischen Düse beschreibt.

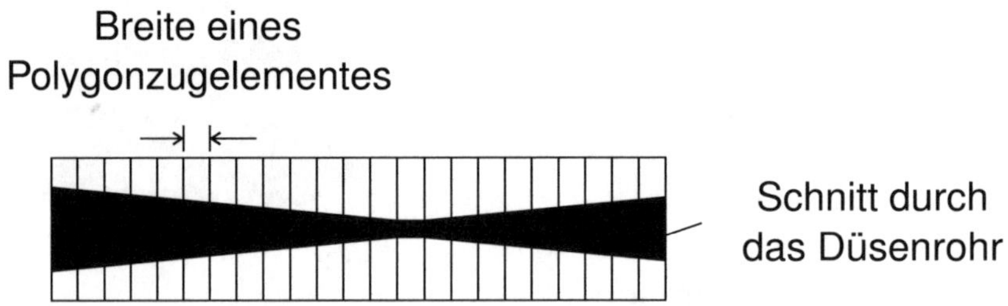

[2]Rechenberg, I.: Evolutionsstrategie, Friedrich Frommann Verlag, Stuttgart, 1973.

Da die Strömungsverhältnisse und damit der Impuls $p(\underline{x})$ nicht berechnet werden konnten, wurde $p(\underline{x})$ anhand eines Versuchsaufbaus gemessen. Dieser Aufbau war so ausgelegt, dass die Eckpunkte des Polygonzuges – also die Parameter $\underline{x}$ der Düse – einstellbar waren. Nachfolgendes Bild zeigt die Optimierung über 45 Generationen, wobei jeweils nur die beste Anordnung einer Generation gezeigt ist.

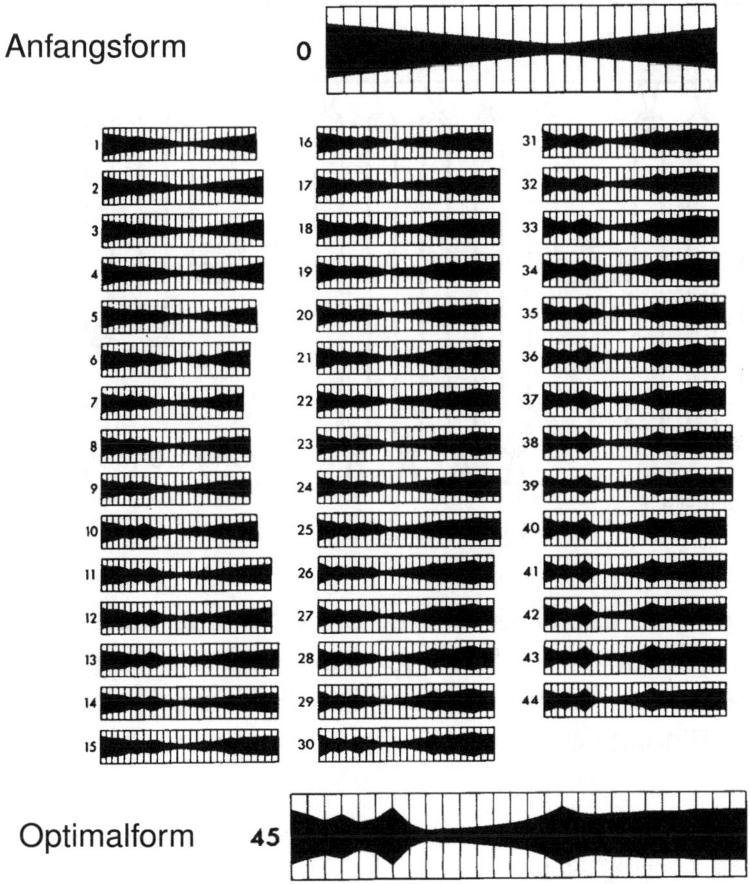

Ein weiteres Beispiel für die Anwendung einer Evolutionsstrategie ist die

- Ordnungsreduktion des Modells einer Durchlaufglühe[3].

Stahlbleche werden in Bändern in Walzwerken auf ihre Enddicke herruntergewalzt. Die dabei auftretende Kaltverfestigung des Bleches wird in Durchlaufglühen durch Erhitzen des Bleches rückgängig gemacht. Das Bild zeigt eine solche Anlage:

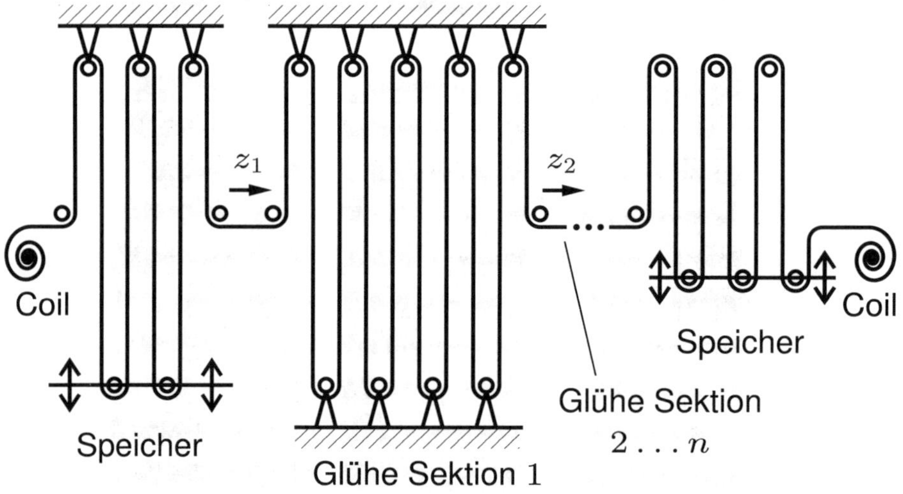

Zu Beginn wird das Blech von einem Coil abgewickelt und läuft in einen mechanischen Speicher. Von diesem gelangt es in die erste Sektion der Glühe, wo es erhitzt wird. Dabei hat das Blechband am Eingang den Zug (Kraft) z_1 und am Ausgang den Zug z_2.

[3] Litz, L.: Order reduction of linear state-space models via optimal approximation of the non-dominant modes. Large Scale Systems 2, S. 171-184, 1981.
Kahlert, J.: Vektorielle Optimierung mit Evolutionsstrategien und Anwendungen in der Regelungstechnik. VDI-Verlag, Fortschrittberichte Nr. 234, 1991.

Das Verhältnis der Züge

$$\frac{z_2}{z_1}$$

ist wichtig für einen kontinuierlichen Betrieb der Glühe. Eine Übertragungsfunktion

$$\frac{z_2(s)}{z_1(s)} = G(s)$$

der Ordnung 41 beschreibt diesen Zusammenhang.

Da eine Übertragungsfunktion so hoher Ordnung den Entwurf von Regelungen und auch die Simulation kompliziert und aufwendig gestaltet, ist man daran interessiert eine Ersatzübertragungsfunktion $\tilde{G}(s)$ zu finden, die mit reduzierter Ordnung die wesentlichen Prozesseigenschaften wiedergibt:

$$\tilde{G}(s) \approx G(s).$$

ordnungsreduzierte Übertragungsfunktion ($\tilde{G}(s)$)

Original-Übertragungsfunktion hoher Ordnung ($G(s)$)

Im vorliegenden Fall wurde eine Übertragungsfunktion

$$\tilde{G}(s) = \frac{b_3 s^3 + b_2 s^2 + b_1 s + b_0}{a_4 s^4 + a_3 s^3 + a_2 s^2 + a_1 s + a_0}$$

angesetzt.

Die Parameter b_i, a_i sind dann durch eine Evolutionsstrategie, so optimiert worden, dass die Fläche zwischen der Systemantwort des Originalsystems und der Systemantwort des reduzierten Systems minimal wurde. Als Eingangssignal wurde eine Rechteckfolge benutzt. Die folgenden Bilder zeigen die Ergebnisse für $0, 20, 30$ und 140 Generationen.

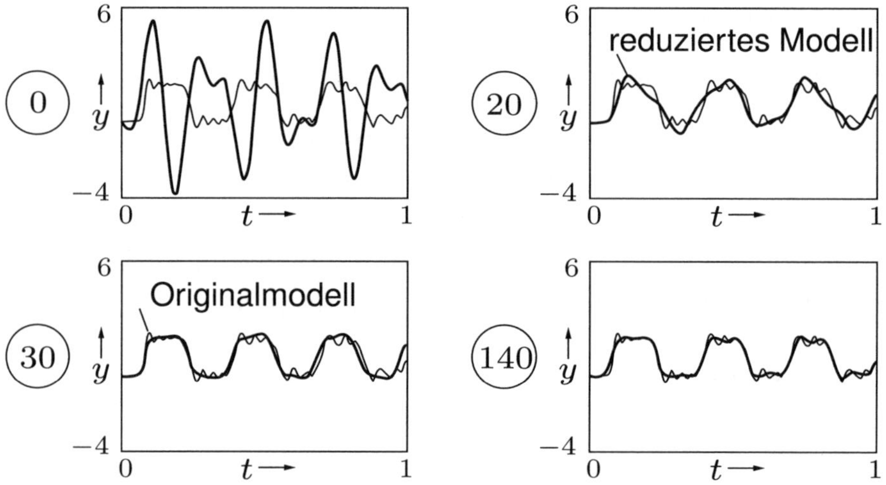

Die optimale reduzierte Übertragungsfunktion hat die Parameter

$$a_4 = 6.741 \cdot 10^{-7},$$

$$a_3 = 3.606 \cdot 10^{-7}, \qquad b_3 = -3.218 \cdot 10^{-7},$$

$$a_2 = 2.698 \cdot 10^{-3}, \qquad b_2 = -2.426 \cdot 10^{-4},$$

$$a_1 = 1.033 \cdot 10^{-3}, \qquad b_1 = 3.088 \cdot 10^{-4},$$

$$a_0 = 1.0, \qquad b_0 = 1.0.$$

Eine weitere wichtige Parameteroptimierungsaufgabe ist die Minimierung der Weglänge in Netzen, z. B. Straßennetzen, Wasser- oder Stromleitungsnetzen, Leiterbahnen etc. Um dies zu illustrieren, wird ein einfaches Beispiel[4] betrachtet.

Es soll das Leitungsnetz zwischen einer Einspeisestation und sieben Verbrauchern gefunden werden, das die minimale Weglänge besitzt. Die Situation ist unten dargestellt.

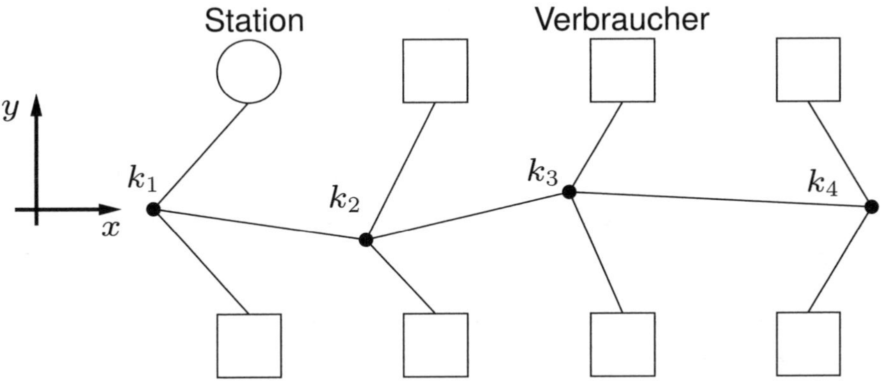

Zu optimieren sind die acht Koordinaten x_i, y_i der vier Knoten k_i. Zielfunktion ist die Gesamtlänge des Netzes.

[4] Muth, C.: Einführung in die Evolutionsstrategie. Regelungstechnik 30(9), 1982, S. 297-303

Startkonfiguration der verwendeten $(1, 9)$-Evolutionsstrategie ist das folgende Netz:

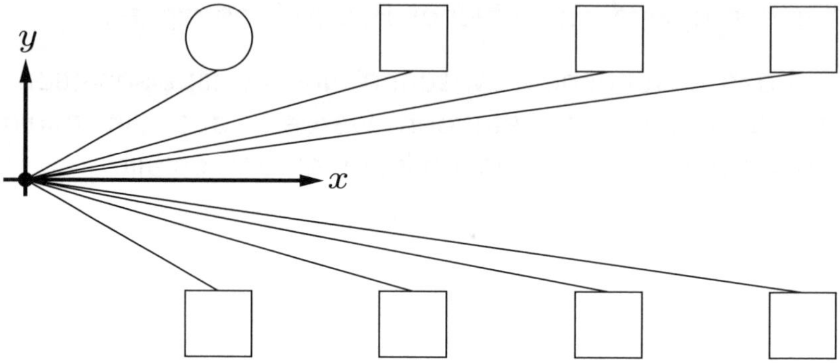

Die Optimierung nimmt nachfolgend dargestellten Verlauf und erreicht bei Generation $k = 150$ und einer Länge von $L = 10.46$ das Minimum.

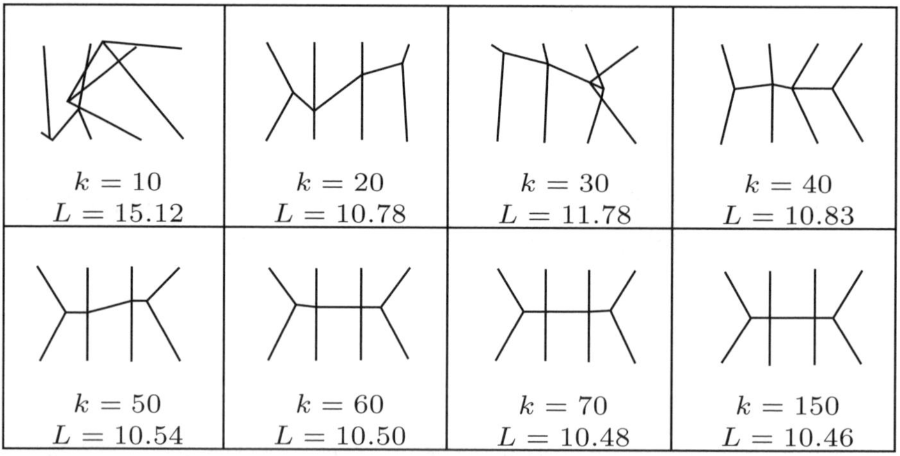

Auch der Entwurf von Regelungen kann als Parameteroptimierung aufgefasst werden. Optimiert werden die Reglerparameter, z. B. die eines PID-Reglers. Nachfolgendes Bild zeigt die Struktur eines Standardregelkreises mit der Streckenübertragungsfunktion $G_s(s)$

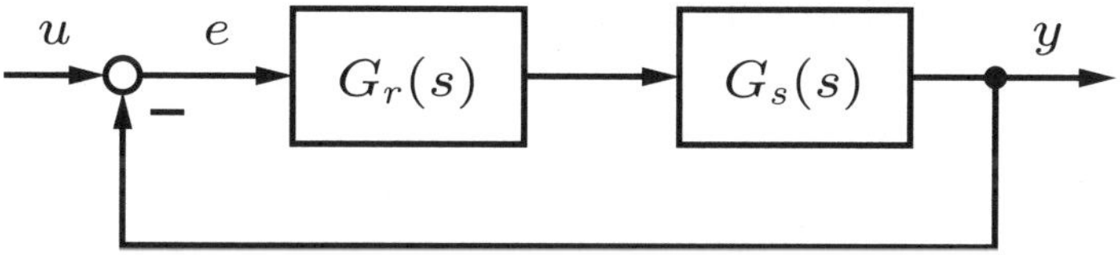

und der Reglerübertragungsfunktion $G_r(s)$. Die Reglerparameter sind die

- Koeffizienten von $G_r(s)$

Als Zielfunktion bieten sich je nach Entwurfsziel

- die Überschwingweite $\ddot{u}$,
- die Ausregelzeit T_A,
- die zeitgewichtete Regelfläche $J = \int\limits_0^\infty |e(t)| \cdot t^\alpha \, dt$,
- die Stellenergie $J = \int\limits_0^\infty u^2 \, dt$,
- etc.

an. Auch additive Kombinationen einzelner Gütemaße sind möglich. Im Gegensatz zu klassischen Entwurfsverfahren, wie dem Frequenzkennlinienverfahren, sind kaum Einschränkungen an die Struktur der Zielfunktion, d. h. der Gütemaße, zu stellen.

Allerdings müssen die Zielfunktionswerte jeweils durch eine Simulation – bei Evolutionsstrategien pro Individuum – ermittelt werden. Das kostet Rechenzeit.

An dieser Stelle wird auch deutlich, dass die Optimierungsdauer im allgemeinen annähernd proportional der Anzahl der Zielfunktionswert-Berechnungen ist.

ABSCHNITT 4.5

Genetische Algorithmen

Bei Genetischen Algorithmen wird ein Individuum nicht durch einen Vektor kontinuierlich veränderbarer Zahlenwerte repräsentiert, sondern durch ein Codewort. Die Art des verwendeten Codes ist nicht vorgeschrieben. Oft wird ein Binärcode verwendet. Ein Individuum hat z. B. die Gestalt

$$x = 0110100011101111.$$

Unter dieser Verschlüsselung kann

- eine reelle Zahl,
- ein logischer Ausdruck,
- eine Abfolge von Operatoren,
- etc.

stehen. Die Codierung eines Individuums bildet sozusagen seine DNS. Selbstverständlich können auch mehrwertige Codes genutzt werden, z. B. das Alphabet. Ein Individuum hätte dann eine Gestalt wie

$$x = ACEGAAABZXYY.$$

Wie bei einer Evolutionsstrategie wird auch hier jedem Individuum ein Gütewert oder Fitnesswert

$$f(x)$$

in Form einer reellen Zahl zugeordnet.

Genetische Algorithmen laufen nach einem ganz ähnlichen Schema ab wie Evolutionsstrategien:

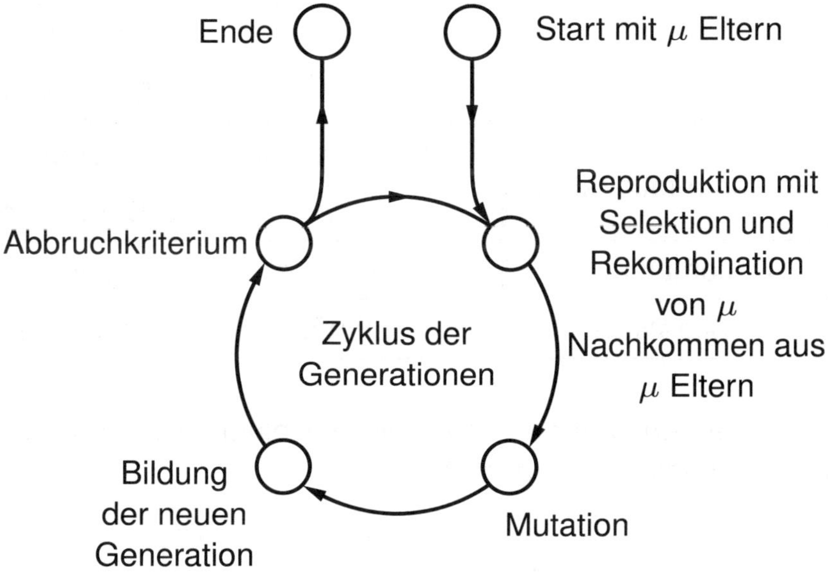

Gestartet wird mit μ Eltern – wie bei den Evolutionsstrategien. In der nachfolgenden Reproduktion werden dann aber nicht λ Nachkommen generiert, sondern nur μ. Dies geschieht immer durch Selektion von Eltern und ihre Rekombination. Danach folgt die Mutation der μ Nachkommen. Die Mutation fällt dabei wesentlich schwächer aus als im Fall der Evolutionsstrategien. Denn bei den Genetischen Algorithmen spielt die Rekombination die wichtigere Rolle. Nach der Mutation werden die μ Individuen aus den μ Eltern und μ Nachfahren gewählt, die die neue Generation bilden. Dann beginnt der Zyklus von neuem, so lange bis ihn ein Abbruchkriterium beendet.

Die Hauptunterschiede zwischen Evolutionsstrategien und Genetischen Algorithmen sind in folgender Tabelle nochmals verdeutlicht.

	Evolutionsstrategien	Genetische Algorithmen
Repräsentationsform	Zahlenvektor $\underline{x} \in I\!R^n$	Code z. B. Binärcode
Rekombination	sekundär	primär
Mutation	primär	sekundär

Im Folgenden werden wieder die einzelnen Schritte des Algorithmus detailliert betrachtet.

Startphase:

In der Startphase werden μ Individuen x_i zufällig gewählt. Sie bilden die erste Generation. Typischerweise gilt:

$$\mu = 30 \ldots 500.$$

Anmerkung: Bei Evolutionsstrategien wählt man μ um ca. den Faktor 10 kleiner.

Reproduktion mit Selektion und Rekombination:

Bei Genetischen Algorithmen bezeichnet man die Auswahl von zwei Eltern, die zwei Nachkommen durch Rekombination zeugen, als Selektion. Sowohl für die Selektion der Eltern als auch ihre Rekombination gibt es verschiedene Verfahren. Zwei dieser Selektionsmethoden sollen betrachtet werden:

1. **Zufällige Selektion:**
   Man bestimmt einen Elter, indem man aus der aktuellen Generation zufällig – mittels gleichverteilter Zufallszahlen – zwei Individuen selektiert. Das mit dem besseren Gütefunktionswert wird Elter.

   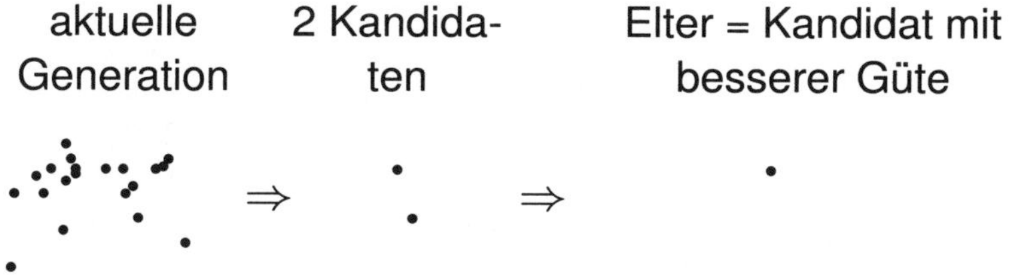

   Es können anstelle von 2 auch m Individuen ausgewählt werden. Das Verfahren wird auch Turnierselektion genannt.

2. **Selektion durch lineares Ranking:**
   Alle Individuen werden gemäß ihrer Zielfunktion sortiert. Man beginnt mit dem Individuum mit dem höchsten, also schlechtesten Zielfunktionswert, fährt fort mit dem nächst niedrigeren bis zu demjenigen mit dem niedrigsten Zielfunktionswert. Gemäß dieser Liste nummeriert man die Individuen mit abnehmendem Zielfunktionswert – wie nachfolgend dargestellt.

$$\begin{array}{ccccccccccc} & f(x_1) & \geq & f(x_2) & \geq & f(x_3) & \geq & \ldots & \geq & f(x_\mu) \\ & \bullet & & \bullet & & \bullet & & \ldots & & \bullet \\ i = & 1 & & 2 & & 3 & & \ldots & & \mu \end{array}$$

Man ordnet den so sortierten Individuen nun Fitness-Werte $F(i)$ zu, die von links nach rechts – also mit abnehmenden Zielfunktionswerten $f(\underline{x})$ – linear in Abhängigkeit von der Position i ansteigen. Die Fitnessfunktion F ist hier also nicht identisch mit der Zielfunktion. Dafür benutzt man die Geradengleichung

$$F(i) = 2 - S + 2(S - 1) \cdot \frac{i - 1}{\mu - 1}.$$

Mittels des Parameters S kann man einstellen, um wieviel sich die Individuen 1 und μ in ihrer Fitness unterscheiden:

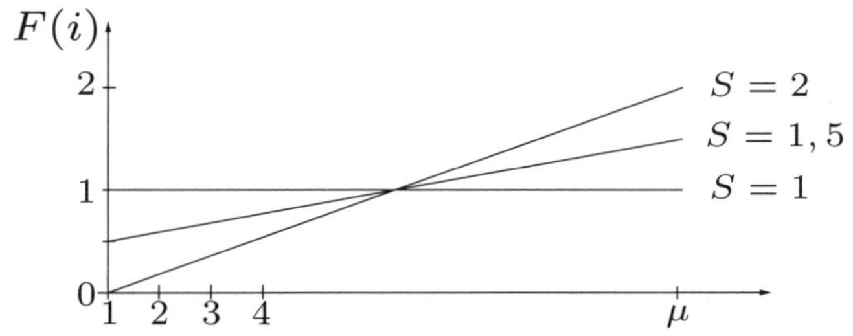

Die Selektionswahrscheinlichkeit eines Individuums i ist seine Fitness $F(i)$ dividiert durch die Fitness-Summe aller Individuen:

$$p_i = \frac{F(i)}{\sum\limits_{j=1}^{\mu} F(j)} = \frac{F(i)}{\mu}.$$

Der Parameter $1 \leq S \leq 2$ heißt Selektionsdruck. Er ist ein Maß für die bevorzugte Auswahl des besten Individuums μ.

Nachdem durch ein Selektionsverfahren zwei Eltern ausgewählt wurden, erfolgt durch Rekombination – auch Crossover genannt – die Erzeugung zweier Nachkommen. Dabei gibt es auch für die Rekombination verschiedene Methoden:

1. **Ein-Punkt-Rekombination:**
   Haben die Codestrings der Individuen N Elemente, so wird eine gleichverteilte Zufallszahl

   $$1 \leq z \leq N$$

   ermittelt. Ab der Position z werden dann die Codeelemente der Eltern vertauscht:

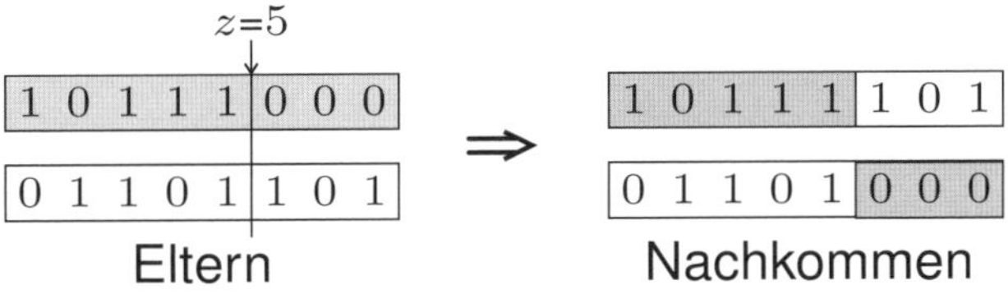

2. **Zwei-Punkt-Rekombination:**
   Dieses Rekombinationsverfahren arbeitet ähnlich wie die Ein-Punkt-Rekombination. Nur werden hier zwei Zufallszahlen z_1, z_2 mit $1 \leq z_i \leq N$ bestimmt. Dann werden die Codeelemente vertauscht:

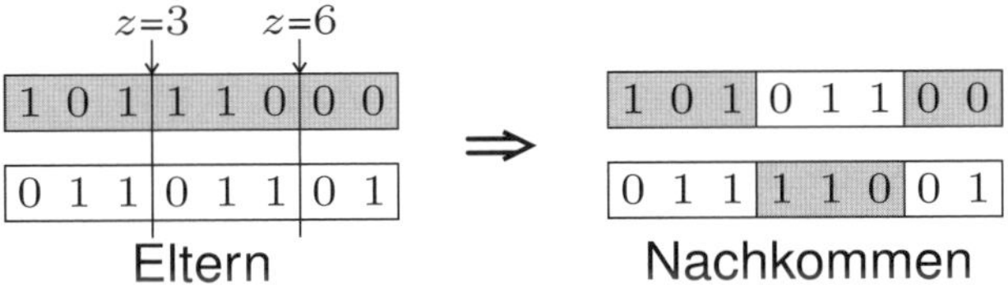

Obige Selektionsverfahren können zu n-Punkt Rekombinationsverfahren verallgemeinert werden.

3. **Gleichmäßige Rekombination:**

   Bei der gleichmäßigen Rekombination (Uniform Cross-over) wird eine binäre Zufallszahl der Länge N erzeugt. An der Stelle, wo sie Einsen enthält, werden die Elemente der Eltern vertauscht, sonst nicht. Dazu ein Beispiel:

Eltern	1 0 1 1 1 0 0 0
	0 1 1 0 1 1 0 1
Zufallszahl	1 0 0 0 1 1 0 1
Nachkommen	0 0 1 1 1 1 0 1
	1 1 1 0 1 0 0 0

Die intermediäre Rekombination, wie sie in Evolutionsstrategien eingesetzt wird, ist hier nicht anwendbar. Es gibt aber noch eine Anzahl weiterer Rekombinationsverfahren. Die N-Punkt-Rekombination und die Gleichmäßige Rekombination sind allerdings die gebräuchlichsten.

Wie gesagt ist die Rekombination bei Genetischen Algorithmen das gegenüber der Mutation bedeutendere Element. Die Mutation spielt wie beim biologischen Vorbild eine geringere Rolle. Trotzdem ist sie notwendig. Sie soll verhindern, dass die Optimierung zu schnell konvergiert und die Individuen zu schnell sehr ähnlich werden.

Mutation:

Die Mutationsrate ist in jedem Fall sehr niedrig anzusetzen. Anzuwenden sind die Mutationsverfahren auf die durch Rekombination erzeugten Nachkommen. Typische Mutationsverfahren sind die folgenden zwei:

1. **Mutationsverfahren 1:**
   Mit einer Wahrscheinlichkeit

   $$p = 0.001 \ldots 0.01$$

   wird jedes Bit eines Individuums invertiert. Zu diesem Zweck wählt man für jedes Bit eine gleichverteilte Zufallszahl $z \in [0, 1]$. Ist dann

   $z \leq p$, so wird das Bit invertiert,

   $z > p$, so wird das Bit nicht invertiert .

2. **Mutationsverfahren 2:**
   Man betrachtet ein Individuum x_i und wählt über eine gleichverteilte Zufallszahl

   $$1 \leq z \leq N$$

   ein Bit x_{iz} des Strings x_i aus. Man wählt nun eine weitere Zufallszahl

   $$\tilde{z} \in \{0, 1\}$$

   und setzt

   $$x_{iz} = \tilde{z}.$$

Bildung der neuen Generation:

Durch die Rekombination wurden aus μ Eltern μ Nachkommen generiert und dann mutiert. Man steht nun vor der Aufgabe, aus diesen 2μ Individuen μ Individuen für die nächste Generation auszuwählen. Auch für diesen Schritt existieren wieder verschiedene Varianten:

1. **Vollständiges Ersetzen:**
   Die neue Generation besteht aus den μ Nachkommen.

   Ähnlich wie bei der (μ, λ)-Evolutionsstrategie bilden nur Nachkommen die neue Generation. Das birgt die Gefahr, dass die Zielfunktion nicht mit zunehmender Generationenzahl monoton sinkt. Dieser Effekt tritt beim folgenden Ersetzungsschema nicht auf.

2. **Elitismus:**
   Die k besten Eltern und die $(\mu - k)$ besten Nachkommen bilden die neue Generation.

Aufgrund des Elitismus konvergiert die Optimierung zwar monoton, hat aber den Nachteil, dass ein oder mehrere Individuen den Optimierungsprozess dominieren. Eine zu schnelle Konvergenz in ein lokales Minimum kann die Folge sein. Mischformen zwischen beiden Verfahren sind möglich.

Abbruchkriterium:

Das Abbruchkriterium wird wie bei den Evolutionsstrategien ausgelegt.

Die Konvergenz Genetischer Algorithmen hängt wesentlich von der Wahl des Codes ab. Anhand des folgenden Beispiels wird das deutlich:

Reelle Zahlen in Dezimaldarstellung sollen codiert werden. Für diesen Zweck kann man z. B. den Binärcode verwenden. Dieser hat allerdings den Nachteil, dass bei Änderung eines einzelnen Bits – also einer kleinen Änderung – die reelle Zahl eine große Änderung erfährt. Ein Beispiel illustriert dies:

Dezimalzahl		Dualzahl
0	$\hat{=}$	00000000
128	$\hat{=}$	10000000

Die obige Eigenschaft des Binärcodes macht ihn ungeeignet für die Optimierung reellwertiger Parameter bzw. Variablen.

Würde beispielsweise das Minimum bei

$$64 \quad \hat{=} \quad 01000000$$

liegen, so würden kleine Mutationen, z. B.

$$192 \quad \hat{=} \quad 11000000$$

oder

$$0 \quad \hat{=} \quad 00000000$$

in der Regel einen großen Schritt weg vom Minimum bedeuten. Dies verletzt das Prinzip, dass kleine Änderungen auch nur kleine Auswirkungen haben dürfen.

Des Weiteren treten auch Schwierigkeiten bei der Rekombination auf. So würde man von Individuen z. B.

$$x_1 \quad = \quad 64 \quad \hat{=} \quad 01000000$$

und

$$x_2 \quad = \quad 63 \quad \hat{=} \quad 00111111,$$

erwarten, dass eine Rekombination von x_1 und x_2 zu einem Individuum nahe 64 führt. Das wird allerdings nur selten der Fall sein.

Aufgrund der obigen Nachteile des Binärcodes verwendet man ihn im Allgemeinen für die Codierung reeller Zahlen bei den Genetischen Algorithmen nicht. Vielmehr greift man auf den Gray-Code zurück.

Beim Gray-Code ändert sich bei aufeinanderfolgenden Codewörtern nur ein Bit. Siehe nachfolgende Tabelle:

Dezimalzahl	Binärcode	Gray-Code
0	0000	0000
1	0001	0001
2	0010	0011
3	0011	0010
4	0100	0110
5	0101	0111
6	0110	0101
7	0111	0100
8	1000	1100
9	1001	1101
10	1010	1111
11	1011	1110
12	1100	1010
13	1101	1011
14	1110	1001
15	1111	1000

Die Rekombination zweier nah beieinanderliegenden Codewörtern liefert dann – wie gewünscht – auch wieder ein Codewort in der Nähe der Eltern.

Das unstetige Verhalten bei Mutationen – d. h. die möglichen großen Zahlensprünge bei Änderung eines Bits – können allerdings auch beim Gray-Code auftreten. Diesen Effekt kann man ausgleichen, indem man die Mutationswahrscheinlichkeit mit zunehmender Stellenwertigkeit reduziert.

In anderen Fällen kann es sinnvoll sein, keinen zweiwertigen Code zu verwenden, z. B. bei

- Handlungsreisendenaufgaben.

Hier erhält jede Stadt eine eigene Nummer XY, z. B. 07, und die Reihenfolge der Nummern gibt die Städteverbindung an. Untenstehendes Bild zeigt ein Beispiel.

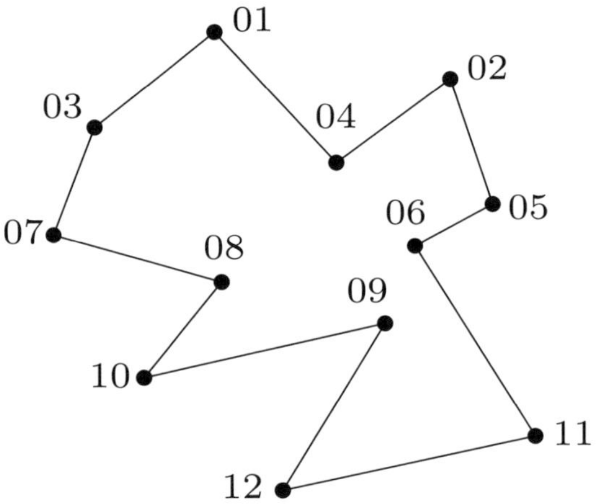

Die Codierung der Reiseroute lautet

$$x = 070301040205061112091008.$$

Aufgrund der codierten Repräsentationsform ist die Eignung Genetischer Algorithmen für kombinatorische Minimierungsaufgaben augenfälliger als für Parameteroptimierungsaufgaben mit wertkontinuierlichen Variablen. Natürlich sind sie wie schon geschildert auch bei diesen Aufgaben anwendbar, obwohl man eher dazu neigen wird, in diesen Fällen eine Evolutionsstrategie einzusetzen. Denn dann entfällt die Notwendigkeit, die in Dezimaldarstellung vorliegenden Variablenwerte zu codieren.

Nicht nur Zahlen und Kombinationsmöglichkeiten lassen sich codieren, sondern auch

- arithmetische Ausdrücke.

Und zwar schreibt man für arithmetische Grundoperatoren wie Addition, Subtraktion, Multiplikation und Division:

$$
\begin{aligned}
a + b &\quad\hat{=}\quad +(a, b) \\
a - b &\quad\hat{=}\quad -(a, b) \\
a \cdot b &\quad\hat{=}\quad \cdot(a, b) \\
a/b &\quad\hat{=}\quad /(a, b)
\end{aligned}
$$

Für die Elemente a und b sind sowohl Variablen x als auch Konstanten zugelassen.

Außer den arithmetischen Grundoperatoren sind des weiteren auch mathematische Funktionen wie

$$\sin, \cos, \exp, \log, \sinh \text{ usw.}$$

als Codeelemente verwendbar. Der Ausdruck

$$\frac{e^{x(x+3)}}{b+1}$$

hätte dann die codierte Form

$$/(\exp(\cdot(x, +(x, 3))), +(b, 1)).$$

Besonders anschaulich lassen sich diese codierten mathematischen Ausdrücke in einer Baumstruktur darstellen. Beispielsweise hat der Ausdruck

$$/(\exp(\cdot(x, +(x, 3))), +(b, 1))$$

den folgenden Baum:

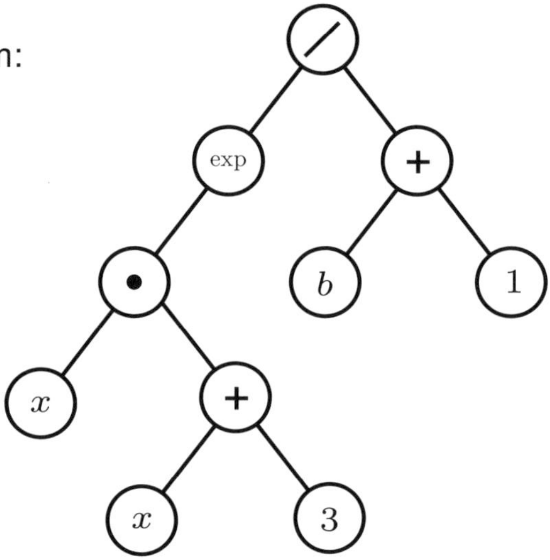

In diesem Baum sind Endknoten immer Variablen oder Konstanten. Verzweigungsknoten oder Durchlaufknoten dagegen sind arithmetische Operatoren oder mathematische Funktionen.

Man teilt die erlaubten Codeelemente nun in zwei Mengen auf:

function set	=	Menge aller erlaubten Operatoren und Funktionen,
terminal set	=	Menge aller erlaubten Variablen und Konstanten.

Der Begriff „terminal“ bedeutet soviel wie Endknoten.

Auf Individuen, d. h. mathematische Terme, in obiger Codierung können genetische Operatoren wie

- Rekombination oder Mutation

angewendet werden. Solche Terme können also optimiert werden. Da man dann Funktionen sucht, befindet man sich nicht mehr im Bereich der Parameteroptimierung, sondern im Bereich der

- Strukturoptimierung.

Diese Kategorie der Genetischen Algorithmen bezeichnet man als Verfahren der

- Genetischen Programmierung.

Mittels Genetischer Programmierung lassen sich also Strukturoptimierungsaufgaben lösen. Im Gegensatz dazu löst man mittels Evolutionsstrategien bzw. Genetischer Algorithmen Parameteroptimierungsaufgaben oder kombinatorische Optimierungsaufgaben.

Strukturoptimierungsaufgaben wurden schon im Abschnitt „Optimierungsaufgaben und ihre Lösung“ beschrieben. Nachfolgend ist zur Erinnerung nochmal eine solche Aufgabenstellung dargestellt.

Ein Beispiel für eine Strukturoptimierungsaufgabe ist die Identifikation der Dynamik eines linearen Systems, von dem man die Sprungantwort gemessen hat.

Da die Sprungantwort nur aus Teilfunktionen der Art

$$\sin, \cos, \exp$$

besteht und als arithmetische Operatoren nur

$$+, -, \cdot$$

existieren, ist der „function set" durch diese Elemente bestimmt. Terme wie t^2, t^3 werden durch das Produkt realisiert.

Der terminal set besteht aus der Zeit t und den Konstanten

$$c_1, c_2, \ldots, c_4.$$

Immer wenn beim Aufbau eines Individuums Konstanten c_i auftauchen, werden sie durch Zufallszahlen ersetzt.

Minimiert wird die Fläche zwischen der gemessenen Sprungantwort und der Sprungantwort, die durch ein Individuum gegeben ist.

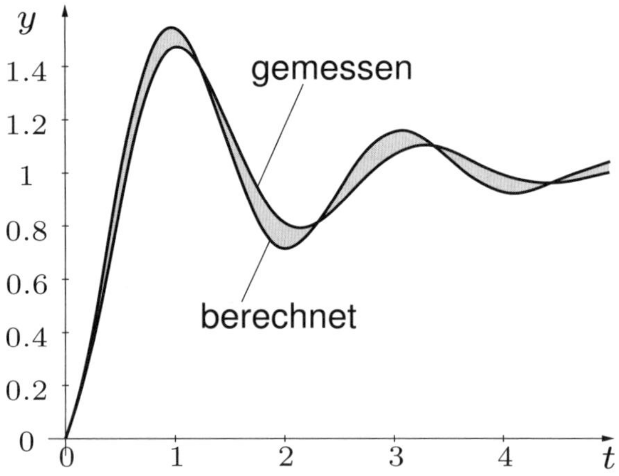

Im Prinzip läuft eine Optimierung im Fall der Genetischen Programmierung ähnlich ab, wie bei den klassischen Genetischen Algorithmen. Nur der spezielle Code führt dazu, dass man bei

- Rekombination und Mutation

eine Besonderheit berücksichtigen muss. Im Folgenden wird zuerst die Rekombination betrachtet.

Rekombination:

Bei der Rekombination werden Teilsequenzen der Codes zweier Individuen miteinander vertauscht, wobei aufgrund der vorliegenden Codierung nur syntaktisch vollständige Abschnitte vertauscht werden dürfen. Es kann also nicht jede beliebige Sequenz für den Austausch ausgewählt werden. Dazu ein Beispiel:

Elter 1

$/(\exp(\cdot(x, +(x, 3))), +(b, 1))$

Elter 2

$\cdot(\cdot(x, x), a)$

$$\underbrace{, 3))), +}_{\text{nicht rekombinationsfähig}}$$

$$\underbrace{\cdot(x, +(x, 3))}_{\text{rekombinationsfähig}}$$

$$\underbrace{\cdot(x, x)}_{\text{rekombinationsfähig}}$$

Nachkomme 1

$/(\exp(\cdot(x, x)), +(b, 1))$

Nachkomme 2

$\cdot(\cdot(x, +(x, 3)), a)$

Syntaktisch korrektes Rekombinieren lässt sich am besten anhand der Baumstruktur veranschaulichen:

Elter 1 $/(\exp(\cdot(x, +(x, 3)), +(b, 1))$

Elter 2 $\cdot(\cdot(x, x), a)$

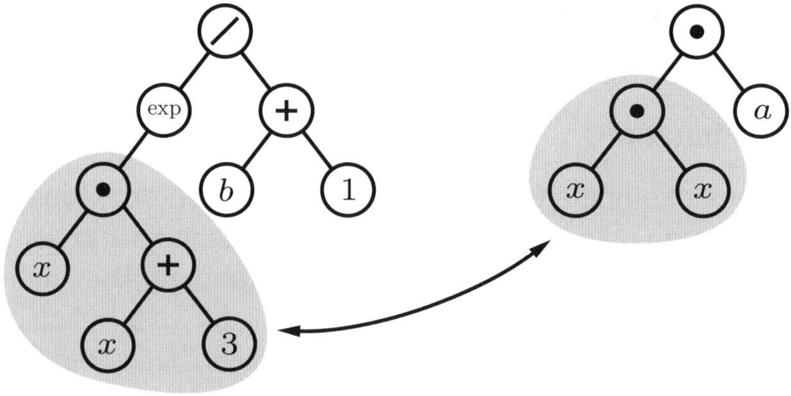

Nachkomme 1 $/(\exp(\cdot(x, x)), +(b, 1))$

Nachkomme 2 $\cdot(\cdot(x, +(x, 3)), a)$

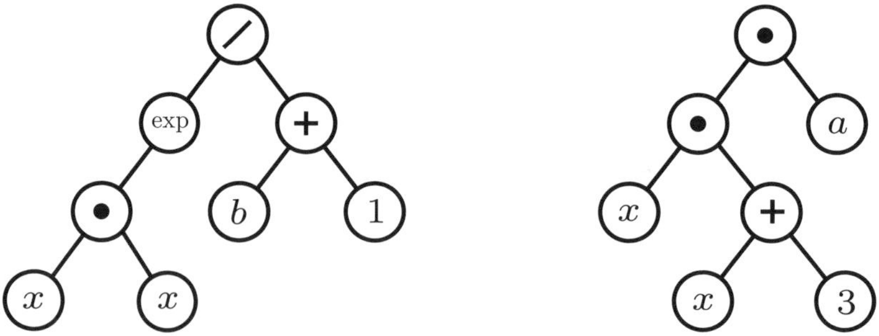

Mutation:

Bei der Mutation wird zufällig ein Teilbaum bzw. eine Teilsequenz eines Individuums ausgewählt und durch einen neuen Zufallsteilbaum ersetzt. Nachfolgend ist wieder ein Beispiel gezeigt:

Individuum entstandene Mutante

$/(\exp(\cdot(x,x), \underbrace{+(b,1)}\,) \Longrightarrow /(\exp(\cdot(x,x), \sin(+(x,3))$

Mutation: $\sin(+(x,3))$

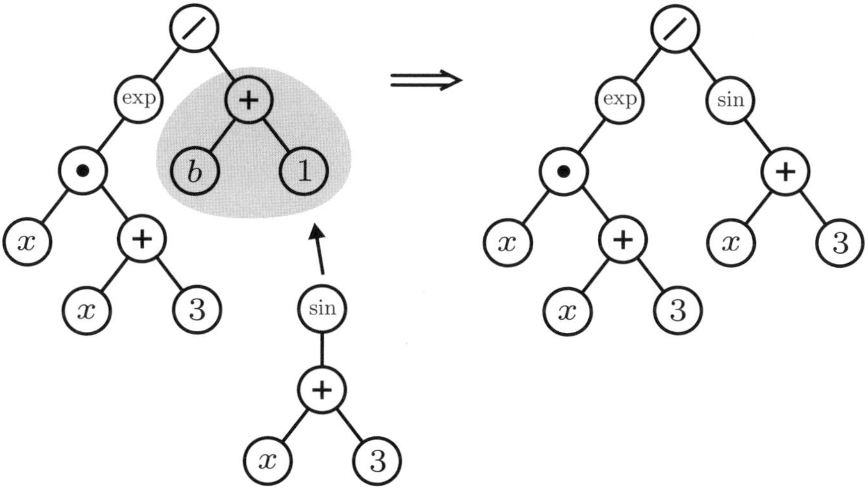

Bei der Genetischen Programmierung wird die Mutation oft als optional angesehen.

Bisher wurden als Codeelemente bei der Genetischen Programmierung nur Funktionen, arithmetische Operatoren, Variablen und Konstanten betrachtet.

Prinzipiell ist es auch möglich, diese Menge durch

- Programmierstatements

wie

if , do, . . .

zu erweitern.

Man kann dann auch Programme auf evolutionäre Weise generieren. Siehe hierzu die angegebene Literatur.

ABSCHNITT 4.6

Anwendungsbeispiele von Genetischen Algorithmen

Genetischen Algorithmen sind Lösungsmethoden für

- Parameteroptimierungsaufgaben,
- kombinatorische Optimierungsaufgaben und
- Strukturoptimierungsaufgaben.

Diese können rein mathematischer Natur sein oder z. B. auch einen technischen oder betriebswirtschaftlichen Hintergrund besitzen. Im folgenden werden einige solcher Aufgaben betrachtet, beginnend mit einer mathematischen Aufgabenstellung:

- der symbolischen Lösung von Differentialgleichungen.

Gegeben sei die Differentialgleichung n-ter Ordnung

$$f(y^{(n)}, y^{(n-1)}, \ldots, y, t) = 0.$$

Mittels Genetischer Programmierung lässt sie sich näherungsweise lösen. Die Individuen $y(t)$ werden aus dem

$$\text{function set } = \{\exp, \ln, \sin, \cos, +, -, /, \cdot\} \quad \text{und dem}$$

$$\text{terminal set } = \{c, t\},$$

generiert. Für die Gütefunktion J wird die Differentialgleichung zu k Zeiten t_i mit den numerisch bestimmten Ableitungen $y^{(k)}(t_i)$ ausgewertet und ihr Betrag addiert:

$$J = \sum_{i=1}^{k} |f(y^{(n)}(t_i), y^{(n-1)}(t_i), \ldots, y(t_i), t_i)|.$$

Ersichtlich ist die Lösung umso genauer, je kleiner J ist.

Als erstes technisches Anwendungsbeispiel wird die

- Optimierung von fluoreszierenden Farbstoffen

betrachtet[1]. Die labortechnisch experimentelle Synthese von fluoreszierenden Biomolekülen ist sehr zeit- und kostenintensiv. Daher synthetisiert, d. h. konstruiert man solche Moleküle im Allgemeinen zuerst auf einem CAD-Rechner und stellt vielversprechende Varianten erst dann in einem Labor her.

Konkret ist die Aufgabenstellung nun die folgende: Liegt ein Farbstoffmolekül chemisch vor, z. B. Coumarin 120, so kennt man zwar seine chemische Zusammensetzung, nicht aber seine räumliche Struktur.

D.h. man kennt die

- Bindungswinkel φ_i der Teilmoleküle

nicht. Für diese Bindungwinkel und ihre Kombination gibt es außerordentlich viele Varianten.

Man geht davon aus, dass sich in der Natur die Bindungswinkel so einstellen, dass das Molekül

- eine Struktur minimaler Energie

aufweist. Mittels Genetischer Algorithmen sucht man die Bindungswinkel φ_i, die zu einer energieminimalen Struktur führen.

[1] Beiersdörfer, S. et al.: Optimierung von fluoreszierenden Farbstoffen, atp 39(1997) 10, S. 60-65

Zum Zwecke der Optimierung codiert man die Bindungswinkel φ_i binär, wie unten beispielhaft dargestellt (die Ecken der Moleküle im nachstehenden Strukturformel bilden Kohlenstoffatome).

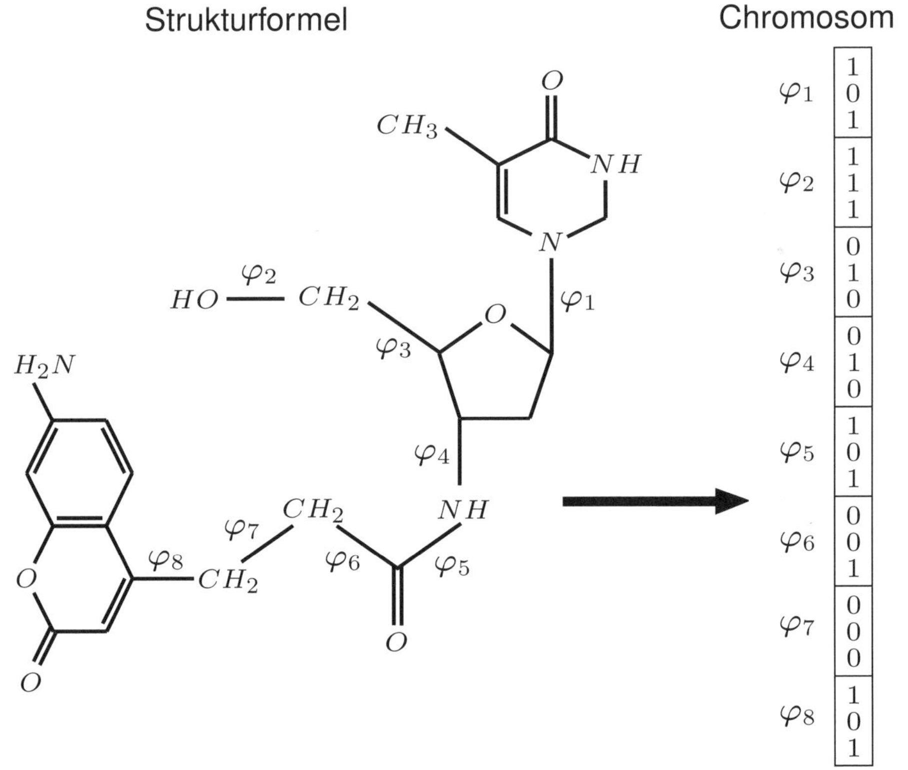

Geeignet ausgelegt kann in ca. 90% aller Fälle die energieminimale Struktur gefunden werden.

Ein Anwendungsbeispiel Genetischer Programmierung ist wie schon erwähnt die Modellbildung bzw. Identifikation dynamischer Systeme. Betrachtet man die

- Modellbildung des Extrusionsprozesses von Kunststoff-Kabeln[2].

Nachfolgend ist der Extrusionsprozess dargestellt. Zusammen mit einigen chemischen Zusätzen wird der Kunststoff in einen Extruder eingebracht, in dem er erhitzt wird. Über einen Spindelantrieb wird der erhitzte und viskose Kunststoff zur Ausziehdüse transportiert.

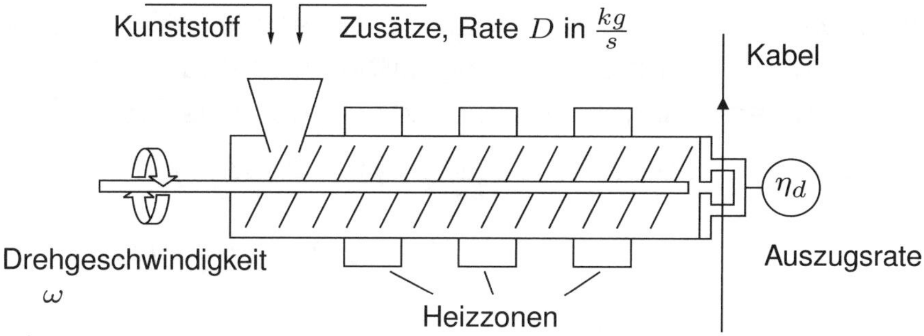

Eingangsgrößen des Prozesses sind die Rate D der Zusätze, die Drehgeschwindigkeit ω und die Auszugsrate η_d. Gesucht ist ein Modell für den Zusammenhang

$$\eta_d \leftrightarrow (D, \omega).$$

[2]Hiden, H. et al. : Non-linear and Direction Dependent Dynamic Modelling Using Genetic Programming, Proceedings 2nd International Conference on Genetic Programming 1997

Als prinzipielle Modellstruktur wird eine Parallelschaltung mehrerer Standardelemente der Form

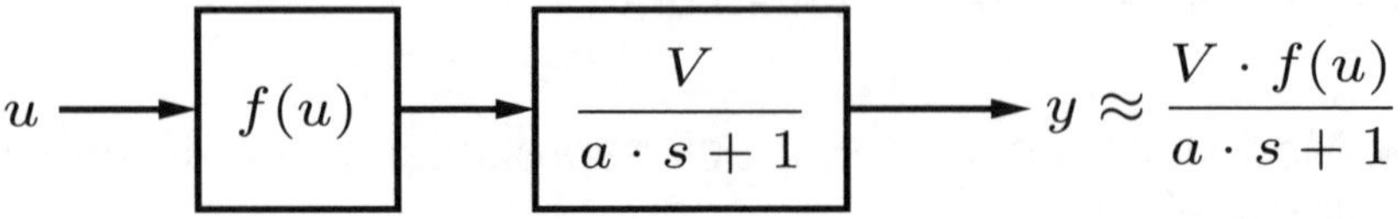

angenommen. Durch ein Verfahren der Genetischen Programmierung werden

- die Anzahl der Standardelemente und
- die Funktionen f jedes Standardelements

bestimmt. Die Parameter V und a der Standardelemente werden dagegen mittels „least squares" berechnet. Als Gütewert wird die Abweichung der Modellgrößen ω, D und η_d von einer Reihe von gemessenen Verläufen verwendet. Das Ergebnis ist:

$$\eta_d = 36 - \tfrac{0.05}{6.5s+1} \cdot \omega - \tfrac{10.1}{2.5s+1} \cdot D - \tfrac{0.0034}{8.4s+1} \cdot D + \\ + \tfrac{4.31}{2s+1} \cdot \omega^{-\frac{1}{2}} + \tfrac{0.114}{4.8s+1} \cdot \omega D - \tfrac{16}{4s+1} \cdot D^{-1}$$

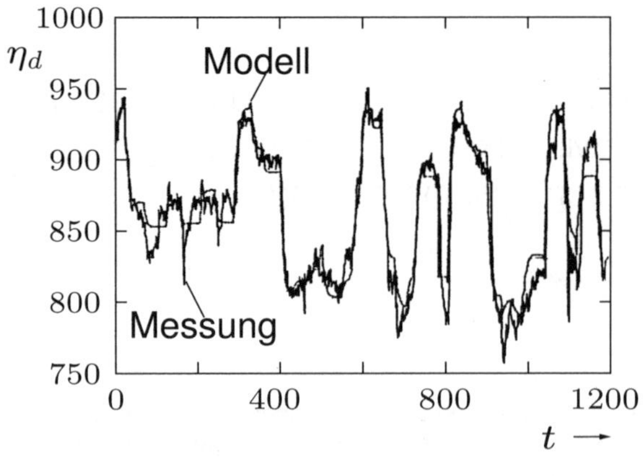

Eine häufig mittels Genetischer Algorithmen behandelte Klasse von kombinatorischen Optimierungsaufgaben ist die

- Maschinenbelegungsplanung.

Hier wird ein Beispiel aus der Glasindustrie[3] betrachtet: In einer Firma, die Monitore und Fernsehgeräte produziert, sind vier Fertigungsstraßen vorhanden, auf denen insgesamt 30 Bildschirmtypen hergestellt werden können:

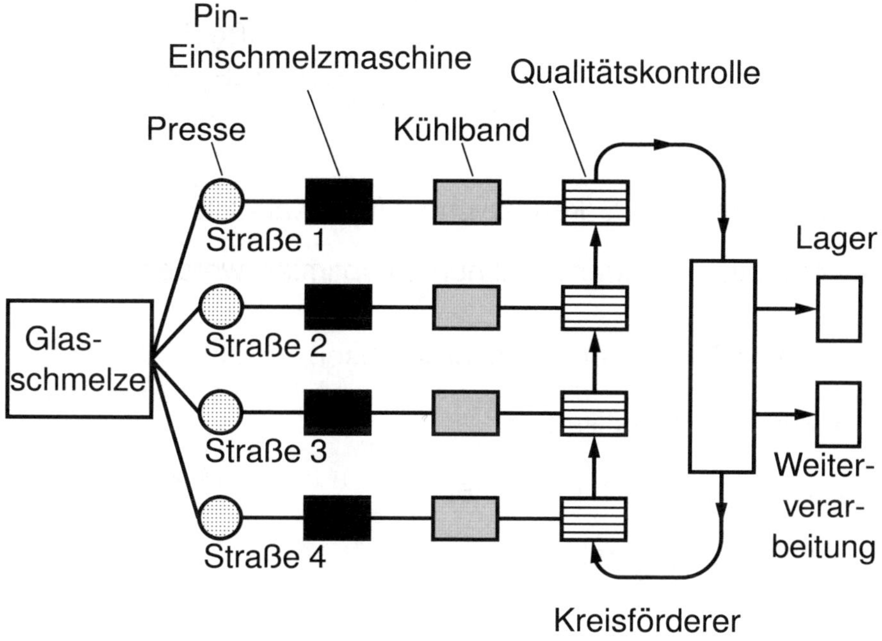

[3]Waleschkowski, N.: Maschinenbelegungsplanung mit genetischen Algorithmen. In Hafner, S.: Industrielle Anwendungen Evolutionärer Algorithmen, R.Oldenbourg, 1998

Man möchte nun wissen, an welchem Tag im Jahr welche Maschine welchen Bildschirmtyp produzieren soll. Demgemäß legt man eine Chromosomenkette so aus, dass ein Codeelement die Nummer des Bildschirmtypes enthält. Die Position des Codeelementes in der Kette gibt den Tag an. Es wird an 365 Tagen auf vier Straßen produziert. Ein Chromosom besteht also aus

$$365 \cdot 4 = 1460$$

Elementen. Nachstehend ist ein Beispiel gezeigt.

Nr. des Bildschirmtyps

Straße 1 / Straße 2

	5	5	5	1	1	3	2	2	12	7	5	5	10	10	10	31	
Tag	1	2	3	4	5	•••	•••	•••	•••	•••		365	1	2	3	4	••••

Das Codeelement 31 kennzeichnet freie Kapazität.

Die Maschinenbelegung soll nun so optimiert werden, dass

- wenig Typen- und Pressenwechsel,
- kein Pressenstillstand,
- wenig Glassortenwechsel,
- keine Lieferverstöße,
- etc.

vorkommen, sowie möglichst wenige Schirme auf Lager liegen. Aus diesen Anforderungen wird eine zu minimierende Gütefunktion zusammengesetzt.

Nachfolgend ist ein typisches Ergebnis der Optimierung dargestellt, wobei es mit dem Ergebnis verglichen wird, das ein erfahrener Planer erzielt hat.

	Planer	Genetischer Algorithmus
Typenwechsel	31	28
Pressenwechsel	6	1
Pressenstillstände	7	10
Einheiten im Lager	1760639	1529877
Glassortenwechsel	4	5
Glassortenverstöße	0	0
Lieferverstöße	0	0

Das Ergebnis zeigt, dass der Genetische Algorithmus ein ähnlich gutes Resultat liefert wie ein erfahrener menschlicher Planer.

Verfahren zur Genetischen Programmierung können auch zur Generierung bzw. Optimierung der Regeln von Fuzzy-Systemen verwendet werden[4]. Zu diesem Zweck stellt man Regeln wie

„Wenn $x_1 = NB$ und $x_2 = PM$, dann ist $y = NS$."

in einer Baum-Struktur dar. Nachfolgendes Bild illustriert dies für obige Regel.

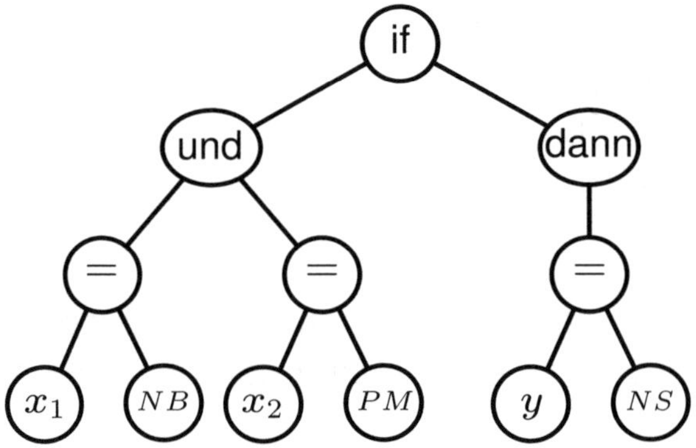

Damit auch mehrere Regeln behandelt werden können, führt man des Weiteren einen Akkumulationsoperator „akk" ein, der die Regeln, d. h. die Teilbäume, verknüpft:

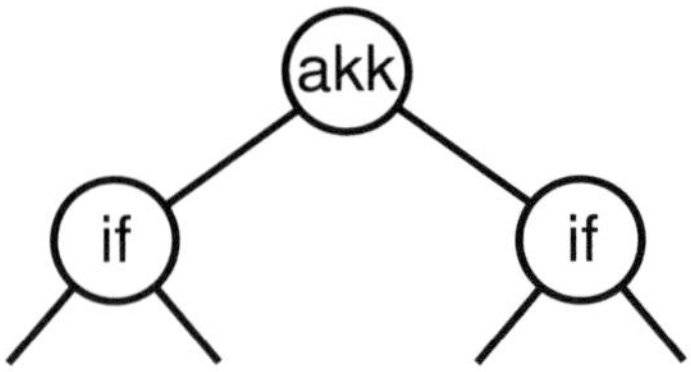

[4]Alba, E.; Cotta, C. und Troya, J.M.: Type-Constrained Genetic Programming for Rule-Base Definition in Fuzzy Logic Controllers. Proc. of the 1st Annual Conference of Genetic Programming, Stanford University, 1994, S. 255-260

Zusätzlich fügt man als terminal symbol noch die leere Menge emp hinzu. Bei einer Optimierung kann ein Teilbaum, der mit if beginnt, dann durch emp ersetzt werden. D.h. keine Regel ist vorhanden. Insgesamt erhält man:

function set = {if , akk, und, = }
terminal set = { Variablen x_i, linguistische Werte NB, PM, etc. , emp}

Wie man am gezeigten Baumbeispiel erkennt, sind nicht alle Teilbäume sinnvoll rekombinierbar. Daher benötigt man eine Rekonstruktionstechnik, die nur syntaktisch korrekte Ausdrücke erzeugt.

Die Optimierung der Regelbasis kann auch als Aufgabenstellung der klassischen Genetischen Algorithmen betrachtet werden. In diesem Fall geht man von der Matrixdarstellung der Regelbasis aus und ordnet die Felder hintereinander als DNA-Kette an. Nachfolgendes Bild illustriert dies.

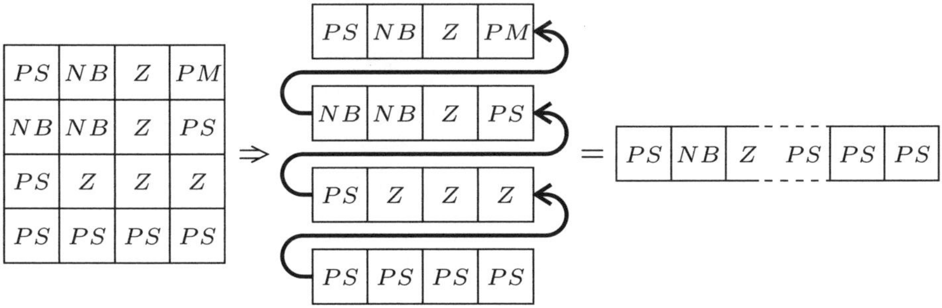

Auch Neuronale Netze lassen sich mittels Genetischer Programmierung in ihrer Struktur optimieren.

ABSCHNITT 4.7

Vergleich mit Hill-Climbing-Verfahren

Es stellt sich die abschließende Frage:

> *Für welchen Typ von Optimierungsaufgabe wendet man welches Optimierungsverfahren an?*

Ist die Aufgabe mittels eines exakten Verfahrens lösbar – wie z. B. lineare Optimierungsaufgaben mittels des Simplexalgorithmus – so wird man im allgemeinen kein Suchverfahren einsetzen.

Ist das nicht der Fall, so wird man klassische Hill-Climbing-Verfahren wie das

- Verfahren von Hooke und Jeeves oder ein
- Gradientenverfahren

vorzugsweise bei unimodalen Zielfunktionen – also Zielfunktionen mit nur einem Minimum einsetzen.

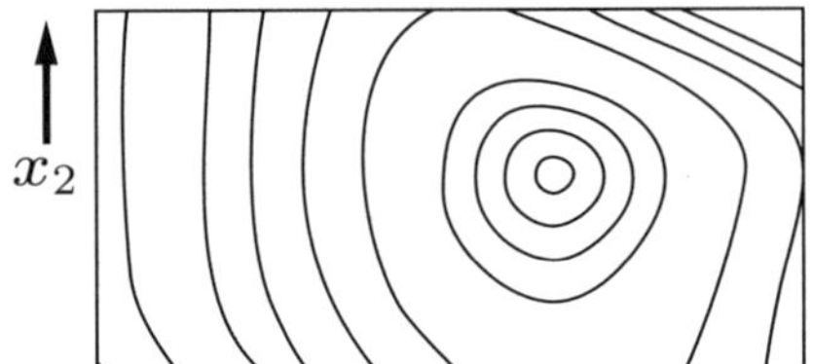

Dann konvergieren solche Hill-Climbing-Strategien im allgemeinen schneller als Evolutionäre Algorithmen. Bei multimodalen Zielfunktionen ist das gefundene Minimum bei Hill-Climbing-Verfahren jedoch in der Regel lokal, da seine Auffindung vom Startwert abhängt.

Zwar garantiert der Einsatz von Evolutionären Algorithmen bei multimodalen Zielfunktionen auch nicht die Auffindung des globalen Minimums. Die Wahrscheinlichkeit es zu finden, ist allerdings wesentlich höher als bei den lokalen Hill-Climbing-Verfahren. Nachfolgendes Bild illustriert dies.

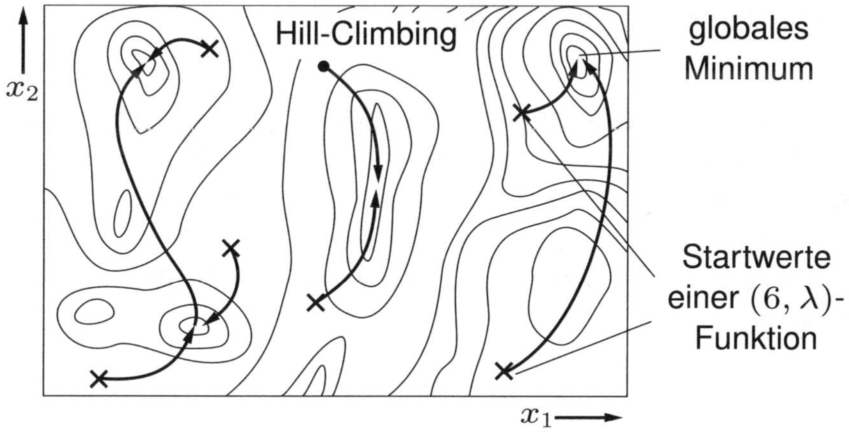

Insbesondere lassen sich durch die Strategieparameter Evolutionäre Algorithmen zwischen lokalen und globalen Suchen einstellen. Erkauft wird dieser Vorteil durch einen höheren Zeitaufwand des Optimierungsprozesses. Denn ein Evolutionärer Algorithmus benötigt im allgemeinen mehr Funktionsaufrufe zur Bestimmung eines Minimums als ein lokales Hill-Climbing-Verfahren.

Einer der größten Vorteile Evolutionärer Algorithmen ist ihre universale Einsetzbarkeit. Mit ihnen können

- Parameteroptimierungsaufgaben,
- kombinatorische Optimierungsaufgaben,
- Strukturoptimierungsaufgaben

gelöst werden. Das kann keine andere Optimierungsmethode. Je nach Aufgabenstellung verwendet man dabei vorzugsweise Evolutionsstrategien, Genetische Algorithmen oder deren Unterklasse, die Verfahren der Genetischen Programmierung. Nachstehende Tabelle gibt Hinweise auf die Art der Einsatzmöglichkeiten.

Eignung	Parameter-optimierung	kombinatorische Optimierung	Struktur-optimierung
Evolutions-strategien	sehr gut	problem-abhängig	
Genetische Algorithmen	gut	sehr gut	
Genetisches Programmieren			sehr gut

Hinweis auf die Einsatzmöglichkeiten der verschiedenen Evolutionären Algorithmen geben manchmal auch deren methodische Unterschiede.

Dazu folgende Tabelle[1]:

	Evolutions-strategien	Genetische Algorithmen	Genetisches Programmieren
Individuum-repräsentation	reell	dezimal oder binär	Baumstruktur (z. B. Funktion oder Programm)
Fitnessmaß	Zielfunktionswert	Zielfunktionswert eventuell skaliert	Zielfunktionswert eventuell skaliert
Selektion	deterministisch	zufällig bis deterministisch	zufällig bis deterministisch
Mutation	Haupt-operator	Hintergrund-operator	Hintergrund operator
Rekombination	Hintergrund-operator	Haupt-operator	Haupt-operator
Selbst-adaptivität	Mutationsweiten	–	–

[1] siehe auch Nissen, V.: Einführung in Evolutionäre Algorithmen, Vieweg, 1997

Literaturhinweise

Literatur zu „Fuzzy-Logik“

Kahlert, J.: *Fuzzy-Control für Ingenieure*. Vieweg, 1995

Kiendl, H.: *Fuzzy-Control methodenorientiert*. Oldenbourg, 1997

Drechsel, D.: *Regelbasierte Interpolation und Fuzzy Control*. Vieweg 1995

Kahlert, J. und Frank, H.: *Fuzzy-Logik und Fuzzy Control*. Vieweg, 1994

Böhme, G.: *Fuzzy-Logik*. Springer, 1993

Bothe, H.-H.: *Fuzzy-Logik*. Springer, 1995

von Altrock, C.: *Fuzzy-Logik - Band 1 Technologie*. R. Oldenbourg, 1995

Zimmermann, H.-J. und von Altrock, C. (Hrsg.): *Fuzzy-Logik - Band 2 Anwendungen*. R. Oldenbourg, 1995

Friedrich, A.: *Logik und Fuzzy-Logik*. expert-Verlag, 1997

Terano, T.; Asai, K. und Sugeno, M.: *Fuzzy Systems Theory and its Applications*. Academic Press, 1992

Sugeno, M. (Hrsg.): *Industrial Applications of Fuzzy Control*. North Holland, 1985

Terano, T.; *Asai, K. und Sugeno, M.: Applied Fuzzy Systems*. Academic Press, 1994

Mirota, K. (Hrsg.): *Industrial Applications of Fuzzy Technology*. Springer 1993

Miller, G. A.: *The magical number seven, plus or minus two. Some limits on our capacity for processing information*. Psychological Review 63 (2), S. 81-97, 1956

Isermann, R.: *Zur Anwendung der Fuzzy-Logik in der Regelungstechnik*. atp 11/96, S. 24-36

Frank, P. M.: *Diagnoseverfahren in der Automatisierungstechnik.* at 2/94, 1994, S. 47-63

Isermann, R.: *Modellgestützte Überwachung und Fehlerdiagnose Technischer Systeme (Teil 1) und (Teil 2).* atp 5/96, 1996, S. 9-20 und atp 6/48, 1996, S. 48-57

Frank, P. M.: *Fault Diagnosis in Dynamic Systems Using Analytical and Knowledge-based Redundancy - A Survey.* Automatica 26(1990), S. 459-474

Bezdek, J. C. und Sankar, K.P.: *Fuzzy Models for Pattern Recognition.* IEEE Press, 1992

Verbruggen, H. B. und Babuska, R.: *Fuzzy Logic Control Advances in Applications.* World Scientific, 1999

Kruse, R.; Gebhardt J. und Klawonn, F.: *Foundations of Fuzzy Systems.* John Wiley & Sons, 1994

Predrycz, W.: *Fuzzy Control and Fuzzy Systems.* John Wiley & Sons, 1993

Zimmermann, H.-J.: *Fuzzy Set Theory and its Application.* Kluwer Academic Publishers, 1991

Literatur zu „Neuronale Netze“

Hecht-Nielsen, R.: *Neurocomputing.* Addison-Wesley, 1989

Fu, Li Min: *Neural Networks in Computer Intelligence.* McGraw-Hill, 1994

Bishop, C. M.: *Neural Networks for Pattern Recognition.* Clarendon Press, 1995

Schöneburg, E. (Hrsg.): *Industrielle Anwendung Neuronaler Netze.* Addison-Wesley, 1993

Rojas, R.: *Theorie der neuronalen Netze.* Springer, 1996

Brause, R.: *Neuronale Netze.* Teubner, 1995

Kinnebrock, W.: *Neuronale Netze.* R. Oldenbourg, 1994

Braun, H.: *Neuronale Netze.* Springer, 1997

Nauck, D.; Klawonn, F. und Kruse, R.: *Neuronale Netze und Fuzzy-Systeme.* Vieweg, 1996

Cichocki, A. und Unbehauen, R.: *Neural Networks for Optimization and Signal Processing*. John Wiley & Sons, 1994

Zell, A.: *Simulation neuronaler Netze*. R. Oldenbourg, 1997

Ritter, H.; Martinetz, T. und Schulten, K.: *Neuronale Netze*. Addison-Wesley, 1991

Hafner, S. (Hrsg.): *Neuronale Netze in der Automatisierungstechnik*. R. Oldenbourg, 1994

Haykin, S.: *Neural Networks*, MacMillan, 1999

Maren, A. J.; Harston, C. T. und Pap, R. M.: *Handbook of Neural Computing Applications*. Academic Press, 1990

Berns, K. und Kolb, T.: *Neuronale Netze für technische Anwendungen*. Springer, 1994

Nelles, O., Ernst, S. und Isermann, R.: *Neuronale Netze zur Identifikation nichtlinearer, dynamischer Systeme: Ein Überblick*. at 45 (1997)6, S. 251-262

Sjoberg, J. et. al.: *Nonlinear Black Modeling in System Identification: a Unified Overview*. Automatica 31, 1995, S. 1691-1724

Isermann, R.: *Identifikation dynamischer Systeme 1 (und 2)*. Springer, 1992

Tolle, H. und Ersü, E.: *Neurocontrol*. Springer, 1992

Preuß, H.-P.; Tresp, V.: *Neuro-Fuzzy*. Automatisierungstechnische Praxis 36, 1994, S. 10-24

Literatur zu „Evolutionäre Algorithmen“

Schwefel, H.-P.: *Evolution and Optimum Seeking*. John Wiley & Sons, 1995

Banzhaf, W. u. a.: *Genetic Programming - an Introduction*. Morgan Kaufmann Publishers, 1998

Rechenberg, I.: *Evolutionsstrategie'94*. Frommann-Holzboog, 1994

Nissen, V.: *Einführung in Evolutionäre Algorithmen*. Vieweg, 1997

Schöneburg, E. u. a.: *Genetische Algorithmen und Evolutionsstrategien*. Addison-Wesley, 1994

Schwefel, H.-P.: *Numerische Optimierung von Computer-Modellen mittels der Evolutionsstrategie.* Birkhäuser, 1977

Bäch, T.: *Evolutionary Algorithms in Theory and Practice.* Oxford University Press, 1996

Mitchell, M.: *An Introduction to Genetic Algorithms.* The MIT Press, 1996

Ulbrich, M.; Ulbrich, S.: *Nichtlineare Optimierung.* Birkhäuser Verlag, 2012

Hansen, N.: *The CMA evolution strategy: a comparing review.* Towards a new evolutionary computation. Advances on estimation of distribution algorithms, Springer Verlag, S. 1769-1776, 2006

Hoffmann, K. u. Hofmann, H.: *Einführung in die Optimierung.* Chemie Verlage, 1971

Tolle, H.: *Optimization Methods.* Springer-Verlag, 1975

Schwefel, H.-P.: *Evolution and Optimum Seeking.* John Wiley & Sons, 1995

Papageorgiu, M.: *Optimierung.* R. Oldenbourg, 1991

Koza, J.R.: *Genetic Programming II.* Cambridge: MIT Press, 1994

Föllinger, O.: *Optimale Regelung und Steuerung.* Oldenbourg, 1994

Ihr idealer Karrierestart
Mit voller Energie in die Zukunft

Als weltweit führendes Technologieunternehmen gestalten wir die Zukunft aktiv mit. Gemeinsam mit motivierten Talenten, die sich neuen Herausforderungen stellen und mit uns noch mehr erreichen wollen. Darauf beruht unser Erfolg – heute und morgen.

Aufbauend auf einer über 130-jährigen, durch Innovationen geprägten Geschichte, hat ABB vier kundenorientierte, weltweit führende Geschäftsbereiche: Elektrifizierung, Industrieautomation, Antriebstechnik und Robotik & Fertigungsautomation, die durch die Digitalplattform ABB Ability™ unterstützt werden. Das Stromnetzgeschäft von ABB wird 2020 an Hitachi verkauft.

Wir beschäftigen etwa 147.000 Mitarbeiter, davon rund 10.500 in Deutschland. Insgesamt sind wir an 40 Standorten in Deutschland vertreten, knapp 20 davon sind Produktionsstätten. Unser Hauptsitz befindet sich in Mannheim. Weltweit sind wir in über 100 Ländern vertreten. Gemeinsam mit unseren Talenten gestalten wir Megatrends wie Elektromobilität, Automatisierung, Digitalisierung und erneuerbare Energien.

Forschen
Für die Innovation von morgen

Mit sieben Forschungszentren weltweit stellen wir sicher, dass unsere Produkte und Leistungen auch in der Zukunft zu den besten der Welt gehören werden.Das Arbeitsumfeld im deutschen Forschungszentrum in Ladenburg bei Heidelberg ist von Internationalität und Teamarbeit geprägt. Dort arbeiten rund 110 Mitarbeiter aus verschiedenen Ländern daran, internen sowie externen Kunden Ergebnisse schnell, zuverlässig und kosteneffizient zu liefern. „Vorsprung durch Innovation“ ist der Leitgedanke, der dahintersteht; daraus entstehen jährlich über 100 Publikationen und 50 Patente.
Forschungsgegenstand sind Technologien für die Kundensegmente Prozessautomation, Fabrikautomation, Gebäudeautomation, Mechatronik für Energietechnik und Service; dabei konzentrieren wir uns auf angewandte Forschung.

Doch nicht nur in unserem Forschungszentrum wird Innovation gelebt. An vielen unserer quer über Deutschland verteilten Standorte arbeiten Spezialisten in den Entwicklungsabteilungen unserer Geschäftsbereiche daran, die Ergebnisse unseres Forschungszentrums in konkreten Anwendernutzen umzuwandeln. Hier geschieht die eigentliche Produktentwicklung sowie die Abstimmung mit den in den Herstellungsprozess eingebundenen Funktionsbereichen wie der Produktion, dem Einkauf und dem Qualitätsmanagement.

„Wir haben die Chance, etwas zu verändern – für eine nachhaltigere Energiezukunft und unsere Kunden.“
Denis (Research & Development, ABB Schweiz)

Soziale Verantwortung
Teil der Unternehmens-kultur

ABB setzt im Bereich „Corporate Social Responsibility (CSR)“ drei Schwerpunkte: Die gesellschaftliche Verantwortung, die ABB als Arbeitgeber innehat, unsere Produkte und Lösungen, die einen Beitrag zu mehr Energieeffizienz und Klimaschutz leisten und – als dritte „Säule“ – unsere Mitarbeiter.
"Soziale Verantwortung zu zeigen und sich für Inklusion, Vielfalt und Nachhaltigkeit einzusetzen, ist Teil der ABB-Unternehmenskultur. ABB Deutschland engagiert sich daher seit vielen Jahren in der Gesellschaft und trägt so auch über die eigentliche Geschäftstätigkeit hinaus zur Lösung gesellschaftlicher Probleme bei." - Jan-Christoph Schüler (Personalleiter, ABB Deutschland)

Karrieremöglichkeiten
Wir bieten langfristige Perspektiven

Sie stehen kurz vor Ihrem Abschluss oder haben Ihren Abschluss bereits in der Tasche und sind jetzt auf der Suche nach dem idealen Karrierestart? Wir bieten Ihnen vielfältige Einstiegsmöglichkeiten und zudem:

- ein internationales und globales Arbeitsumfeld
- eine offene Unternehmenskultur
- herausfordernde Projekte in einer innovativen Arbeitsatmosphäre
- zahlreiche Möglichkeiten zur persönlichen und beruflichen Entwicklung

Praktika
Setzen Sie Theorie in Praxis um

Einstiegsmöglichkeiten
Während dem Studium Praxiserfahrung zu sammeln ist extrem wertvoll und bereitet Sie ideal auf Ihren beruflichen Werdegang vor. Wir bieten regelmäßig vielfältige Praktikumsmöglichkeiten in folgenden Bereichen an:

- Elektro- und Informationstechnik
- Maschinenbau und Mechatronik
- Informatik und Wirtschaftsinformatik
- Wirtschaftsingenieurwesen
- Wirtschaftswissenschaften

Sie sollten mindestens drei bis idealerweise sechs Monate Zeit für das Praktikum mitbringen und sich etwa drei bis vier Monate vor gewünschtem Start bewerben.

Erfahren Sie mehr zu unseren Praktikumsmöglichkeiten auf unserem Karriereportal:
www.abb.de/karriere

Werkstudententätigkeit und Abschlussarbeit
Verbinden Sie Studium und Praxis

Werkstudententätigkeit
Sie wollen neben dem Studium über einen längeren Zeitraum hinter die Kulissen eines internationalen und zukunftsorientierten Unternehmens blicken? Als Werkstudent übernehmen Sie verantwortungsvolle Aufgaben im Tagesgeschäft und in spannenden Projekten, die Sie selbst mit vorantreiben können.

Abschlussarbeiten
Sie suchen ein Thema für Ihre Abschlussarbeit und wollen diese praxisnah gestalten? Wir bieten Ihnen eine hervorragende fachliche Betreuung und damit die passende Unterstützung während der letzten Phase Ihres Studiums.

Erfahren Sie mehr zu Abschlussarbeiten und Werkstudenten-tätigkeiten auf unserem Karriereportal:
www.abb.de/karriere

Direkteinstieg
Sofort durchstarten

Nach Ihrem Studium bieten wir Ihnen vielfältige Möglichkeiten zum Direkteinstieg. Nach einer systematischen Einarbeitung und Qualifizierung können Sie schnell Verantwortung für anspruchsvolle Aufgaben übernehmen. Auch wenn Sie Ihre Karriere an einem bestimmten Standort beginnen, profitieren Sie von der internationalen Kultur bei ABB. Durch unsere globale Präsenz bietet sich Ihnen in Ihrer weiteren beruflichen Entwicklung die Möglichkeit zur räumlichen Mobilität. Außerdem stehen Ihnen im Rahmen unserer systematischen Entwicklungsplanung eine Vielzahl von Perspektiven in der Fach-, Projekt- oder Führungslaufbahn offen.

So suchen Sie nach Direkteinstiegsstellen:
Selektieren Sie bei der Stellensuche „Eingangsstufe (<2 Jahre Berufserfahrung)“ als „Art der Stelle“, um nur die für Berufseinsteiger geeigneten Stellen angezeigt zu bekommen.

Trainee Programm
Mehrere Fachbereiche entdecken

Wenn Sie sich noch nicht konkret festlegen wollen oder können, bietet unser Traineeprogramm den richtigen Einstieg. Während unseres 18-monatigen Programms durchlaufen Sie vier Stationen im In- und Ausland.

Sie starten in Ihrem Zielbereich und lernen anschließend einen thematisch angrenzenden Fachbereich kennen. Interkulturelle Erfahrungen sammeln Sie im nächsten halben Jahr an einem unserer Standorte im Ausland, bevor Sie Ihre Ideen zurück in Deutschland in einem weiteren angrenzenden Bereich einbringen können.

Programmbegleitend finden Seminare, Veranstaltungen sowie individuelle Aus- und Weiterbildungen statt. Neben dem deutschen Traineeprogramm bietet ABB auch globale Trainee Programme.

Weitere Informationen finden Sie unter www.abb.de/karriere

Lassen Sie uns die Zukunft gemeinsam gestalten

Sie sind motiviert, engagiert und teilen unsere Faszination für innovative Technik? Bringen Sie Ihre Motivation und Erfahrung bei uns ein und helfen Sie uns, die vierte industrielle Revolution voranzubringen – schaffen Sie eine nachhaltige Zukunft für unseren Planeten und für Ihre Karriere. Werden Sie ein Teil von ABB und profitieren Sie von unserem globalen Netzwerk - Arbeiten mit erstklassigen Teams, Lernen von Teammitgliedern und tägliches Meistern neuer Herausforderungen.

Wir freuen uns auf Ihre Bewerbung!

Kontakt

www.abb.de/karriere
www.you.abb.de

ABB AG
Kallstadter Str. 1
68309 Mannheim
Tel.: +49 621 4381-0

Folgen Sie uns

@ABBDeutschland

@ABB

@ABBCareer

@ABBCareer

@ABBDeutschland

@ABBDeutschland

MOST ATTRACTIVE EMPLOYERS GERMANY universum 2019

#35
ABB
by Engineering Students